新 视 界

始于未知　去往浩瀚

不服软的时代

冰 川 —— 著

上海远东出版社

图书在版编目(CIP)数据

不服软的时代 / 冰川著. —上海：上海远东出版社，2023
ISBN 978-7-5476-1971-1

Ⅰ.①不… Ⅱ.①冰… Ⅲ.①社会问题—研究 Ⅳ.①C913

中国国家版本馆 CIP 数据核字(2023)第 253846 号

出 品 人	曹　建	
责任编辑	季苏云	
特约编辑	李天扬	
封面设计	徐羽心	

不服软的时代

冰　川　著

出　　版	**上海远东出版社**	
	（201101　上海市闵行区号景路 159 弄 C 座）	
发　　行	上海人民出版社发行中心	
印　　刷	上海锦佳印刷有限公司	
开　　本	635×965　1/16	
印　　张	27.5	
字　　数	377,000	
插　　页	1	
版　　次	2024 年 2 月第 1 版	
印　　次	2024 年 8 月第 3 次印刷	
	ISBN 978-7-5476-1971-1/C・59	
定　　价	98.00 元	

序一

所有过往，皆为序章

景凯旋

　　冰川思想库的朋友要出一本文选，嘱咐我写一篇序，我想大概因为我是冰川思想库成立的见证者，也给他们写过文章。最初的几位冰川发起人都是传统媒体人，主要写新闻评论，即对国内外时事加以述评。这种时评文章曾在本世纪初风行一时，广受好评，但随着互联网的快速发展，人们的阅读方式改变了，每日打开手机就可以一览各种新闻，尤其是自媒体的兴起，使传统媒体人感到了前所未有的生存危机。

　　他们必须适应时代，承认纸媒的式微，但他们并不服气。自媒体带来了新闻述评的即时性、大众性，同时也降低了公共领域发言的门槛，造成社会思考的碎片化、肤浅化和偏激化。大约7年前，陈季冰、连清川、魏英杰和任大刚等几位朋友在杭州西湖聚会，邀我去参加，说他们开设了一个新闻述评的微信公众号，希望在这个价值贬值的时代独树一帜。"冰川"取自其中两位作者的名字，"思想库"云云则强调了他们的写作宗旨，将思想视作新闻评论的灵魂。

　　那是2016年的一个春天，我乘高铁去杭州与他们会面，当晚聊的都是冰川的内容。第二天，几位冰川创立者待在宾馆里继续谋划，商议公众号的具体操作和分工。我和李天扬是特邀人员，便到附近的西湖冒雨游玩。想起我们几年前在上海初识，在一起大碗喝酒大发议论后，我对季冰和天扬说："你们真不像上海人。"这当然是句玩笑话，我的意思其实是，在这群媒体朋友身上，我看到了某种理想主义的东西。眼前的西湖笼罩在一片空濛中，一群传统媒体人在风雨里追赶时代。

那天晚上连清川就连夜赶出一篇文采斐然的文章，让我颇为叹服他的精力和才思。几年过去，我的期望没有落空，陈寅恪先生论及学术之道，曾有"预流"一说，即跟上时代的发展，窥测未来的方向，我认为此语移至冰川也差可拟之。公众号开设伊始，冰川发表的文章始终都坚持了时代的问题意识，秉持理性、知识和常识的立场，敢于对社会现象发表言论，我把它视为一种知识人的写作，是向社会提供有价值的思想产品。

这一宗旨吸引了许多新作者，像关不羽、张明扬等人都是后来加入的新生力量，众多有思想和才华的作者投稿丰富了冰川的多样性和包容性。天扬在编辑文选时大概也是颇费周章，难以取舍。好在互联网是有记忆的，冰川的文章都能在网上搜到。这部文选的出版不过是一群传统媒体评论人转型后，想要表达自己对纸质载体的纪念。在写这篇序时，又是杭州桂花盛开的季节，不经意间冰川已走过了一段堪称漫长的岁月。

如今回看这些文章，举凡国际关系、国内热点和日常生活，俱有涉及，文风也是多种多样。我不知道该用什么文体来称呼它们，这些文章显然仍属于公共写作，却在形式上有了些新的变化，既不似老一辈那种犀利嘲讽的杂文，也不似纸媒时代纯粹说理的时评。许多文章都采用了叙事的方式，或讲述个人故事及其感想，或由个人见闻引发对一个公共问题的思考，读来更像是某种具有社会新闻性的随笔。这或许就是当今互联网平台的新闻评论特征，兼具理性与感性。在这个平台，我思故我言。

身处这个大变局的时代，世人的观念越来越复杂，甚至越来越分裂，新闻评论远非当年王小波写时文时引用罗素"须知参差多态，乃是幸福的本源"，便能赢得人们的喝彩。然而，我依旧欣赏某位哲学教授在微信群里说的一句话："绝对的同一性就是绝对的死亡。"也许，读者诸君不会完全同意冰川某些文章的观点，但不能怀疑作者的真诚和严肃，对于冰川诸君写作的艰辛，我是略知一二的，他们已经尽可能地去感受时代的气息，发出自己的声音。

此书所选文章的作者多是公众熟悉的媒体人、作家和学者，文章分为社会、生活、经济、教育、房产、艺文、国际、异域和网络 9 个部分，涉及当今社会生活的各个方面。天扬在编后记中说明了选文的标准，我在这里就不赘言了。重新浏览一遍冰川的文章，我心中更多的是感叹，这些年冰川创立者都已相继离开纸媒，可他们还在坚持多年前的新闻专业理想，用自己的思考去影响社会舆论，本书就是他们思想的记录。

这也是一个时代的记录，仿佛是雪泥鸿爪，在一个充满不确定性的时期，如果我们无法预知未来，至少应当记住过去。莎士比亚在《暴风雨》中说："所有过往，皆为序章。"任何剧情的发展都是有其线索的，在我看来，本书可以说是新时代的一个序章，而只有了解过往，我们才能看懂现在和未来。

序二
我们依然在探索一种可能性

陈季冰

在目前国内比较有影响的自媒体中,"冰川思想库"属于一个比较奇怪的存在。

首先,它不是那种纯粹的个体性质的"玩票"。从上线第一天起,冰川的内部运作模式就像是一个严谨的机构。我们的稿件不是凭个人兴趣爱好写到哪里是哪里,而是有一整套完整且严格的程序和要求,如"选题策划—写作—编辑"。这意味着,做这个自媒体远不是你想象中的那样自由轻松、无拘无束。

其次,冰川的初衷并不像一家机构所追求的那样,即通过持续稳定地输出产品或服务,从而达到某一可量化的目标——功利一点说,就是谋求利润、建立品牌。事实上,当我们几个人做了好长一段时间后,魏英杰、连清川、任大刚和我仍然没想明白,我们做这么一个公众号,究竟要干什么?

这么说来,我们是不是很傻?本来并不想将这件事情作为谋生之道,事实上却又把它搞得像一份正式职业一样严肃而辛苦。

其实,冰川思想库的诞生基本上是出于无奈。我在这里想诚实地告诉所有热爱冰川的读者朋友们,我们做这样一个自媒体,只是对社会、技术与传媒业剧烈变迁的时代浪潮的一种适应。我们非但不是勇往无前的弄潮儿,而且还经常依依不舍地想要挽留住一些过去的价值。与已经纷纷转行的昔日媒体同行相比,我们企图在一个正在一点一点打开的全新的信息传播—接受语境里探索出某种新的可能性。

2016 年 3 月 21 日是公众号上线的第一天，连清川为此写了一份"创刊语"，主旨是我们要在一个日益被偏激情绪吞噬的舆论场里发出理性的声音；我们想用社交媒体这个"新瓶"来装我们传统媒体价值观的"旧酒"……

基于这样的定位，冰川思想库的供稿作者并不局限于我们几个运营者，而是涵盖了众多作者，他们来自不同的领域，拥有多样的写作风格。我可以毫不夸张地说，他们几乎囊括了 20 世纪 90 年代以来中国报纸评论员和言论类专栏作者中最活跃多产的那个群体，如大名鼎鼎的杂文家鄢烈山老师等，自始至终都对冰川思想库给予热心的支持。除此之外，还有一大批当下正走红网络的新媒体作者。不仅如此，冰川思想库还拥有为数相当多的来自学术界的作者，像文史学者、翻译家景凯旋教授，经济学家易宪容，作家张生……都是铁杆的"冰川之友"。

冰川这些年来所关注涉及的，也几乎覆盖了国际国内方方面面的话题。至于我们的努力是否及格，本书就是一张答卷，留待读者朋友们给我们打分。如果说冰川与许多自媒体相比有引以为豪之处，大概就是，一方面，我们从不主动回避社会现实；另一方面，我们自觉地屏蔽了那些空洞无物的装腔作势和哗众取宠。我知道，对很多新媒体从业者来说，这是他们最唯恐避之不及的，因为没有比这更加吃力不讨好的事了。我们自己也心知肚明，但这或许就是我们的宿命。我们也因此赢得了尊重。

当然，从第一天开始，我们就没有幻想过这会是一条坦途。那以后的 7 年多时间里，冰川思想库走过了许多坎坷，也经历了许多变故。我们内部也有过人员变动，北京那位笔名"龙树"的神秘创始人，因故离开团队了，"新人"张明扬和关不羽陆续加入进来……但我们一直在不停步地向前走。尤其值得欣慰的是，尽管经历了那么多变化，我们的初衷丝毫没有改变。在人生的旅途上，很多人走着走着就迷失了最初的目标，甚至最终完全走上了反方向，变成了那个自己曾经最讨厌的人……也许冰川思想库不能一直存在下去，又或者，有一天运作它的人不再是我们这几个人，但我希望冰川的精神永不褪色。

本书是冰川思想库微信公众号运行 7 年多来的首个精选文集，对我们自己来说，也算是对过去那段探索的一个总结。7 年多来，冰川没有给我们带来什么名利，却让我们结识了许多朋友，这大概是最大的收获了。这本文集，也是给予这些朋友们的一个礼物、一份致意。

在下一个 7 年里，如果环境允许的话，我们将仍然在路上。直觉和经验告诉我，我们的追问与探索，大概这一辈子都不会有最终答案。但与上一个 7 年的最大不同是，下一个 7 年里，我们身边多了一大群关心我们、爱护我们的真挚朋友。这也将是我们最大的激励来源。

Contents
目 录

第六章

艺文 | **其实是在怀念 20 世纪 80 年代**

第七章

国际 | **本来就是露水夫妻**

第一章

社会

被各种热点带歪

李彦宏，你为什么不道歉

2016 年，魏则西事件的爆炸力相当猛烈。在痛骂了几天百度后，舆论火力又指向涉事医院。医院必须给个说法。

魏则西事件：李彦宏的滑铁卢

纳斯达克的反应是百度股票大跌 8%，这应该还只是开始。魏则西事件，很可能将是百度告别 BAT^① 阵营的标志。

作为校友其实我很理解李彦宏。虽然成就天上地下，北大人都有骨子里的骄傲和对庸众的不肯屈服。百度之所以吸引了本应由莆田系和部队医院共同承受的火力，关键原因在于它不肯认错。百度从来没有诚恳地认过错，从来没有。百度只遵从自己的逻辑，从来不肯向公众舆论低头。换句话说，百度不认为它有满足公众舆论的义务。

今天我想讨论的是，为什么企业和企业家必须照顾公众舆论？为什么企业和企业家必须成为公众利益的积极参与者？或者说，为什么企业和企业家不能只对股东和财务报表负责？对于性格刚强甚至刚愎的李彦宏来说，为什么魏则西事件很可能成为他的滑铁卢？

---

① BAT：百度公司（Baidu）、阿里巴巴集团（Alibaba）、腾讯公司（Tencent），中国互联网公司三巨头首字母缩写。

古典的中间阶层

请允许我把话讲得远一点。

古今中外,任何一个良性的社会,都必须由三层构成:作为顶层的政府、作为底层的散户、作为中间层的社会组织。一个社会如果只有顶层和底层而缺乏中间层的组织力量,必然导致顶层的暴政和底层的暴戾。

最典型的例子是秦朝,它有一个无所不能的顶层政府,它"焚书坑儒"消灭了具有组织能力的社会中间层,直接控驭编户齐民的万千底层民众,至秦二世而亡。

社会的韧性和长治久安,包括正确价值观的建立,离不开具有组织能力的社会中间层。

中国历史上,凡是中间层发达的年代,都有很强的承受内外部压力冲击的能力。在春秋战国是贵族,在魏晋南北朝是门阀士族,在明清时期是士大夫阶层。江浙地区武功并不强悍,由于士大夫传统稳固,在宋末和明末抵抗外族最久。而其他地区由于社会中间层不发达,如一盘散沙,一触即溃。从历史上看,中间层是凝聚人心、活力与自信的根本力量。

西方,历史上的社会中间层由贵族骑士扮演。西方的民主传统,也是由于中间层不断努力的结果。近代以来,贵族骑士没落,资产阶级兴起,社会中间层的责任主要由企业家承担。企业家是中产阶级的组织者。

我们说中产阶级是西方社会的主要稳定力量,但中产阶级无法独立存在,他们必须被企业家们纳入企业结构中,才能实现中产阶级的身份和地位,就像当年福特对美国所做的事情。这就是企业和企业家的根本责任所在:现代社会,除了企业和企业家,没有任何力量可以把社会民众大规模组织起来。同时,对于诚实、守信、敬业、勤奋等最基本的社会价值观,实际上企业和企业家也是最有力的倡导和推动力量。

要维护这些最基本的价值观,顶层的政府往往是无能为力的,总不能事事出动警察;底层单个民众也是缺乏自我约束力的,毕竟自觉者稀。这就凸显出企业和企业家的根本价值。

因此,企业和企业家必须代表社会公认的价值观,必须在股东和财务报表之外承担更大的社会责任。这不仅仅是市场奖惩的问题,而且是企业和企业家的天然责任。

当然,你可以基于狭隘的企业伦理而无视这种责任,但也必须面对公众的压力和舆论的惩罚。这就是百度和李彦宏面临的处境。

如果他们都不做,就没有人做了

实际上这也是国内公众表现出极大愤怒的根本原因。公众仅仅是对百度愤怒吗?公众愤怒的深层原因是什么?

是对于百度这种标志性企业无法践行正确价值观的深深的失望!设想,如果这种事发生在某个地方政府身上,公众自然愤怒,但是会不会愤怒到这种程度?也许不会,因为公众对政府部门就没有抱着这么大的期望。最初的火力为什么集中在百度而不是医院头上?因为公众对医院也没有抱着这么大的期望。

但是,公众对百度抱着期望。如果你们都不做,就没有人做了!

公众对百度和李彦宏的愤怒和失望,从深层情感上来说其实是极大的期待,期待这个社会借助企业和企业家的努力,而不是凭借其他什么神仙皇帝的努力,能够变得更好。

李彦宏理解公众的焦虑吗

这也反映了公众深深的焦虑——对于社会缺乏中间层,进而无法确立正确的价值观和行为规范的深深焦虑。

一个大政府在上,亿万散沙小民在下,公众的利益和价值观如何伸张,难道都要依靠个人不计代价的勇气和冒险?在南方某些地方,宗族迅速填补了中间层的空缺。但是毕竟中国已经回不去宗法社会了,绝大多数人的希望,只能寄托在企业和企业家身上。

　　一个由企业和企业家构成的社会中间层,可能也是这个国家摆脱治乱兴衰历史宿命的唯一出路。

　　当然,我们不能指望企业和企业家为民代言,在任何国家任何年代,这也不是他们的责任。但是企业和企业家有责任维护社会的价值观和公序良俗,这本身就是一种稳定人心的力量,同时也是对政府可能出现的错误行为的一种纠正和平衡。

　　我们必须理解公众对百度和李彦宏怒火万丈的深层原因,它涉及我们真正能够寄托希望的所在,涉及这个国家的未来和命运。百度和李彦宏,你们能够理解吗?

（作者　李　方）

在大城市混不下去了，
别以为还有回老家这条退路

2017 年以来几个一线和热点城市的房价又蠢蠢欲动了。

其实楼市热一直就没消停，只是最近人们才猛然醒悟，原来统计数据上所说的成交量回落、价格趋缓是怎么一回事。说白了，就是控住新建楼盘的上市时间和价格，让数据好看一些。

于是，在一种"再不买票上车就将永远错过"的焦灼心态下，许多购房者又一头扎进楼市。有购房者价格谈着谈着，谈到最后出手的价格比最初还高，就是这么来的。

据悉，北京在五环内已经找不到单价 6 万元以下的二手房，上海、深圳单价则已超过 5 万元。当然，这只是泛泛而谈，具体地段、楼盘价格都不一样，不能简单对比。

若是从切身感受来讲，冰川思想库的任大刚曾提到过，他 10 多年在上海买了一套房子，前几年房子的总价够他在四川老家的县城里买 12 套房子。后来他又说，由于房价的涨幅，他甚至可以多盖几间店面。

人生就是这么奇葩。你在一个地方工作十几年，不吃不喝攒的钱，到头来还不如一套房子随便一涨赚到手的钱。

这也让许多人痛心疾首，当初为什么相信专家说的房价会跌，导致"一失手成千古恨"，至今还只能租房子住。眼见这房价还在"噌噌"涨，再摸摸口袋里的铜板，当初没买的，现在恐怕更加买不起了。

所以，最近朋友圈里又有人说起，大城市房价太高买不起，不如逃离，收拾收拾回老家去。

对此，身居北京的冰川思想库的龙树又说了，北京房价还会再涨10年，这是因为经济创新的活跃度与房价之间有强烈的正相关关系。然后他话题一转，劝告那些声言要逃离北京的人，只要不放弃财富逆袭、阶层上升的梦想，总有属于自己的机会。

高房价不是促使有些人产生逃离念头的唯一原因，还有不少人是因为工作压力大、生活成本高以及空气污染严重等因素而想离开大城市。

但不管什么理由，这里想补充一句：别净瞎想在大城市里混不下去的话，还有回老家这一条退路。

这条路早就给堵死了。

这里所说的"老家"，特指那些连三、四线城市都不是的五、六线城市和农村地区。

像我们这些十几二十年前就从农村进入城里打拼、娶妻生儿育女的"60后""70后"，老家更是越来越遥不可及，哪怕想回也是回不去了。

从我的个人经历来讲，它就能说明不少问题。

比如这几年，由于工作压力大、生活作息没规律，我妻子不止一次跟我说，其实咱们把杭州的房子卖了，回福建泉州老家生活也挺好。

她本身并不是福建人，但每次回泉州老家，看到那里的天空总是那么蓝，空气质量那么好，海边沙滩风光无限，海鲜既新鲜又便宜，加上那么多亲戚大人小孩凑在一起那么热闹，她觉得在老家过日子肯定比在杭州滋润多了。

有时候我自己也会感慨，费尽力气才在城市里扎根，工作生活也稳定，可回头一看，自己所追求的品质生活，真还不如老家的好。

我也经常跟她说，早知道这样，还折腾啥呢？

只不过，这时候不管我们谁说：儿子读书怎么办？另外一个人马上沉默无语了。所有事情我们都想得开，可一旦碰到这个问题，我们谁也不敢率性了。

这倒不是说老家没有好学校。说来好玩，我在老家住的地方，现在竟然是文教区了。在老家生活了二十几年，真没发现这一点。你看，我家与当地一所大学仅一墙之隔（村里就有学生街），小学、中学也在周边，近年来一所全省重点高中也搬至附近，这条件无论是放在北上广还是杭州等二线城市，必须就是学区房啊。

　　但是，且不说儿子回老家能否上重点学校，两个地方的教育环境和教育氛围肯定不一样，成长条件也不一样。这就意味着，如果要回老家，首先在儿子的教育问题上，我们就可能需要作出妥协，至少是要赌一把。只要看到各大城市里那么多家长为子女上学问题挤破了头、花费那么多精力，你又怎么赌得下去？

　　说得更悲情一点，我们这代人好不容易才挤进城市，让子女能够理直气壮地成为"城里人"，要是再回老家，岂不等于让子女重走"长征路"？

　　那些经济条件更为优越的人，已经走得更前面，他们带着子女移民出国了，还有些人干脆把子女生在国外，把自己变成老外他爹（妈）。不移民也就罢了，再把子女"整"回农村，哪怕生活条件不会太差，又于心何忍？

　　这还只是子女教育问题，个人的工作、生活、交际方面，也不能不考虑。别看现在是互联网时代，似乎在哪里进行工作都没问题，实则不然。

　　就说码字这个职业吧，或许比其他朝九晚五的工作自由，而且只要带着笔记本电脑，无论何时何地都可以开工。实际上，长期生活在哪个地方，对个人的识见与判断能力，还是会有潜移默化影响的。虽然这更多取决于个人，但并不是说周围环境、人际交往就一点都没有影响。话说当年，自己可不就是因为感觉与周围人群格格不入，这才逃离故乡、漂泊在外的嘛。再说像我妻子这样的资深文学青年，让她跟我回老家，天天和家里亲戚七嘴八舌、打牌玩耍，刚开始可能会觉得其乐融融，恐怕用不了一个月就会腻歪了吧。何况，就像我跟她说的，如果回老家后两个人闹点小别扭,她肯定会觉得是被欺负了,毕竟那是我的老家,而不是她的老家。

所以,逃离大城市对我们来讲,充其量只是发发牢骚而已,根本没办法当真。

我这算是代表了从小生活在农村,长大后"泥腿子进城",在大城市里安家落户的一部分人的想法吧。这部分人里,可能还有不少已经实现"财富自由"的人,对他们来讲,搬回老家就不能叫"逃离"城市,基本上就是"衣锦还乡"了。

至于那些在大城市里还没站稳脚跟的年轻人,他们虽然有随时逃离的"自由",但从社会资源、事业机会以及个人成长看,其实并没有太多选择。

2016年12月,中国社会科学院社会学研究所社会心理学研究中心发布了一份《社会心态蓝皮书:中国社会心态研究报告(2016)》。调查显示,由于返回小城市后面临"工作机会少,做什么都需要靠关系"的局面,身在异乡为异客,回到故乡仍为异客,令不少年轻人又萌生了逃回北上广或者从四线城市重返二、三线的想法。

2015年年初,腾讯做过一个基于QQ用户的大数据分析,即"QQ大数据之逃离北上广深",调查结果颇有意思:当年春节过后,约1 084万人逃离了北上广深,同一时期又有超过两千万新的QQ用户来到北上广深"寻梦"。调查还显示,在逃离的人群中,有27.1%的用户想重回北上广深。

从这些调查来看,从北上广深逃离的人,何尝不是在为后来进入者"让路"。

一个人逃离大城市,并不说明他就是一个loser(意为"失败者""受损害者")。但总的来讲,大城市意味着更多机会、更多选择以及更多可能性,这些东西可以丰富一个人的人生,滋润一个人的心灵,还可以帮助一个人实现梦想,而这一切可能是曾经滋养过我们的老家所无法给予的。

无论走到哪里,老家总是令人惦记,这是一种浓得化不开的乡愁。只不过到了今天,在各种资源日益向大城市集聚的时代大潮中,乡愁更像是一封贴上邮票却不知寄往何处的信件。

　　人生没有 B 计划,活过的日子就是历史。醒醒吧,别再以为自己还有回老家这条退路。

　　　　　　　　　　　　　　　　　　　　　（作者　魏英杰）

弃婴从耶鲁衣锦还乡，
那些赶去认亲的父母难道不是嫌犯

　　一个女孩在被弃 20 年后,回国寻找生身父母,竟然有 50 个家庭前来认领,而且没有一个是其真正的父母。

　　是的,这么奇幻的一幕就发生在大城市武汉。

　　1992 年 3 月 24 日,武汉一个公共汽车站,有人丢下一名弃儿,孩子被交给当时的武汉市育幼院。当年 6 月底,孩子被美国的小学老师玛格丽特·库克领养,并取名詹纳·库克。被领养时,她是有呼吸困难等病症的。

　　经过美国养母的悉心照料以及良好的教育,詹纳 20 岁时进入了知名的耶鲁大学,她当时从大学得到一笔研究经费,让她可以去中国寻亲并把这作为一个研究项目。詹纳寻亲的故事被登到武汉当地的报纸上。文章登在不显眼的地方,却引起了巨大的反响。

　　她回中国试图寻找她的生身父母,但令她没有想到的是竟有 50 个家庭前来"认领她",他们都迫切希望她是其失散多年的孩子。在这个认亲过程当中,这些父母们对詹纳嘘寒问暖,有的甚至还与她抱头痛哭,但经过排查与 DNA 比对,他们没有一个是詹纳的父母。

　　类似这样的寻亲故事,这并不是第一桩。我只是感慨:

　　这些年来,美国收养了很多中国弃婴,绝大部分是女婴。据数据统计,近年来,中国一共有近 87 000 名婴儿被美国人领养,几乎都是健康女婴和患病女婴,极少数是患病男婴。

　　而且,领养孩子要给中国的福利院缴纳数千美元甚至数万美元。

值得注意的是,并不只是那些有钱没处花的美国富豪才会领养;像詹纳的养母,一个收入平平的小学老师,也会不远万里地花钱领养。这是一种什么精神?

至少武汉有 50 对父母,在相似的时间、相近的地点,抛弃了自己的新生女婴。完全可以想象,被弃女婴的数量应该是 50 人的多少倍。

对于这些前来领养的"父母"们,唯有"恬不知耻"可形容。因为詹纳衣锦还乡了,所以他们还想从她的美国养母那里掠夺什么资源或财物吗?

我想,一个正常人,哪怕是出于万不得已的原因抛弃了自己的孩子;如今看到孩子过得很好,最好就不要再出现了。不是自己的孩子,也没有养育过,毫无感情,不必呈现出抱头痛哭那么充足的戏份。

如果詹纳不是美国女孩,不是进了美国名校,而是嫁到贫困山区,这些"父母"看到她应该是扭头就走吧!

二三十年前,遗弃女婴、杀死女婴,是一种非常普遍的现象。中国男性比女性多出 3 000 多万人,就意味着有接近这个数字的女婴"被消失"了;直到今天,中国仍然是全球出生性别比最高的国家,仍然有很多女婴,神奇地消失了。只有极少数的幸运者,像詹纳那样的,被外国家庭收养;更多的,不是被遗弃,就是"被消失"。

而这些为人父母者,他们下手的时候,不知道是否有过一丝愧疚呢?

遗弃罪,在中国本是刑事罪行,是应该坐牢的。但现在,是不是因为犯这个罪的人太多了,所以大家不仅不会担心会受惩罚,还敢公开站出来,合奏一曲"人间大爱"的颂歌,是吗?

我在这个新闻下面看到一则评论,有一个年轻人,父母把他的姐姐送人之后再生下他,现在他长大了,也想去寻亲;还说自己和父母很有爱心。当然,他也遭到了网友们的讥讽。

显然,重男轻女、没有人性的人,觉得弃婴是天经地义的。如果良知尚存的话,他们唯一能做的,就是让孩子忘记世间曾有这样龌龊的父母的存在,永远不要现身。

我们知道,20 年前的城市,20 世纪 90 年代中期,并不是穷得活不下去,穷到要鬻儿卖女的地步;有些遗弃孩子的家庭,那时生活条件已不算差了,只是,他们想要儿子。

最可怕的是,这种"虎毒食女",并不是出自某个道德败坏的人,而是一种常见的社会状态;一个没干过多少坏事的普通人,扼杀一条生命的时候,十分自然,毫无歉疚。它是如此普遍,以致中国的性别比畸形,酿成非常严重的社会问题。多出来的 3 000 多万男性,将无法娶妻,成为社会的不安定因素。

这是重男轻女与计划生育的两重罪孽叠加结出的恶果,更重要的是法治不彰,推动了这一切。

《广州日报》曾刊登广州市民政局的《查找弃婴儿童生父母公告》,公告显示,有些孩子出生当天就被遗弃,有些已经被遗弃十多年了。看这则公告的意思,民政部门是希望这些父母回来认领小孩。

我只想确认,难道遗弃婴儿不触犯刑法吗?我国刑法第二百六十一条规定,遗弃罪是指对于年老、年幼、患病或者其他没有独立生活能力的人,负有扶养义务而拒绝扶养,情节恶劣的行为。

这些父母们,难道不是应该被通缉追查、逮捕入狱吗?为何政府部门却像失物招领一样苦苦等待失主?

我从未听说过遗弃婴儿的人,被刑事拘留。有法不依的结果,就是法律形同废纸,弃婴被合法化了。

从小的方面来说,是中国的出生性别比永远别指望回到正常,也别指望有大量"光棍"的社会能维持稳定;从大的方面来说,人们对生命毫无敬畏,予取予夺,不再把人命当一回事,这将父不父、子不子,伦理尽丧。

(作者 侯虹斌)

中国建立"国家公园"会遇上哪些难题

2017年,《祁连山国家公园体制试点方案》获审议通过。媒体报道称,试点方案的通过或可以用"极速"形容,从提出构想到审议通过不足半年时间,足见祁连山生态环境保护之紧迫性。

截至2014年年底,全国已建立各类自然保护区2 729处,此外还建立了国家地质公园240个、国家级风景名胜区225个、国家级森林公园779个、国家湿地公园429个,分属林业、环保、国土、农业、水利、海洋等部门(以林业为主)。这些保护地的规划建立过程,几乎每个都有利益博弈的影子。

在我读大学的时候,老师曾经提起一个案例:西南某省一个著名的国家级自然保护区,同时也是风景名胜,因为具体的管理权不清晰,旅游、环保、林业等部门争夺不休,甚至闹到动武的地步。林业部门因为有林业公安的优势,最终获胜。

更多见的情况则是,有些地区,一块地方挂了几块牌子,从保护区到风景名胜、国家公园。适用什么样的管理标准,很难把握。

这种局面要不要改?要改。但是,肯定不是靠改一个名字,或者把一堆名字收拢到一处就能行的。"一窝蜂上马"改名,实际上只是换汤不换药。保护与开发的冲突,不是今天才出现,更不是因为保护地的名目众多而造成的。

我参加工作后,最早负责并执笔羌塘和雅鲁藏布大峡谷国家级自然保护区总体规划,后来在国家林业局看到很多自然保护区规划文本,包括后来负责完成的几个国家湿地公园、国家森林公园的总体规划。

这些不同名目规划所体现的不同保护地的功能、分区、设计甚至预算,都是大同小异,除了个别纯粹的旅游区,几乎连总规的篇目格式都可以直接拷贝。无论是自然保护区,还是国家森林公园,没有哪个保护地,不试图在"保护"与"开发"这两个矛盾中做到平衡。

这不仅是因为相关文本规范很接近,也是一种必然:在中国,值得开发、值得观赏的自然景观,很少不需要在自然生态上予以保护;与此同时,在任何需要保护的地方,又很少有不面临开发压力或诱惑的。

在名义上保护级别最为严格的自然保护区,规划文本中也有专门的旅游开发章节,甚至会列入部分经费预算。而在哪怕最为开放的森林公园,也会列入相关的保护内容。

目前中国不同保护地之间的管理,主要是度的区分。保护地类型的多样性,理论上讲,更有利于在最大范围内,覆盖不同保护需要层级的对象,本身不应该是改革对象。

改革的对象,主要是政出多门,"九龙治水"。目前的改革试点模式,是比较典型的"摸着石头过河"。但是,这些体制改革,本身都是顶层设计范畴,比如说,同一地区政府不同部门间的协调议事,过去在政府机构内部即有相应的机制,并已运行多年。

在具体问题上,体现为跨部门协调机制是否有效,如果无效,可以有怎样的创新?这种体制创新,是在政府内部,还是参照由各地区深改小组直接介入?更大的跨省区合作协调,之前无法协调好,之后靠什么形式的创新协调?这些问题,恐怕不是一两个地方部门能撬动的。落实到基层执行者,具体的实体(国家公园)很容易把握,最高的理想也很容易理解,但恰恰是中间这段制度创新,他们对此可能缺乏足够清晰的认识。因此,制度创新并非他们的强项。这大概也是国家公园体制试点铺开甚速而深化较缓的原因。

目前国家公园体制改革的总体思路,是超越部门利益,通过更高的统一决策节点予以管理。在某种程度上,它是管理权力的上交和集中。

这似乎也是国际保护地管理的一个趋势。

中国现有的保护地管理模式,渊源有二,一苏一美。

从俄罗斯来看,其继承了苏联的自然保护管理体制并加以改革。改革的基本内容,包括设立"国家自然保护委员会"作为"专门环境保护领导机构"进行国家管理,通过设立专门环境管理机构,将专门管理机构和协调机构合而为一,减少了管理部门过多,办事效率和管理水平低下等问题。

美国国家公园也算中央集权型管理体制,由联邦政府内政部下属的国家公园管理局主导管理工作,形成以"国家公园管理局—地方办公室—基层管理局"为主线的垂直管理体系,地方政府无权介入。有关国家公园的政策和法律条款则由社会各界向美国国会发起提案,提案通过后即成立。

不过,仅仅是将管理的权限集中与上交,也不足以称为创新。比如在相关部门之上,没有一个更有力更全面的管理环节吗?也是有的。

进一步推演,当年一些地方的保护区或林区,与当地政府几乎是一套人马、两块牌子的。保护机构"统管"到这种地步,不仅管自然,还管人管社会,按理应该效果更好了吧?显然不一定。在这种情况下若出了什么问题,比如在保护区里开矿,更难被发现、处理。

"九龙治水"只是形式,任何一种保护地管理体制的特点,都取决于其功能设定和背后利益相关方。内在问题没改变,即使管理权上交统管,但由于仍然要顾及相关利益,"政出一门"后系统风险反而会扩大。

中央提出建立国家公园体制,是以建立国家公园为改革推手,完善我国保护区体系,解决目前的地域分割、部门分治、"多龙治水"的难题。

所谓体制创新,既要有自己的新办法,也不应排斥别人的老办法。

但要做到别人的老办法不是形式上照搬，就需要充分考虑国情的不同。

以美国为例。首先，美国社会在保护地管理上，容纳多种所有权机制，包括私人领地保护。与之对应，在中国，几乎所有自然保护都要由政府来管。

其次，美国的国家公园不以营利为目的。美国国家公园每年游客量达2.5亿至3亿人次，门票收入却不到1亿美元，也就是说每人每年仅花费40美分（约合人民币2元6角）。美国国家公园的管理费源于国会拨款，国家公园管理局从不给各个公园下达创收指标，以防止公园借口搞开发项目。在中国，这就属于政府包办，不仅管事，还要出钱。这又是老问题。

最后，美国关于国家公园以及其他保护地的立法相当多，而中国至今只有一个《自然保护区条例》。这些法律当然是超然于管理机构或组织之上的。由于普遍的执法环境差异，即便是现有《自然保护区条例》，也难以认真执行。

这就形成了一个恶性循环：一方面，法定管理机制简单，造成执法刚性不足；另一方面，执法普遍难以落实，又使保护管理容易走偏。其实在国家公园之外，美国保护地管理的差异性和多样性可能比中国更强。但由于美国保护地管理首先保证了在组织之外有法律作为"最高限制"，减少了人为因素造成的混乱和弊病。

国家公园管理，也有赖于成熟的社会自我组织和管理，以及全社会包括公共舆论的监督。像祁连山国家级自然保护区这种情况，在多年前纸媒最为活跃、赋予的监督职能相对更充分的时期，可能遇到的舆论压力会更大、更早，甚至不至于到难以收拾才收手。

开发与保护，收权与放权，在自然保护中乃至更多领域，都是老问题，体现就是一抓就死，一放就乱，一头独大增加管理系统性风险，"多龙治水"降低效率……

这样看来，"国家公园体制试点"，还真不是一个小的技术问题，配得上"改革"这个大题目。它甚至是中国改革一个具体而微的全息缩影。

从其他国家相对成熟的国家公园管理体制来看,集中垂直的管理固然不可少,但与之配套的是非营利定位甚至公益定位,组织系统之上有超然刚性的法律限制,社会监督的普遍深入。

《建立国家公园体制试点方案》特别强调:"试点的并非国家公园这一实体,而是国家公园管理体制",应该也是为了避免"国家公园一窝蜂上马",徒有虚名与器物,遗漏制度与思想。

（作者　宋金波）

没有奢侈消费的社会，一定穷得一塌糊涂

2018 年，上海某餐馆里，一名神秘人士请一桌客，花掉 41 万元且不含酒水。这则新闻在上海引起了广泛的关注和热议。

01

事发当天，我在微信朋友圈里说：

我对这张单据的看法是，如果它是私人消费而不是公款消费，那么没有指责和呼吁禁止的必要。因为他们吃的每一种东西所花费的巨款，都会分配到从普通中国人所从事的养殖、运输、制作、服务到国家和房主的税收、房租、水电费等环节上。禁止有钱人高消费，他们也不大会把钱交给穷人，而是转移到外国去消费，给外国人提供就业和税收，任何中国人都是一无所得。

我的看法是认真的，获得十几人点赞和十几人评论，基本没有人明确表示反对。或许朋友圈的问题就是价值观趋同，很难见识不同看法。事实上，我们从持续不断的追踪中，明显也可以听到反对奢侈消费的愤怒声音。

从古到今，"奢侈"这个词在中国一直是个贬义词。

从最早的"酒池肉林"开始，它就与丢失政权、道德败坏、贫富悬殊等紧密相连，几乎一切失败，都与主角的奢侈行为有关：秦朝的阿房宫；汉末贵族广建园林、生活奢靡、婚嫁排场和厚葬；隋炀帝对异邦人士的盛情款待；《东京梦华录》里记载的北宋末年的奢华；明末的江南生活，以及慈禧太后在颐和园的豪奢。这些现象的出现，往往预示着

即将到来的王朝灭亡。与奢侈相对的，是对"俭朴"的高度推崇，诸葛亮《诫子书》："夫君子之行，静以修身，俭以养德"云云，都是流传久远的律令，可以不假思索地脱口而出，成为我们的口头禅。

但如果仔细看看历史上这些著名的奢侈消费，就可以发现，它们基本上是典型的公款消费。不管是皇帝还是高官大臣，基本上是国库连通他们个人的私库。花国家的钱等于花自己的钱，当然不心疼。

反倒是一般的老百姓，哪怕是稍微有点结余的，对己对人，基本上是简朴之极，甚至吝啬之至。《笑林广记》里专门有"贪吝部"，讥讽古人的贪婪与吝啬：

> 一人性极吝啬，从无请客之事。家僮偶持碗一篮，往河边洗涤，或问曰："你家今日莫非宴客耶？"僮曰："要我家主人请客，除非那世里去！"主人知而骂曰："谁要你轻易许下他日子！"

> 有性吝者，父子在途，每日沽酒一文，虑其易竭，乃约用箸头蘸尝之。其子连蘸二次，父责之曰："如何吃这般急酒！"

《笑林广记》固然不堪为历史材料，但如果仔细看看这些被讥讽的人，却几乎全部为平民百姓，这可以说明——无论什么人，只要是花自己辛辛苦苦挣来的钱，没有不反复计算者，而只有来钱太容易，或者花别人的钱，才不会斤斤计较若此。

所以，中国古代有关对奢侈问题的批判，指向的是皇帝和大官僚，是一种对浪费公帑的道德劝诫，它不是说给一般平民百姓听的，平民百姓切莫会错了意。你，并没有奢侈的资格。只有到了近代，建立了公共财政的预决算制度，公私财物分明，奢侈才有了它的正当性。公家的钱财，怎么花掉，是全体人民的意志；个人的钱财，怎么花掉，只要不违法犯罪，都是个人的事情。

就这么简单，这是现代社会的公民常识。

02

但囿于长期的贫困，我们对奢侈的认知，仍然很缺乏。

第一，是把奢侈和贫困直接联系起来，认为正是因为一些人的奢侈，才造成另外一些人的贫困。诗意表达就是"朱门酒肉臭，路有冻死骨"。

在一定意义上，这两句诗是对的。政府的高税费，聚集大量财物，但这些财富被掌握权力的私人（朱门）无限浪费，而并没有用于一般老百姓，老百姓冻饿而毙，并不妨碍他们的奢侈浪费。这样，两者之间是可以建立因果关系的。

如果政府税费合理，但公共服务不到位，仍然不能保证每个人的饱暖。那么，这跟某些人（也算朱门）在饭馆花他们的钱大吃大喝，有多大关系呢？在这种情况下，"朱门酒肉臭"与"路有冻死骨"两者之间，就没有直接的因果关系，而只有一些间接的相关性。

在有效的现代财政预算、决算制度下，社会奢侈与否，无关贫富悬殊。世界著名的奢侈品大国是法国，但法国并没有因为有那么多奢侈品，而相应成为贫富悬殊著名的国家，在那里，"朱门酒肉臭，路有冻死骨"是用不上的。

第二，奢侈消费与财富分配有正相关性。

承上所说，遍观今日世界，一个没有奢侈消费的国家，基本上是贫穷国家；奢侈消费越多的国家，越是发达国家。因此，有奢侈消费，奢侈消费越多，表明该社会有财富，总财富越多。

没有奢侈消费的社会，一定穷得一塌糊涂。

03

私人财富应该通过什么方式，流转到一般人手里？大体说来，无非有这几种方法：

一是匪徒抢劫。抢劫的方式，往往造成性命丢失，鱼死网破。除非乱世，一般不会出现这种最原始的财富再分配方式。

二是政府没收。没收，有可能针对的是非法财产，也可能是社会巨变时期财富的强制性重新分配。这种方法不能经常使用，否则，人们创造财富的兴趣会大幅度下降，社会很容易陷入普遍的贫困。

三是政府税费。对奢侈品或奢侈消费征收重税，是世界通行做法。这既可以文明而巧妙地瓜分富人的钱财，又可以保护富人继续创造财富的积极性。

四是让尽可能多的人，参与奢侈品的产业链中，或者让尽可能多的人为奢侈消费提供服务，从而获取相应的劳动报酬。有报告称，2013 年，英国奢侈品销售总额达 332 亿英镑（折合人民币约 3 000 亿元），整个行业对英国 GDP 的贡献率是 2.2%，直接和间接雇用了11.2 万人，总出口额为 250 亿英镑。

04

上述第三点很多人能理解，但是对第四点，很多人会有疑虑。

奢侈品，是一种超出人们生存与发展需要范围的，具有独特、稀缺、珍奇等特点的消费品。按照这个国际上通行的定义，不独 41 万元一桌的餐费属于奢侈消费。实际上，我们的很多消费行为都属于奢侈消费，如果要杜绝奢侈消费，维持温饱就可以了。但如此一来，科技、经济发展的动力从何而来？

3 元一斤的大米是正常消费，100 元一斤的大米就是奢侈消费；100 元一件的衣服是正常消费，10 000 元一件的衣服就是奢侈品；几十块钱的电子表可以看时间，10 万元的手表就是奢侈品；5 万元的轿车是必需品，500 万元的轿车就是奢侈品……

问题是，研制和生产高档大米、手表、轿车等，不仅需要精益求精的技术，还需要大量的科研投入。有些奢侈品，是长达几代人的钻研和投入的结果。

可以说，只是因为人类有了对奢侈品和奢侈消费的追求，人类的生活才逐渐变得美好。譬如轿车的防抱死系统，一开始只是宝马和奔驰车的专属特殊装置，但是现在几乎是所有轿车的标配。

在一个追求奢侈品的社会，能工巧匠才能够取得属于他的最好报酬。

中国的孩子为什么不愿意从事技能型的工种，而只是一门心思想着坐办公室当白领？我认为其中一个很大的原因，就是因为中国几乎是一个没有奢侈品，并且在舆论上敌视奢侈品的社会，加之造假成本很低，导致中国的产品，与国际上最顶级的东西相比，要么总是差一口气，要么工艺粗糙，总之卖不到一个好价钱，自然无法给工匠更好的报酬，于是大家就是混混日子而已。这样一来，做工匠几乎就成了不思进取的代名词。

现在讲消费要升级，但如果提供的产品和服务，没有成为奢侈品和奢侈消费的雄心，见多识广的消费者是不容易掏腰包的，他们还是会用脚投票，想方设法把钱花到欧美和日本去。所以，在没有违法犯罪，特别是不存在消费欺诈并且是私人消费的前提下，我认为，中国如果真出现41万元一桌的天价餐饮，其实是好事。你看那名大厨，他的收入和幸福指数，大概远高过大部分北大清华的毕业生。

写完这篇文章之际，看到有人在网上扒出2万多元一晚的天价房费。

其实，如果该宾馆的服务员因为服务优秀，比别的宾馆服务员挣得更多；宾馆营收高，纳税多；向宾馆提供食材的农民的东西好，卖得贵；宾馆大厨手艺好，收入也高……如此这些，有什么不好呢？

难道要让住宾馆的客人把钱放在地窖里舍不得花，或者偷偷摸摸搬运到外国去，我们心里才舒坦？

（作者　任大刚）

父亲走后，老家再也没有我的家

01

2020年8月16日18点，我再一次站在湖北省云梦县城父母以前的住宅门前。

我拿出钥匙，拧动旋钮，门应声而开。

屋子里空无一人，一阵霉味扑鼻。

我走到客厅，放下沉重的双肩包，熟悉的室内布局映入眼帘。

我打开了屋子南北的窗户，打开了水闸、气阀和电源开关，然后在饭桌前坐下。

一阵裂心的伤痛突然侵袭而来，眼泪差点夺眶而出。

我强行忍住，告诉弟弟和妹妹，我已经到了。

然后，拍了一张客厅的照片，一张人工湖的风景照发到我们兄妹四人的微信群里。

小妹稍晚告诉我，她看到照片和我的留言后，号啕大哭了一场。

父亲已经去世9个月了，母亲现在到了安徽大妹那里。

现在，这个房子空了四个月，弟弟已经委托房产中介出售。

02

如果不是大姑妈突然去世，我这次也不会匆忙赶回这里。

因为新冠疫情，2020年1月到4月，我带着女儿、儿子和小妹，和母亲一起在这里受困三个月。

这里的房子视野开阔,客厅和主卧南边的人工湖风景秀美,但这三个月的封城和特别管制却在我心里留下了不可磨灭的创伤。

我是前一天(8月15日)晚上23点多接到弟弟的电话,这才知道大姑妈刚刚去世。

弟弟一家三口在贵州,回老家不便,因此请我回老家奔丧。

我给大姑妈家的大表哥打了电话,他告诉我17日出葬。

我对他说,我明天就赶回来。

打完电话后,我让儿子帮我预订了北京西到汉口的高铁票,以及汉口到云梦东站的火车票,然后赶回了云梦。

我试了试煤气,准备晚上洗澡。

然后清洗了水壶,烧了一壶开水,又把它放凉。

一路颠簸,我没吃多少东西,于是坐在饭桌前吃了带回来的煮花生,喝了两盒牛奶,然后锁好门,到曲阳河边跳绳——这是我坚持了8年多的运动。

03

父亲活着的时候,我们在云梦有两个家。一个在隔蒲镇建设村张家坡,一个在县城。

张家坡的两层楼房是父亲1991年盖的。从20世纪80年代初期开始,已经放弃教书和文学创作的父亲就和母亲开始做各种小生意,后来到武昌大东门菜场卖菜,存下了一些血汗钱,盖起了两层楼房。

在大集体的时候,由于"剪刀差",父母挣到的工分不足以养活我和弟弟及两个妹妹。每年分红(村里年终结算)的时候,我家总是亏欠。

有的社员就说风凉话,说自己替别人养孩子。心高气傲的爸爸也只能隐忍不语。

分田到户之后,父母再也不用受这种气了。但是,种田只能糊嘴,一年到头没有余钱,于是他们就开始做小生意。

我记得，他们从隔蒲镇收鸡蛋到武汉去卖，爸爸告诉我，很多人围着抢购，有一些人不给钱就拿着鸡蛋走了。

然后，父母从武汉带回香烟、布鞋等商品在农村贩卖。

有人曾经对我说，我妈卖的布鞋很便宜，但是没穿几天就破了。

那时香烟专卖，有时，他们从武汉带回的香烟在火车上被"查货"的人查抄，于是血本无归。

04

正因于此，1991 年房子建好之后，父母在家里请客，在村里人羡慕的眼光和恭维中，很是风光了一番。

2000 年年初，我和妻子来到北京，父母在老家带我的 3 岁的儿子和 5 岁的女儿。

我们 2005 年年初在北京大兴区西红门镇九龙山庄买了一套房，几年后还清了贷款。

随后，父母说想把张家坡的房子修缮一下。

一是，给房子加一个尖顶，盖上机瓦，解决漏雨的问题；二是，妻子提出把厨房和厕所好好弄一下——她每年从北京回来给家里人做年饭，感到像过家家似的，太不方便了。

我和弟弟一共出了接近 4 万元，让父母修缮房子。

但那年春节回家一看，父母把房子加了屋顶，然后给南边外墙贴了瓷砖，但厕所和厨房则没有任何改善——上厕所不方便，厨房阴暗不说，下雨下雪还漏水。

这让妻子很不高兴，但木已成舟，妻子也不好再说什么，只是每年春节回家做饭时颇有怨言。

每年春节的时候，我们夫妻、小妹基本上会回来。有时，弟弟一家三口也会回来过年。

吃年饭的时候，父亲和母亲坐在上边，我们和孩子们轮流敬酒，父母脸上也会露出难得的笑容。

这时，也是父亲最满足的时候。

他在院子里种了葡萄和梨树，在院墙外面种了一棵桃树，还种过豌豆、小葱、小白菜。

有一年春节回家，父亲让我帮他锯掉一些桃树的枝条。

05

2013年，我的女儿、儿子到云梦一中上学。

我请母亲在学校附近租间房子，母亲在这里照顾他们，父亲就骑着电动车奔波十几公里，往返于张家坡和租住的房子之间。

此时，弟弟的经济情况不错，他决定在县城买一套房子，等我的两个孩子高考之后，就让父母住在县城，让父母安度晚年。

弟弟2014年在县城人工湖北边的隆盛华府买了一套位于19层、面积124平方米的三居室。

2015年，我的女儿和儿子都考入北京的大学，房子也装修得差不多了。

一开始，爸爸不愿意住到这里，说住楼房很关人（受憋），他在农村更习惯。

等住进去之后，爸爸发现，住在这里，生活上比农村方便得多，然后，他就再也不想回张家坡了。

人工湖的房子装修完毕之后，弟弟出钱，父亲和母亲亲手购买了双人床、衣柜、饭桌、书桌、沙发、凳子等家具。

他们分外爱惜，担心沙发皮子磨损，在上面垫上了旧床单和被罩。

有一年，我儿子的同学到家里来坐了一会儿，父亲发现沙发皮有一点点磨损，竟然对着他最看重的孙子大发脾气，说他的同学嫉妒我们家好，所以搞破坏。

儿子觉得爹爹（爷爷）不可理喻，只有默不作声。

有一年，母亲洗的床单找不到了，几次三番问我的妻子和儿子，怀疑被我妻子拿到我岳父家去了。我妻子为此特别生气。

后来，还是楼下 18 层的住户问母亲，她才知道床单掉到楼下去了，妻子的冤情这才得以洗清。

06

这时，父母颇有一种"受苦人翻身得解放"的喜悦，甚至急于炫耀。他们几乎邀请过所有的亲戚和朋友到新家做客。

我一度对此很不理解，后来才隐隐想到：除了亲朋之间的正常走动之外，爸爸妈妈长期生活在社会底层，现在，儿女们让他们过上了舒心的生活，因此他们忍不住要"晒幸福"。

家里人多。为了让我们春节回来都有地方睡，母亲除了在人工湖房子的三个房间都放了 1.8 米宽的双人床外，还在入户的地方加放了一张双人床，并且用衣柜隔出了一间"房"。

尽管如此，我们一家四口加上弟弟一家三口，还有小妹，即使大妹一家四口不回来过年，十个人（加上父母）在县城的房子也住不下。

有时，我和妻子就住在三四里地外的岳父家，白天我再过来。

有一年春节，弟弟一家三口，我们一家四口，还有小妹都回来陪父母过年。大年初一，一家人一起出门，从人工湖中间走过，然后经过博物馆，再顺着曲阳河边走回，父亲格外高兴。

有一年，我和儿子一起睡双人床，晚饭后就去人工湖旁边跳绳。

07

刚住进人工湖的房子时，父亲身体尚可，他每天都会围着人工湖走两圈。

有时，他会到不远处的图书馆看书。

由于抽烟喝酒太厉害，他的身体逐渐变差，也越来越不想动了。但是，他始终保持着订阅报纸的习惯：在张家坡如此，到县城后同样如此。

我和弟弟都做了记者，我的女儿大学毕业后也成了记者，这一直让他很高兴。

早些年我和妻子到北京后，父母还种过几年地。

母亲打了好几床新棉絮，放在张家坡的楼上，说是为小妹结婚准备的。按照当时农村的习俗，结婚要办足"八铺八盖"。即使我们春节回家，母亲也舍不得把新棉絮拿出来。

但是，小妹一直单身，这些棉絮放了几年后，母亲放下了以前的心愿，把这些棉絮拿出来使用。

08

父亲生于 1949 年初，母亲比他大两三个月。尽管父亲曾经两次中风，我还是以为，他应该可以活到 80 多岁。

由于长期不加节制地抽烟喝酒，加上只吃鱼、肉而不吃米饭和蔬菜，2019 年 11 月 5 日晚上，一次突发的急性心肌梗死夺走了父亲的生命，他的生命在 71 岁前戛然而止。

办完丧礼后，母亲一个人无法住在隆盛华府的房子里。她到我的两个姨妈家各住了一个月。

在二姨妈家，她趁着姨妈和姨父上街的时候给我的大妹打电话，在电话里号啕大哭。直到 2020 年春节临近，母亲才从三姨妈家回到了隆盛华府的房子里，等我儿子和我的小妹从北京赶到云梦县城后，一起回到了张家坡的家里。

09

按计划，我们准备在腊月二十七(1 月 21 日)请四个姑妈和姑爷到张家坡，并邀请了本家叔叔等帮助料理父亲丧礼的村里人一起吃年饭。

当天下起了小雨，加上新冠疫情人传人的消息已经传开，姑妈和姑爷都没有回来，于是我们请本家叔叔们吃了饭。

不料，新冠疫情加重，武汉和孝感相继宣布封城，我们全部赶到了云梦县城人工湖的房子。

大年初一,弟弟一家三口开车回上海,大妹一家四口开车回合肥。我们一家四口,妻子去照顾年迈的岳父岳母,我和女儿、儿子,加上小妹,在隆盛华府陪着母亲。

云梦解封之后,清明将近。

我和小妹带着母亲到隔蒲镇办事,然后回到张家坡老家,给父亲上坟。

我和小妹烧纸钱时,母亲在旁边念叨:"你要保佑孩子们平平安安。"

之后,小妹先回了北京。我们买好了一家四口和母亲的火车票,2020 年 4 月 19 日一起回到了北京家中。

隆盛华府的房子,就这么空了下来。

临行前,母亲找了几家中介,委托他们挂牌出售。

但是,母亲在我家一直住不习惯。半个月后,我们只得让她去了合肥大妹家。

10

这次回云梦给大姑妈奔丧,我没有打算多待。

在人工湖的房子里,我突然觉得从未有过的孤单。

父亲的气息仿佛依然存在,只是我再也看不到他坐在饭桌前喝酒吃菜,看不到他驼背的身影在房子里走动;而母亲,此刻也离我很远。

这里再也不是家了。虽然这里依旧是张家坡的房子,却再也不是家了。

难怪父亲去世后,母亲对两个妹妹说:"我以后就没有家了。"

2020 年 8 月 17 日上午,我从云梦县城坐车到隔蒲镇,买好了花圈、鞭炮、草纸等,然后去大姑妈家奔丧。

中午,我随着去火葬场的队伍返回,在玉丰大酒店附近下车,去北门菜场买了一点东西,步行回到人工湖的房子。

11

当时的气温大约36℃。我打开所有的窗户，风从南边的窗口不断吹来，但我并未感到凉爽。

母亲曾经告诉我，父亲晚年时怕热又怕冷，一到三伏天，待在房里开着空调几乎不出来。

我没有开空调，在屋子里来回穿行。

弟弟寄给父亲看的书依然放在桌上，父亲睡的双人床和桌子、衣柜都和他生前一样摆放着。

客厅抽屉里，有父亲用过的螺丝刀、老虎钳等五金工具。

母亲的房间里，几把大剪刀躺在书桌的抽屉里，桌面的书上还有几个月前剩下未用的口罩。

父亲的去世，母亲的远离，使得这些物质都失去了意义。这里再也不是家了，而是我的伤心之地。

准备离开了。

抑制不住的悲痛如潮水一般涌来，我在阳台上痛哭失声。

稍稍平静之后，我收拾好行李，关上了所有的窗户，又拍了几张室内和人工湖的照片，然后关上水阀、煤气，摁下门口的电源，到楼下乘出租车，从云梦一路赶到孝感火车站，等候开往北京的列车。

以后我还会回来，只是老家再也没有我的家了。

弟弟终究会卖出县城的房子，而张家坡的房子将会继续空着，和父亲的坟墓孤独相对。

我和弟弟，以及两个妹妹，已经变成故土的陌生人。

（作者　张　弘）

我们对抑郁症的偏见从未停止

2021 年 12 月 11 日上午,某互联网公司知名游戏程序员毛姓员工(网名"浅墨")意外身故。据媒体报道,浅墨生前饱受抑郁症困扰,一度还曾住院治疗。

自抑郁症这个词进入大众舆论以来,似乎就一直陷入无穷的争议之中。每每有抑郁症患者意外身故,各种无根据的猜测、误读、偏见,甚而是污名化阴谋论,往往在第一时间便风急雨骤,以至于很多时候我们怠慢了哀悼逝者本身。

01

在某种程度上,中国社会仍然缺乏将抑郁症作为一种难以治愈疾病的心理准备,更不用说必备的科学素养了。

据世界卫生组织估计,全球已有约 3.5 亿人被抑郁症困扰,每个人在一生中患上一次抑郁症的比例更是超过了 10%,每年全世界都有超过 100 万人因抑郁症自杀身亡。

《中国国民心理健康发展报告(2019—2020)》显示:2020 年,青少年抑郁检出率为 24.6%,其中,重度抑郁检出率为 7.4%,抑郁症正成为当前中国青少年健康成长的一大威胁。

"抑郁症真的离我们不远,甚至可以说就在我们身边。"浙江大学生命科学研究院教授王立铭在《笑到最后:科学防治现代五大疾病》一书中写道。

但是,正如王立铭所说,和很多人类疾病不同的是,抑郁症这样没有明显器官病变的精神疾病，长期被人类忽视和误解，这严重影响了抑郁症患者的诊断和治疗。直到今天，全世界只有一半左右的患者接受过有效的治疗，而在中国，这个比例甚至不到 20%。

从这个意义上来说，对于人类而言，我们对抑郁症的认知，还停留在丘吉尔时代的"黑狗"。他曾有名言："心中的抑郁就像只黑狗，一有机会就咬住我不放。"

这是丘吉尔的至暗时刻，也是我们这个时代的至暗时刻。

02

每当曝出抑郁症患者意外身故的消息时，最流行的误读可能有两种。

第一种偏见认为抑郁症患者天生脆弱，患有抑郁症不过是一个人意志不坚定、能力不足的借口，内心强大的人是不会患有抑郁症的。

2014 年 8 月，知名翻译家孙仲旭因抑郁症离世，当时曾有网友想当然地表示："活着不是比死更难吗？爷们儿不是应该选择难事而不是简单的事去做吗？"

看到这些"语多乖谬"的猜测，曾患抑郁症的资深媒体人张进第一时间就站出来表示：

"抑郁症患者因其大脑内部化学元素失衡，他的肉体和精神遭受个人意志无法控制的双重重创，这是一种实实在在的、比癌症更深刻的痛苦……局外人站在道德制高点上，居高临下甚至带有一丝优越感地同情、开导或者指责他们，这是不科学也是不公平的。"

"追悼逝者，请先理解他。表达感情，请先尊重他。不要想当然，不要信口开河；更不必装模作样，声情并茂。"在张进看来，抑郁症患者不是脆弱、"不适应环境"的同义词。

逝者已矣，对于浅墨，我们同样不应该似是而非地给他贴上各种诸如脆弱的标签，这在事实上构成了对抑郁症患者的道德审判。

正如张进所说，抑郁症绝不是思想痛苦导致的情绪低落或者自暴自弃。它有着深刻的生理与生物学根源，与其他疾病一样真实。

第二种误读是强行将抑郁症患者的不幸同生活环境、工作环境挂钩。孙仲旭去世时，曾有论者暗示这与他作为"兼职翻译的艰辛与不成比例的收入回报"有关。

张进也承认译者生存状态艰辛这个事实，但他反对将此与孙仲旭之死关联，认为这是典型的借题发挥，借他人之酒杯，浇心中之块垒，"事实上，在一个短时间内，仅仅个别诱因，不可能触发抑郁症"。

在浅墨身故一事上，同样出现了类似的强行解读，没有根据地将抑郁与绩效和工作进度拉上关系。一名接触过浅墨的媒体从业者在知乎上发文称：这些都是没有来由的猜测，"过于耸人听闻了"。

显然，这又是一种"借他人之酒杯，浇心中之块垒"。

03

甚至可以说：随意将抑郁症同社会环境和工作环境做关联是反科学精神的。

玛丽·简·塔基和简·斯科特在《牛津通识读本：抑郁症》一书中认为："没有任何年龄、性别或社会群体可以对抑郁症免疫，即便我们已经在使用严格的标准来定义临床抑郁症，它仍然是一种极为常见的人类体验。"

在抑郁症无远弗届的侵略性面前，各个人群都概莫能外，这和你在哪个行业工作没有本质性联系。

当然，过大的工作压力有可能诱发很多疾病，但适量的工作对抑郁症甚至是一个正面因素。

《牛津通识读本：抑郁症》指出："研究表明，对很多人而言，就业对抑郁症的发展可能具有保护作用，而失业或社会经济剥夺等应激因素可能会增加个体罹患抑郁症的概率。"

简单说就是，不工作，而不是工作，才是导致抑郁症发生或恶化的原因之一。

如果要将工作与抑郁症做一个进一步的科学关联的话，抵抗污名化很可能是答案之一。

抑郁症患者的痛苦不仅源于疾病本身，也源于社会对抑郁症的误解和偏见。

按照玛丽·简·塔基和简·斯科特这两位英国专家的说法："抑郁的个体在工作中可能会遇到各种各样的紧张局面和困难，尤其是他们的同事可能无法理解他们工作效率低下是因为健康状况不佳，而不是因为他们没有尽职尽责。"

这还可能带来恶性循环，因为患者有可能无法保住目前的工作，这会进一步损害他们的自信和自尊。"这不仅会减少他们找到新工作的机会，还会成为他们生活中更进一步的压力因素，增加抑郁持续或复发的概率。"

更让人唏嘘的是，很多抑郁症患者自己对抑郁症也存在着偏见，他们因此产生深深的自责和内疚，以及强烈的病耻感，从而加重了病情。

病耻感令抑郁症患者在工作和生活中往往也不愿意主动寻求帮助，不愿意将病情和感受告诉别人或及时就医。也因此，我国目前仅有20%左右的抑郁症患者能得到及时的诊断和治疗。

对此，张进在《渡过：抑郁症治愈笔记》一书中也表示："由于社会舆论对患者的蔑视，甚至患者本人也自我轻视，他会下意识地掩盖病情，用最大的意志力维持日常生活，不愿意放弃'尊严'，不愿意对人倾诉，从而进入恶性循环。"

因此，我们与其去对浅墨的工作环境和身故原因作无端揣测，不如更多地关注如何创造一种对抑郁症患者更加"友好"的环境，鼓励他们在需要时大胆寻求帮助，而不是压抑自己的真实感受、隐瞒自己的病情。

同时，从自己做起，在工作与生活中关心有抑郁症倾向的同事友人，尽可能地宽容与理解他们。

04

就如同新冠病毒一样，人类对于抑郁症最务实的态度是：做好与之长期共存的准备。

正如王立铭所说，人类对抗抑郁症还有很长很长的路要走。甚至有可能，我们虽然在局部取得了某些进展，但是在整个战场上，我们至今都还没有走在正确的道路上。

即使在这个科学昌明的时代，一个抑郁症患者就医，医生拿出的很可能只是一份极其粗糙的调查问卷，他只能根据患者最近心情如何、饭量和睡眠时间有没有变化、有没有自杀的念头等来作出疾病诊断。

王立铭就此认为："人类对精神疾病的理解和定义还停留在上古时代，还没有能力把一种疾病严格地定量化、物质化，直接关联到某个可以深入研究的物质基础上去。"

那么，我们如何与抑郁症长期共存？

最重要的当然是医学的持续进步。2019 年 3 月，Spravato 获得了美国 FDA（"美国食品药品监督管理局"的简称）的批准正式上市。这是 30 多年以来，第一款上市的全新抗抑郁药，用王立铭的话说就是：人类渴望一种全新的抗抑郁药，特别是作用机制全新的抗抑郁药，实在已经等得太久太久了。

不过，时至今日，关于抗抑郁药是否有效这个问题一直都存在着争议。

在科学彻底能解决这只"黑狗"之前，我们还可以做什么？恐怕还是抵抗偏见。

停止对抑郁症患者的标签化，让什么脆弱和精神不强韧的偏见见鬼去吧；让抑郁症患者敢于对同事和朋友说出自己的真实感受，而不是陷入无边的耻辱感；为抑郁症患者创造积极就医的社会环境，而不必担心被歧视和被污名化。

所谓抵抗偏见，这当然也包括患者本人。作为全球最知名抑郁症治疗专家之一的保罗·吉尔伯特曾说过："抑郁的目的在于迫使你停下来弄清楚自己是谁，将走向何方。它要求你给自己定位，这虽然痛苦，却是产生转变的驱动力。"

（作者　张明扬）

我越来越担心，
我们的社会被各种热点带歪

　　我作为一个新闻评论员，几乎从不参与到那些社会性的热点新闻中去，尽管我知道评论这些非常容易制造流量。

　　这与我对新闻评论所应承担的社会功能的认知有关。我认为，当一个热点社会新闻被报道出来的最初一段时间，事实本身通常是很不清晰、很不全面的。因此，真正需要的是关于该事件的翔实报道，而不是关于它们的意见。

　　只有当一个热点事件包含的主要元素、逻辑关系及其背后所蕴含的对于社会大众的普遍意义充分呈现出来以后，才是观点登场之时。对于那些十分孤立和偶然的事件，分析和评论其实是没有什么价值的，也不可能靠谱。

01

　　我在青少年时代听到最多的号召和文学抒情，是"投身火热的社会""融入火热的生活"之类。实话说，那个远去的 20 世纪 80 年代虽然是积极向上的，但根本谈不上有多么"火热"。

　　相反，眼下倒才真是一个"火热的时代"。几乎每天，你都会被各种各样的热点事件搅得心神不宁，时而义愤填膺，时而欷歔感叹……很少有冷清的时候。

　　这是一个"热"时代，也是一个夸张的时代。

　　但作为一个曾经的新闻工作者，我近年来思索最多的，除了传统传媒业的衰落，还有新闻与社会的关系问题。我现在越来越担心的一件事情，恰恰就是真实的社会生活被"火热的"新闻带歪了。

一个简单结论是：不能让热点新闻塑造公共政策，特别是立法。

不管公众中有多少是手机须臾不离手的网民，也不管他们多么热衷于在那上面看热搜、追热点，明智的施政决不应该被他们好奇的那些令人炫目的热点新闻带偏节奏。

经常看到这样的例子：

一个大城市的某家餐厅发生了一起因为刺身菜品不合格致使许多人腹泻的公共卫生事件，就会有人要求该城市、该省，乃至全国制定法规，禁止餐厅供应生食。

当一场百年不遇的罕见暴雪席卷原本温暖的南方地区，留下一地狼藉后，更会有人主张今后热带地区也应该建设高标准防雪基础设施……

然而，这是正确的社会治理方向吗？

02

有句话叫作"新闻是社会的晴雨表"，我在大学读新闻专业时对它深信不疑。然而随着年龄阅历的增长和对新闻专业理解的加深，我越来越感到必须对这句话作出审慎的理解。

新闻媒体是一个极为重要的行业，这点毫无疑问，尤其对于监督权力运行而言。但新闻的重要性与社会治理的重要性，并不是一回事，很多时候甚至充满了矛盾。

在大多数情形之下，一个事件之所以具有所谓"新闻价值"，能够吸引眼球并被广为传播，是因为它很难得发生，极为罕见。哈尔滨下了一场大雪，或许永远也不会博得任何报纸和电视的青睐；但如果三亚下了一场雪，哪怕只是一点点小雪，就能轻而易举地登上许多媒体的头版头条。这就是我们行内人经常开玩笑说的，"狗咬人不是新闻，人咬狗才是新闻"。

但一个运转良好的社会系统,恰恰应该把自己关注的重点以及自己所掌握的有限资源,投入每天都在重复发生的平凡事务中去,比如绝大多数普通民众的衣食住行、生老病死。这些都可以说毫无新闻价值。

所以,中国古代儒家政治哲学中的理想治理是"天下无事"。也就是说,一个好的社会应该鲜有那些不合常理的极端之事。尤其需要强调的是,官府和官员不应该去主动和无端"生事"。

这在今天看来也许是太保守了,但它隐含的内在精神是具有很大启发意义的:平淡乏味往往就是好的社会,恰好与新闻工作追求的目标截然相反。

我刚到报社工作时,经常听领导和前辈们说,写新闻要避免"工作性",要努力"社会化"。意思是,新闻是写给读者而非写给采访对象看的,而采访对象认为重要的一般总是他们在自己的专业工作中所关注的,但这些往往不是身为外行的读者所感兴趣的。所以,报道者应该站在读者的视角,努力发掘能够吸引他们注意力的新闻素材。

这话当然是对的,也是报纸作为一种市场产品之所以存在的理由。然而如果换一个视角来看,各种专业领域里的工作,尤其是公共政策,是不是也应该遵循各自的专业规律和轻重缓急,而非盲目迎合新闻消费者的需求呢?

因此,如果政策被新闻热点牵着鼻子走的时候,无论是决策者本能地为了主动引起社会关注,还是被动回应舆论压力,都很可能走向真正的善治的反面。

遗憾的是,随着流量的日益重要、注意力的日益稀缺,加上高质量传统媒体的日薄西山,要坚守这一点越来越困难。

03

还有一句每一个新闻工作者都耳熟能详的话:"今天的新闻就是明天的历史。"

在从事了 30 年新闻工作之后，我现在认为，这句话的主要意义在于，它提醒所有新闻工作者必须要真实客观地记录和报道每一个新闻，而决不能有任何有意无意的歪曲。在职业伦理和专业方法上，新闻与历史有很大的类似性。

至于记录的内容，则今天的大多数新闻注定成不了明天的历史，而今天被媒体忽略的很多事，则反而很可能成为明天的重大历史。

著名历史学家钱穆曾很有感慨地说过，历史上很重要的事，往往几句话就过去了；而历史上不重要的事，往往反而可以长篇累牍写不完。历史上的一场战役总能引来连篇累牍的描写，而一项影响深远的重大制度变革则往往语焉不详。

更有一些历史事件，刚发生时并不引起时人关注，无声无息，但几十年甚至上百年后却越来越显出其重要性。马丁·路德在小城维滕堡的教堂大门上贴出一篇《九十五条论纲》，在当时肯定不会被认为是多么重要的事，至少远远不如当地大主教的一场弥撒那么受人重视。但到了今天，人人都知道宗教改革，但几乎没有一个人知道当时维滕堡的主教是谁。

钱穆先生是从学历史者应该具备的见识来讨论的，但也从中可以看到所谓"新闻的重要性"与"历史的重要性"之间的重大区别。

04

今天这个"热"社会的第一条显著特征是，由于传播的迅捷和集中，一个个热点被披露出来，常常能够在极短时间内吸引巨大的注意力。而焦虑中的人们在看到一些匪夷所思的事情，特别是悲剧性事件后，总是不假思索地要求采取断然行动，哪怕舆论存在极大分歧。

这个"热"社会的第二个重要特征是，在我看来也是当前最错误和有害的流行观点：这些离奇的事件都应当，并且也完全可以通过社会的系统性改变来加以纠正，直至彻底杜绝。

人们很少愿意进一步思考一下，这些事件之所以能够如此强烈地抓住社会大众的眼球,拨动大家的情绪,不正恰是因为它们极少发生,也就是人们常说的"十年一遇""百年一遇",甚至"千年一遇"吗?又或者恰是因为它们充满偶然性,不合常理,甚至难以解释吗?

如果我们要求社会作出系统性的调整,以便能够从根本上避免这些"十年一遇""百年一遇""千年一遇"和充满偶然、不合常理、难以解释的事情(哪怕它们很悲惨)的事情,那么,我们将为此付出多大的成本?

更为重要的是,任何一个社会,哪怕拥有再多的资源,它也总是有限的。如果要求三亚为千年一遇的暴风雪做好充分准备,就必然意味着它留给每年都要发生的台风和酷热的资源就会减少……

这个"热"社会的第三个重要特征是,注意力聚集得快,耗散得也快。

这又意味着,今天所有人可能强烈地要求三亚为暴风雪做好万无一失的准备,明天所有人就都把这事忘到了九霄云外。当新的热点接踵而至时,他们又强烈地要求采取新的行动,比方说,要求和田为暴雨洪水做好万无一失的准备……

05

事实上,任何一个社会里都有可能发生一些偶然的、极端的事件;同样,在任何一个社会里,它们也都是极少发生的小概率事件。

好的社会总是将最多的资源和关注投入改善最大多数人的平淡无奇的日常生活,而不是老惦记着去预防和解决那些极少发生的、不可预测的小概率事件。

退一步说,好的社会不会试图杜绝和预防它们的发生,而是有能力在它们一旦发生后作出迅速有力的救济,将它们对直接当事人造成的损害、对社会秩序造成的冲击,降低到最低限度。

从更为抽象的哲学层面说,偶然性与自由是一枚硬币的两面——正是自由,带来了一切可能性,这些可能性中必然也包含了灾难。如果人们想要追求富贵,那么他们就必须承担所谓"旦夕祸福"的潜在风险。

一个试图一劳永逸地消灭一切偶然性的社会,其逻辑终点必定是消灭一切自由。

在现代社会,更多的新闻、更高效的传播应该让我们获得更多以前不可能知道的信息和知识,进而大大增进我们自由选择的机会。但在今天,我却隐约看到了它们正在压缩这些自由和选择的前景。

(作者　陈季冰)

第二章

生活
躺不平才是现实

生于 20 世纪 60 年代……

01

2016 年是我中学毕业 30 周年。

这一开头，是不是就暴露了自己已经过气的年龄？在一个强烈渴望讨好年轻人的时代，这不是明智之举。不过暴露就暴露吧！我早已过了为飞快增长的年龄而焦虑的年代。

我的母校是上海历史最悠久的中学之一——上海南洋中学，2016 年也是母校建校 120 周年。南洋中学与上海交通大学前身颇有渊源，它的创办人是南洋华侨，故而得名。南洋中学还是一所以足球特色闻名的中学，2015 年 3 月，英国威廉王子访华时，因此专门到访。

为组织一次规模较大的毕业 30 周年聚会，我和几个小伙伴筹划了好一阵子。

在上一次碰头会上，我遇到当年我们这一届学习成绩最优秀的一个女同学。过去 10 多年里，她一直在一家房地产开发公司做高管。这次见面，她突然对我说，她在公司里基本已不管什么事，"我们现在应该主动退出事业的第一线，也许这样反而能够更好地找到我们自己的定位和价值"。

我深有同感。我早就向往这样的生活，并且开始为此谋划。

我曾经在一篇与本文同题的文章中写道：

"我第一次真切地感觉到，尽管作为一种社会文化风向标的'老三届'的余音尚未散尽，而所谓'80 后'又开始甚嚣尘上，我们这一代却已经真实地登上社会舞台并扮演起了主角。面对这样的变化,我们应该问自己:我们准备好了吗?"

10 年很快过去,我们唱主角的时代很快接近尾声。今天,我们仍然应该问自己:我们准备好了吗?

我对我的中学同学说:从现在起,我要做一个更遵从内心感受、更不为外在左右和扭曲的人,但我希望自己仍然是一个对社会有贡献的人,甚至可以比 10 年、20 年前贡献得更多、更大。

02

2015 年的一个夏日,我和老朋友《经济观察报》观察家版主编殷练聊天。

殷练是我同时代人,谈及当今社会的整体文化价值状况时,我们俩共鸣颇多。末了,我说,我就是一个 20 世纪 80 年代末的大学生,我深以此为幸、为荣。我既不愿耍小聪明,去追求所谓与时俱进,也不会因此变得愤世嫉俗。

我曾在那篇同题文章里说过,作为"60 后"的一员,我深知我们这一代人的整体弱点——

与"50 后"以前的几代人相比,我们这一代明显缺乏对真实国情的切身体悟。

虽说我们出生于动乱年代,但"三年困难时期"已经过去,国民经济略有好转,不至于再发生大量饿死人的惨况。到我们具有明确自我意识的青少年时期,改革开放已经开始,物质短缺的状况迅速改变并在短时间内得到彻底扭转。当然,我们这一代更没有"上山下乡"接受再教育的"知青"经历。因此,"60 后"这代人,对长期以来物质极度短缺的基本国情,认识流于表面,缺乏切身的痛楚体察。"贫困"这两个字,对于我们来说,是一个概貌或全景,是一组比较之后的数字,而不是真切的饥饿感、寒冷感。至于那种因极度贫困而丧失基本尊严的牲畜一般的麻木感,对我们而言,更是难以理解。

正因为如此,我们这一代在整体上不是脚踏实地的一代。很多时候,我们的志向要远远高于实现志向所需要的艰辛奋斗精神和坚忍毅力。

另一方面,与 20 世纪 70 年代中后期以后出生的两代人相比,我们这一代又明显缺乏市场经济头脑和适应商业社会的竞争意识和能力。

我们生于动乱年代,但真正对塑造我们的人格和价值观具有决定性影响的,是 20 世纪 80 年代——我们的青少年时期。我相信,将来的历史书一定会这样描述这个年代:对整个中国的现代化历程来说,这是一个距五四运动半个多世纪以后的第二次"启蒙时代"。

客观地说,没有 20 世纪 80 年代,就没有今天中国的市场经济,然而,80 年代并非一个商品经济的"实践"时期,人们更多地从思想和观念的角度来憧憬和勾画未来。虽然这些描绘模糊地指向今日的市场经济社会,但 80 年代却是一个精神绝对压倒物质的时代。当"交易产生价值""竞争带来效率"等这些市场经济的坚硬规则真正降临中国大地时,已经是 20 世纪 90 年代了。我们都已成年,价值取向和人格已经定型,很难再有机会被重新塑造了。

从 20 世纪 80 年代到 90 年代的这段时期,社会的各方面,尤其是精神气质发生了深刻变化。昔日振聋发聩的思想家,如今转型成为指导人们在市场竞争中如何取胜的各类咨询专家;过去标新立异的前卫艺术家,现在蜕变成了时尚设计技师;当年曾经脍炙人口的诗人,今天正在为那些商品销售的广告创作令人过耳难忘的广告语……

在我们这些 20 世纪 60 年代出生的一代人身上,80 年代的烙印最为深刻。我们向往并谋划着我们理想中的自由、民主、正义和人道,但我们又着实缺乏在自由竞争的市场经济中取胜甚至谋生的高超技能。因为在我们学习能力最旺盛的时代,这些技能根本没有用武之地,我们中的不少人也许会因此在后来萌生不小的挫折感和幻灭感。

我的另一个同龄朋友不是已经郑重宣布,他一点也不留恋这个时代了吗？

至于我自己，无论留恋还是不留恋，都无关紧要，以至于不觉得有必要说出来。那天我对殷练说，当下已经不是我们这一代人熟悉和喜欢的时代，但我对此并不会耿耿于怀。

03

以今天的眼光看，20 世纪 60 年代生人，也许是当代中国唯一具有诗歌气质的一群人。

不过我可以心平气和地坦承，时代确实变了，诗歌已不再必需，甚至不再可能。然而我们应当追问：对于正在急速迈向"现代"甚至"后现代"的中国社会，我们身上的这种诗意气质是否依然有价值？

这个问题的答案取决于另一个问题：那些 80 年代的理想和追寻是否已经过时？

此前，我在北京参加了几个大学同学的聚会——2016 年也是我们相识 30 周年。席间，一名当年隔壁寝室的同学当场朗诵了我 20 岁那年写的一首诗，另一名同学也在时隔那么多年以后第一次"交代"：那些年他曾经把我写的诗抄给心仪的女孩……

我的大学本科 4 年恰好在 1986—1990 年，我一直视这 4 年是上天的特别恩赐。在这个世界上，毕业于名牌大学且拥有比我更长学术生涯的人比比皆是，但不得不说，20 世纪 80 年代最后那几年正好在大学里的，却真是凤毛麟角的幸运儿。

并不是我青春年少时恣意涂抹那些句子有多好。我的同学们过了那么多年后仍然清楚地记得它们，是因为它们是那个时代镌刻在生命印记中的一部分。我敢肯定，我的同学们胸中至今仍有一片空间，完好地存放着那个时代的梦想与追逐，尽管 30 多年岁月或许会给它们蒙上一层尘灰。

而我，没有放弃。

只是在经历许多的世事变迁后，今天，已近"知天命"之年的我比

10年、20年、30年前更懂得所谓"使命"的丰富内涵——其中包括它在实现过程中所要面对的巨大偶然性和不确定性。我因此少了许多焦虑和纠结，多了许多潇洒和韧性。

那天我在酒桌上对同学们说，别看我现在活得像个游手好闲之徒，如果真有中意的机会摆在我面前，也许哪天我还会投身进去大干一场。与过去不同的是，个人事业上的成功对于现在的我而言，已是非常靠后的选项。

现在的我甚至对自己打算投入的每一件事情的结果都看得不很重，我更希望的是通过自己的柔和但绵长的努力，对周围的人和事产生一些影响，为未来种下一些善因……至于它们的开花结果，我并不多么急切和执着。

现在的我心情十分轻松，但意志更加坚定。

（作者　陈季冰）

你只看到了保温杯，却不懂得我的伤悲

　　黑豹乐队鼓手赵明义手持保温杯，微笑着向记者走来。这位昔日的青年偶像，如今也成了普通大叔，小腹鼓起，面色平和，他完全不会想到保温杯成为广大网友调侃的对象，并再次引发一场中年危机的大讨论。

　　摇滚乐手给人以反叛的印象，但是这只是他们的舞台形象。现实中的歌手，并没有必要成为无收入、无社保、无家庭的"三无"人员。摇滚乐手只是代替大家嘶吼，反抗社会的压迫，但是他们本人并不一定必然是斗士。赵明义可以端着保温杯，哪怕里面泡的是枸杞，而窦唯也可以坐在小摊前，吃一碗扎实的面条。

　　保温杯成为一种隐喻。人到中年，开始保养自己，开始向社会妥协。水总是要凉的，就如同人总是要死的。但是，保温杯可以尽量把水温保持得更久一些，就像中年人幻想着活得更久一样。与健身相比，端着保温杯，明显更容易，它不仅符合中医的养生之道，也与中国人的中庸之道相般配。

　　这样的养生方式是否有效，当然是存疑的。在国外，人们更习惯喝冷水，而互联网上，也不时有喝烫水更容易引发食管癌的讨论。但是，在你向往喝冰水的时候，也不得不考虑到中国水的现状。饮用水普遍不达标，把水烧开，实则为一种消毒手段。保温杯提供的不仅是一种养生的幻觉，也是一种安全感。

　　相比于保温杯，赵明义购买社保，其实更能说明中国中年人的处境。他告诉记者，他从 2010 年就开始买社保了。已经 50 岁的他，如果再坚持购买 10 年社保,就有希望在到退休年龄时能有一份稳定的收入。

如果说保温杯象征对自然的妥协的话,社保就意味着对体制的妥协。2010 年对赵明义来说,绝对是一个时间上的分水岭,他开始考虑"社会保障",而不再像以前那样,自己独自面对这个世界,他向世界投降了。一个乐手,一个艺术家,最后选择依靠社保来应对晚年,这才是真正悲伤的事情。

20 世纪 90 年代,黑豹乐队大红大紫的时候,中国还处在前社保时代。体制内的人可以依靠退休金,而体制外的人,只能靠命运。90 年代中国的摇滚乐,很多时候就像黑豹的《无地自容》所唱的那样,虽然有一种自省和反抗的味道,但是反抗和自省都是青春的、肤浅的。乐队和自己的乐迷一样,都处于一种莫名的亢奋之中。老了怎么办? 很少有人思考这个问题,我们都正年轻着呢。

社保制度的建立和房地产业的大发展,对全社会进行了收编。如今职场上的年轻人,不会担忧爱情的中断,却会担心换工作的时候,社保和公积金是否能够保持连续性。失业比失恋更让人恐惧,这当然是进步,但对个人来说,它同时也是一种压迫。

人的生活必须保持连续性,像窦唯那样的浪荡子,如今会被称为"渣男"。因此,在今天,会走红的就是赵雷的《成都》,而不再是《一无所有》《无地自容》。

《成都》里的小情小调,让听黑豹长大的人感到不屑。但是,这首歌却很准确地表达了我们这个时代的特征:城市统领一切,而悲伤则被完全压制。"小确幸"成为青年追求的目标,流浪歌手,不可能再有情人。

就是在这种情况下,赵明义购买了社保。他肯定想,算了,就这样吧。他比一般的中年男人看上去更健康,小肚子没那么大,目光柔和。他应该有一个不错的家庭,手持保温杯的中年男子,一般都会有不错的家庭。生活似乎有那么一点从容,不冷也不烫。

但是，和保温杯不能保证健康一样，社保也很难给国人以真正的安全感。我们交了社保，这提醒我们老了的时候，会有一点保障，但是，房价和物价的上涨，以及通货膨胀观念的普及，同时又提醒我们，这种保障是非常有限的，完全不够的。

20 世纪 90 年代以前那种交给命运的自信，或者养儿防老的旧观念，其实都比社保提供的安全感更多。我们从养老的"旧制度"中被踹了出来，却没有构建一个可靠的"新制度"。只有一个不担心未来的社会，人们才能获得更多自主生活的自由。

摇滚歌手老去的身体，和别的人群并没有什么不同。很多人从赵明义的保温杯上看到的是审美的退化和时光对人的摧残，但是，当一个中年男人静下心来，看到自己不确定的老年时，他又能作出什么更好的选择呢？

保温杯里保存的不仅是热水和对未来的虚假希望，还有深深的恐惧和悲伤。

在年轻人都热衷于考公务员，希望给自己足够的安全感的时候，我们还有什么资格嘲笑一个中年男人的保温杯呢？

（作者　张　丰）

为什么会有"七大姑八大姨"这一物种

01

每逢春节,年轻人回到家乡过年,都免不得要受到"七大姑八大姨"来势汹汹的质问与"轰炸"。为了应付这些杂七杂八的亲戚,各种回复神帖也纷纷涌现。

不过,如果不了解我们生活的世界里,为何会出现这些"七大姑八大姨",那么,我们的应对之策就可能会进退失据。

实际上,仔细观察就会发现,"七大姑八大姨"的提问主要围绕着"钱"与"人"来进行。"钱"主要是收入、社会地位,"人"主要是结婚对象和孩子。

没错,她们关注的核心问题其实是年轻人有无充足的能力生育和抚养后代。如果工作好,对象好,孩子好,那就说明对方有能力。

符合该标准的人,就能在"七大姑八大姨"设置的通关游戏中顺利过关。

生育后代并且成功抚养后代,这种意识不是人类独有的,而是生物界共享的本能。

人与其他生物相比,只不过生育(怀胎十月)和抚养(婴儿一般12个月才会走路)过程更为漫长、复杂和艰辛,以及我们的社会形态、社交形式更高级,所以这种本能意识的表达会用一些社交手段进行包装。

02

需要指出的是,西方发达国家的普通居民普遍过上衣食无忧的生活,最早也要到 20 世纪中叶。中国人普遍进入"丰裕社会",是在本世纪初。2020 年,我国完成新时代脱贫攻坚目标任务,全面建成小康社会。

要知道,人类只有进入目前这一阶段,一个社区内最富有的家庭和普通家庭之间抚养后代的能力才没有差别那么大。

在此之前,如果一个家庭的收入只居于所在社区的中等,那么他们的孩子就还有饿肚子的概率。

"七大姑八大姨"基本上是指一个大家族内的亲戚,别看今天的年轻人无比鄙视这些唠叨、没有隐私观的老人,但是如果时间倒退半个世纪,那时候的年轻人是不会如此叛逆的。

因为当时这些"七大姑八大姨"们在大家庭内部所担负的功能,就是在闲聊和八卦中搜集、共享各自的信息、资源。在搜集和共享的过程中,她们充当媒人、人力资源主管、银行贷款部经理等角色。

前工业社会,家族的社会功能可能比国家更重要。

在一个庞大的家庭内,"七大姑八大姨"作为各自家庭的女性成员,她们需要及时搜集家族内的信息,从而获得与小家庭成员进行决策的资源。

比如谁家儿子在省城站稳了脚跟,谁家女儿嫁了城东的员外公子,谁家儿子中了举人或考上了部委公务员,等等。

为后代牵线搭桥,成人之美,这是大的功德;为家境贫寒的孩子提供一个职业帮助,这会让对方记住自己一辈子;在婚丧嫁娶中积极帮忙,这会给自己积攒更多的功德。

在前现代社会,人类社会的规模都比较小,虽然不像远古时期一个村庄只能维持 150 人左右,但总体规模也就几百号人。

这几百号人内部当然会有各种狗血矛盾,不过在面对未知的外部世界时，他们还是会尽可能团结一致。婚姻、就业、就学等事宜，这些信息和资源的流通需要一个网络。

"七大姑八大姨"们七嘴八舌的闲聊，正好担负了这里的网络功能。通过她们的八卦，家族内部的沟通更紧密，家庭作为一个利益共同体更加坚实了。

也就是说，"七大姑八大姨"们以关怀的姿态对年轻人进行提问、"轰炸"，这已经是几千年的传统了。

当然，肯定会有人说，这些人根本帮不了我什么忙，介绍的对象完全不靠谱，工作上也绝对帮不上什么，而且说话的时候都带着攀比心理。

这一问题之所以存在，就在于我们在最近经历的几十年变化，动摇乃至击碎了先前她们生活的秩序。

可以说，"七大姑八大姨"被时代抛弃了，或者更确切地说，我们抛弃了过去几千年的传统。

03

大年廿九，我和岳父一起去超市采购食材。因为进停车场时大堵车，我们便在车内闲聊起来。

我提到我的一个朋友三十好几还没有谈朋友，岳父居然说："我厂里有一个人的女儿在广州，长得很漂亮，要不要介绍给他？"

当然我就震惊了，因为岳父平常生活远在千里之外，他既不了解我的朋友，也绝对不了解他同事的女儿，但他就敢做这样的媒！

岳父是一个特别热心肠的人，在大家族内部也从来都是串联的积极分子。我相信他说出这话的初衷是极为善意的，但问题在于他还没有真正明白年轻人的社交规则。

从几百人的小型社会走出来之后，我们这一代年轻人已经完全彻底融入高度多元、快速流动的社会节奏，我们拥抱的是一个超级社会。

一个特别明显的变化是，我们的安全并不依赖几个强壮的老乡聚集来保障,相形之下,警察比老乡更靠谱;我们借钱也不需要依靠老乡、亲戚,因为各种现代金融体系提供了更加规范的服务;我们求职可以通过招聘会、猎头公司和职业介绍所,位居穷乡僻壤的亲戚网络根本无法辐射北上广深;就连我们吃饭,都不用自己做了,外卖代替了父母、伴侣的这一职责。

在婚姻层面,感情的地位被无限拔高,兴趣、三观的重要性逐渐超越其他,甚至包括家庭背景和经济能力。在女性经济地位不断提升的今天,土豪的吸引力在不断下降,所谓"有趣的灵魂"价值在不断上升。

然而,对于岳父来说,或者对于大家族的"七大姑八大姨"来说,他们之前一直使用的评判体系完全不能涵盖这些新现象。

"七大姑八大姨"们的标准依旧停留在过去,对财富的过度看重,对稳定生活的畸形依赖,对个人兴趣、观念、隐形特质的熟视无睹,让她们的介绍之举常常令人啼笑皆非。

她们几乎只会看家庭背景、工作单位、外形长相,这种粗略的框架完全不够细致。她们不明白,年轻人社交好感的获得已经越来越"细分",感情的出现正在随着兴趣的不断细分而变得垂直化。

所以,她们介绍的对象基本上不合适,她们介绍的机会也跟需求不吻合。

由于双方不匹配,所以导致了一个问题,那就是"七大姑八大姨"们"热心肠"的那一面开始消退,"攀比心"的一面开始渐长。

为什么会发生这种情况呢?实际上帮忙和攀比是"七大姑八大姨"们行为的"一体两面",她们所奉行的都是同一套评价体系。

然而,当她们与年轻人无法匹配时,年轻人的行为也会进入她们的评价体系。

没有对象,收入不高,没有孩子,这些硬指标对她们很重要,一旦缺失,她们的鄙视目光就是开始流露。自然,年轻人就会觉得不舒服。

还有一种可能。每一代人的观念、话语,就像她们曾经的芳华,即使她们能够意识到自己落伍了,已经无法匹配年轻人的想法,但是她们却很难去改变。

"工作好坏、收入高低、有无对象"这三板斧构成了她们的生活三问，如果没有解决这三个问题，那么生活就是不值得过的。

所以，这些八卦问题已经内化成她们的社交本能，无论如何换话题，最终都会绕到这些核心议题上来。说到底，她们也是时代的产物，她们也都有时代的局限性。

04

最后，你肯定要问：该如何对付"七大姑八大姨"？在此我也不吝给出自己的建议：

在年味越来越淡的今天，放松和团聚变得更有价值。出门旅行（年前出发不行就年初一出发）比回家过年见亲戚更值得选择。

如果你认为自己或父母还会生活在老家，那么你就需要拿出一部分精力应付这些"轰炸"，因为老家的游戏规则比我们想象的更有生命力，你真有可能在未来某一天需要"七大姑八大姨"，那么就需要维护好基本关系。

即使你确定自己和父母无需她们的帮助，简短而友好地回应，大方赞扬对方子女，也是降低她们对你干扰的最优选择。

（作者　尼德罗）

我为什么17岁
就敢一个人全世界去"浪"了

我应该算是同龄人中比较会"玩"的人。

看了一眼自己的"航旅纵横",除了三程10小时以上的国际航班未能导入之外,总飞行里程是3万千米,也就是说,实际飞了6万多千米。

与一般意义上跟旅游团的"玩"不同,我从17岁,也就是高一升高二的那个暑假开始,一个人在这个孤独的星球上各地撒欢。

一个人办签证,一个人订机票,一个人订房,一个人规划自己行程的每一天,一个人拖着拉杆箱踏过各个城市的大街小巷……

独自一个人去过很多地方,看过很多风景,也写就了总计近20万字的游记。

"你这样,你爸妈难道放心吗?"这是经常会听到的皱着眉头疑惑满满的人们发出的声音,本人女生的属性可能更加深了这重疑虑,也是我想借这篇文章解答的一个问题。

01

之前写过一篇文章《一个985大学生所理解的教育:许多父母把孩子带沟里去了》,里面讲的是"怎么学",这一篇我就来谈谈应该"怎么玩"。

我不能说玩是用来辅佐学的,更不能说玩是为了更好地投入学。我认为正确的方式应该是,学和玩都很重要。玩学兼备,缺一不可。

听说哈佛大学图书馆墙上有这么一句话："像狗一样地学，像绅士一样地玩。"虽然去哈佛的时候我没有进图书馆去考证，但是就这句话而言，我并没有觉得它厚此薄彼。

首先，可能还是要得益于爸妈给我的自由与"放纵"。与别的父母不同，也可能只是因为我妈真的太忙，我爸又不怎么想管我，我在生活和学习上几乎有绝对的自由选择权。

"要好好过你的生活啊！"这是这个学期 papa 难得开车送我到杭州东站临行前对我嘱咐的最后一句话。这也侧面反映我爸妈"教育"方式的与众不同（说白了，其实根本没在管我）。

其实外面的世界并没有传说中的那么危险，有的时候只是杯弓蛇影罢了。

02

机缘巧合，高一时表姐在英国念硕士，2014 年暑假我去英国待了近一个月，几乎玩遍了整个英格兰，这就是我第一次独自出国去"浪"。自此开始，独自"浪"便一发不可收。

2015 年暑假，一个人跑去中国香港、澳门地区；2016 年夏天，有十几天在日本度过；2017 年过年前的 11 天都在中国台湾环岛，暑假又在美国待了近一个月，在罗德岛设计学院参加暑期课程并走了新英格兰地区的几个城市。

在这些旅程中，除 2016 年暑假的毕业旅行是和发小——璇同行外，其他都是我自己一个人踏上旅程。

哪怕是走在持枪合法化的纽约凌晨两点的布鲁克林以及独自住在伦敦东区，我也从来没有任何一次被恐惧席卷全身的感觉。诚然，在住房地点、旅行路线的选择上，我们应该尽量稳妥、安全第一（我也一直践行着），并且尽量避免去危机发生的旅游目的地。东亚的治安算是超级良心，其实对于"外面的世界很危险"的不实论断，大多数时候我认为都是自己吓自己。

从小到大，恐怖片甚至连柯南都不敢看的我，实在不敢用"大"去描述我胆子的体积，但是，经历这些之后，我才真正明白，自己以前的胆小只是因为我对外界的了解不够。

03

不仅如此，我也渐渐发现，"出去看看"不仅应该成为一种家长对孩子的奖赏，一种假期娱乐，从某种意义上来说，也应该成为一种教育，一种成长。而这种成长的诱惑更使"敢"变得更加合理化，并且有必要。

"无穷的远方，无数的人们，都与我有关"，这是鲁迅的话。抛开语境不谈，在这个全球化的时代，它一定是更加适用的。这个地球在越变越小，作为地球村村民的我们，只有对村那边的人、事、物了解更多，才能更游刃有余。况且，光是探索与我们截然不同的生活状态就足够有趣。

"橙汁，你才大二就这么想，还挺不一样的，说明你比我的思想独立。"一个研究生学姐曾这样对我说。当时我们讨论的话题是彼此想要成为怎样的人。我觉得之所以会被这样评价，是因为自己一个人经历过许多事情吧。所以，我更加清楚怎么独处，怎么不受别人干预地生活。

如《无声告白》这本我很喜欢的书中所说，"我们终此一生，就是要摆脱他人的期待，找到真正的自己"。一个人的旅行，也给了我很多窥探自己内心的机会。

"大学时期每天就要让更多的事情发生，才能获得成长。"社会学与文化人类学的课上，老师这样说，我深表赞同。就是要有一些偏离日常生活的事情发生，才能让你真正感觉自己切切实实地生活在这个世界上，享受着自己被赋予的一生，不是吗？

如果只是重复着一天又一天，结果可能是无聊与厌倦。况且，只重复相同的一天又一天，便得不到太多的成长。可不论是人生的哪个阶段，我们都需要属于自己的成长。

"玩"的意义，是与"学"相类似的，都能带来成长，它们在我身上带来的改变几乎一样多。正是因为"玩"得多，走过的路也多，所以对待同一件事情，我能够拥有与众不同的更加多元的看法，拥有更深的认知深度。开拓眼界是一方面，构建起新的思考模式，培养决断能力和独立品格，也是通过"玩"的过程收获的。

出门在外最晚的一次，是一个人在帝国大厦楼顶吹着风望着纽约繁华的夜景发呆到凌晨一点。即使是凌晨一点的纽约，依旧灯火通明。

被这种广博所包裹的自己，显得异常渺小，小到只是这个城市中的一粟，是这个世界中可以从未存在过的个体，是整个历史长河中的尘埃。望着这一切，我仿佛看淡了很多，也想清楚自己将来究竟要过怎样的生活。一个人走过很多路，耳闻目睹的人和事不少，也随之成长了很多。

04

当然，也有一个人掉很多眼泪、悲伤的时候。

记得最伤心的一次，是在花莲清水断崖，周围都是结伴而行、互相拍照、露出最甜美笑容的旅客，只有自己是孤身一人。在这绝美的风景前，眼泪不争气地夺眶而出。然而更多的时候，却是拥有眼前景致的快乐。况且这些伤心的泪水最终都转换成坚强走下去的动力以及更厚的心理屏障。

每一次旅行我都会写游记，除了亲朋好友，游记的读者更多的是素不相识的人。在上一篇游记的开头，我写道："也希望大家能通过自己的眼睛看到我用区区文字所描绘的这一切，那将是一番完全不一样的图景啊！"

毕竟，我写游记的目的，绝不是想让大家借我的眼睛去看这个世界。更多的还是，想让大家用自己的双眼，去捕捉眼前最真实的每一个瞬间；用自己的双脚，去丈量脚下的每一寸土地，它的凹凸与起伏；用自己的唇齿去体验养育当地人民的食物……

这绝不是照片里的几百万个 RGB 构成的像素点，以及区区文字就能够传达与还原的。

"橙汁，看了你的游记，写得真好，感觉我也跟着你去玩了一次呢！"坦白而言，这不是我期望收获的赞赏。

05

读到这里，可能有人会认为我经济上颇为宽裕，其实，我的生活费在周围同学里只是中位数偏上。一个生活费比我高的复旦学霸姐姐的爸妈说，他们家那养女儿的方式才是真正的富养。

我的父母觉得，真正富养不是给我足够多的可随意支配的金钱，而是能够给我头脑以丰富充实，是能够让我去经历、去体验更多。对此，我深以为然。

一部苹果手机和一次东南亚旅行相比，我宁愿选择市场定价上低不少的后者，因为头脑里的东西才是真正重要的，而不是我们所拥有的身外物。我们用认知去看待这个世界，用头脑去思索这个世界，用脚步去丈量这个世界，在这个体验的过程中，我们拥有的物质所能起到的作用几乎是微不足道……

这里顺便提一下，自从那次日本行之后，原来对学日语没有一点兴致的我，竟然兴致勃勃地踏上了学习日语的征程，且至今从未间断过。这不仅是为了日语 N1 的证书，与当地人自由地交流，毫无障碍地去了解关于那里的人文风情，才是我真正期待的。

06

最后说说这种"敢"的"硬件"支持。

我的英语能力不差——雅思口语 7.5 分，还有我的方向感也不错，这都是我敢一个人走下去的"硬件"支持，且后者比前者在一个人的自由行中重要得多。但最重要的是，拥有一颗探寻未知的远方的心，是能起到一票否决权作用的关键，毕竟人际间的沟通可以用手语、肢体语言来替代，方向感的缺失在 GPS、AR 导航如此发达的今天，不会构成太大的问题。

"橙汁，我们暑假要去波士顿和纽约，能不能推荐一下房子？""我们一共要在英国待 10 天，哪些城市一定要去看看？""你觉得在台北哪个夜市必打卡呀，橙汁？"临暑假或寒假前，我总会收到林林总总的咨询，并很荣幸地成了许多朋友行前咨询对象的首选。

关于旅行，不论是哪个年龄、处于何种人生阶段，这个世界上总还会有许许多多的风景带给你"哇"的欣喜和惊叹。"世界那么大，我想去看看"不应该只是一个老梗，真正被落到实处，对于个体才比较有意义；"钱包那么小""工作那么忙"也不应该是不试着好奇探索这个世界的种种借口。

出门去看一看，你准备好了吗？

（作者　橙　汁）

代沟越大越好

——"什么是代沟？就是都在热烈地谈论冠军，以为谈的是一回事，但其实他们根本不知道上海上港，我们根本不知道 iG。"

这是 2018 年 11 月 3 日，2018 英雄联盟全球总决赛（简称 S8），中国战队 iG 击败欧洲战队 FNC 获得冠军后，我在朋友圈看到的哀叹。

我不玩电竞，也很多年不看足球了，看起来问题比代沟还严重。

"上港"，除了被外来信息强制，从而知悉它是上海的一支足球队，我并没有丝毫兴趣主动了解，因此对它一无所知：既不知道"上港"是不是"上海港"的简称，也不知道这支球队实力如何，取得过什么成绩，教练是谁，有哪些主力队员。

我想我不是上海唯一不清楚"上港"为何的人，像我这样的人，上海应该有数百万之多。

不过，虽然我既不玩电竞，也不关心足球，但是这并没有给我的精神生活带来任何创伤和缺陷。在可预见的未来，我也不会玩电竞和足球。这并不是特立独行，我很乐于见到有人玩电竞，也有人热爱足球，我对这些爱好者都很敬佩。

01

就在年轻人为 iG 夺冠热泪盈眶之时，50 多岁的香港演员蓝洁瑛死了。对年轻人来说，这又是一个需要普及生平的人物。

不仅如此，即便大名鼎鼎已辞世的金庸先生，如今的少年人对其作品的迷恋，也远远比我们这一代在少年时代要冷清很多。

这种现象，就是家喻户晓的人类学、心理学名词——"代沟"。

这个词从 20 世纪 60 年代被美国人类学家米德创造以来，至今仍然被用来解释诸多代际之间的隔阂现象，且一直维持着它应有的热度。

我想在古代社会，代沟是不存在的，不仅两代人之间，甚至几代十几代人之间，或者你早生 300 年，跟晚生 300 年，都共享一种生活方式、观念和价值观。只是到了近代，人们的精神世界经常发生巨大转变。转变之际遇上代际更替，代沟因此产生。

因此，在一个静态的社会，不存在代沟，代沟属于一个动态的社会，是近代以来社会动荡的结果。

与全世界主要文明共同体相比，20 世纪以来的中国人，代沟更为明显，一代中国人替代另一代中国人的场面，常常令人瞠目结舌。

个体之间散发的气息，或许远隔千年也有共同之处，就像我们称赞某某人"有古仁人之风"一样。但就群体性格论，20 世纪二三十年代出生的中国人和五六十年代出生的中国人，身上散发的气息完全不同；七八十年代出生的中国人，与九十年代和新世纪后出生的中国人，差异也是显而易见的。

02

中国 20 世纪的代沟，多是外来文化观念对本土各阶层文化与制度的冲击所致。但互联网诞生以来，加之劳动生产率的大幅提高，代沟的冲突展现出完全不同的面相。

第一，代际内部的差异和冲突扩大了。

今天，在同一年龄层内部，不同地区、国家、阶层、文化程度的人，所思所想，除了生理和年龄因素所导致的同一性，其差异让人吃惊。

以体育明星为例，20 世纪 80 年代，体育明星就是民族英雄，但今天，体育明星被人看到的，主要是商业价值，这是代际之间的认知差异。具体到年龄层内部，某一个体育明星，现在已经很难获得某个年龄层的全体认同，我喜欢你，只是我的个人事务，我并不一定要受到某种潮流的裹挟。

在这里，互联网技术的推动起了重要作用。在电视时代，一个大学宿舍里的一台电视机,足可以统治宿舍的全部话题议程,但互联网时代,电视只是一个配属,除了像重庆公交坠江事件这种高度话题性的事件,人们日常关心的问题,没有确定的中心,"双方就共同关心的话题进行了交流"仅仅只是外交话语。

在一个空间意义上的群体内部,塑造共同价值观因此显得很困难,其内部产生冲突的可能性更大了。

第二,代际之间的差异时间缩短了。

在米德开始使用"代沟"一词的 20 世纪 60 年代末,代际之间的差异还可以是二三十年为一个单位,但是互联网时代,代际之间的差异时间,明显缩短。

一个明显的标志是"85 后"概念的出现,之前的"70 后",是没有所谓"75 后"说法的。顺理成章,"95 后"概念也堂皇登场。新世纪出生的人群,代际之间的差异恐怕会比他们之前的"80 后""90 后"还要缩短到 3 年,也就是说,今后"00 后",恐怕还要划分为"02 后""08 后",不等。每个人势将必须经历"今日之我非昨日之我"。

所有这些代际更替和差异的背后,都可以看到互联网技术推动的影子。我曾经在梨视频的一场活动上听到复旦大学新闻学院教授、70 多岁的李良荣先生感慨地说:"我们这些人,是互联网的难民,你们'70 后''80 后'是互联网的移民,'90 后'是互联网的原住民。"

难民的观念是被强制的,移民的观念是游移的,原住民的观念是笃定自信的。

03

我在多篇文章中表露,对未来互联网带来的问题感到忧虑,但我仍然认为它利大于弊,因为迄今为止,它仍然是有史以来,最为有效地推动社会更加公平合理的决定性力量。

互联网最大的功绩之一,就是拆解了很多伪"共识"。

我们曾经很笃定地信奉很多"共识",但它们到底是不是真共识?很可能,某些所谓共识,不过是某个人或某些少数人的"识",实际并未取得多数人的认同，而不过是在多数人并没有发声机会的背景下，这种个人意见和看法轻易上升为所谓"共识"。

共识的形成，必须是有识者的反复论证，就像《周易》里所说的"一致而百虑，同归而殊途"。但是在前现代社会，我们有层出不穷的观念和共识未经审视，在互联网时代，它们的内在矛盾被肆无忌惮地揭露出来，的确让人大惊失色。

但试想，包括改革开放以来40多年的历史，何尝不是观念更新的历史？在思想的市场，一种观念要真正为公众所普遍接受，受到真正的拥戴，离不开众人的反复诘难，并印证于实际，它才会成为一种社会行动的指引。不必惧怕观念的混乱，混乱只是表象而已。未经混乱洗礼的共识，均是伪共识，维系成本是很高的。

04

代沟的扩大，在很大程度上，是一种民间自发的思想解放，即以 iG 获得冠军为例，中老年人如果不了解这种电竞的意义，它至少不知道未来社会将会变成什么样子。

第一，未来将有越来越多的人电竞化生存，电竞也可以成为养家糊口的本领。电竞将成为未来很多人的生活方式。但现实是，我们这些老同志还是不太能接受这个事实，更老的老同志更是敌视游戏，利用手中大权制定政策，必欲除之而后快，他们固执地认为，年轻人除了到工厂或实验室做工，其他都是不务正业。但所有这些共识，都敌不过潮流和时间。

第二，劳动生产率的快速提高，使越来越多的人有更多的闲暇时间，并不是所有这些闲人都可以去进行哲学研究和文学创作，他们需要一种精神产品来打发闲暇，而电竞就是其中最合适的精神产品之一。

第三，掌握政策制定权的老年人真要帮助年轻人，其实最应该做的是电竞分级。就像电影一样，不分级，它只能是成人消费品的低幼化，表面繁荣，实际气息奄奄。

（作者　任大刚）

穿汉服登记结婚，你懂汉服吗

近几年，汉服上了好几次热搜。

先是有无锡网友称用汉服登记结婚照被拒绝，随即引发热议；随后民政局回应，此前没有先例，还需要研究，又引发一波讨论；再之后，西安民政局表示，允许穿汉服登记结婚，这不影响领证但需慎重考虑，又被顶上一波热搜。

很明显，能来来回回上热搜的核心元素就是"汉服"。如果是 JK 服、lolita 服、哥特服，相信网友的姿势会统一一点：什么奇装异服啊，还想登记结婚？

汉服不一样，它包裹着意识形态、民族情感等多重命题，对它，各方都得小心翼翼。

汉服歧视

穿汉服登记结婚被拒，还被工作人员说成是"戏服"，这让那名无锡网友十分不满。相信这句略含讽刺的话，也是让不少汉服爱好者不能容忍的冒犯。

但不妨先淡定，与其说这是对汉服的"歧视"，不如说这是出于行政管理的逻辑。

结婚证，就是经由国家确认的一种契约凭证。西安民政局的回复很值得琢磨：结婚证以后可能会用于各种部门使用，还需要新人考虑清楚。

婚姻已经构成了买房、落户、借贷、报税乃至拆迁补偿等社会行为的基础和依据。可以想见，五花八门、奇形怪状的结婚照，必然会给各类管理部门造成不小的核实压力，相对统一的格式，自然也是它们的共同诉求。

那么问题来了，结婚证能不能包容各色审美取向？其实也不是不可以。比如《婚姻登记工作规范》规定"两寸近期双方免冠照片"，可见这就是底线要求。

国家证书，如果能够尊重个人意愿，在婚姻这种私密的个体事务上，让渡一些选择权利，肯定能博得民间一片喝彩。

当然，这种选择权利应该是有边界的，也应该是平等的：比如违背公序良俗的当然不行；除了汉服，其他有特色的服饰也当然可以被接纳。

在行政管理的框架下去看待汉服，其实能看到汉服比较本质的一面：在和"民族""文明"等宏大之词关联之前，这终究是一种审美趣味。

何谓汉服

不过，具体到无锡这对新人所穿的汉服，放到汉服圈里大概能炸出一大波讨论。

从新闻图片可以看出，男女新人都是圆领服装。圆领是不是传统汉服，在汉服圈能掰扯半天。孔子纠结的判定夷夏之防的"左衽""右衽"问题，在圆领服中是不存在的。所以，圆领很有可能是受古代胡人装束影响才出现的。

而这对新人衣服上醒目地画着一条龙，这究竟是哪朝哪代的结婚礼服，其实也很让人迷茫。工作人员说它像"戏服"，也不能全怪他们。

追求汉家衣冠的纯度，其实跟探索宇宙的尽头一样，几乎是个无解的过程。沈括在《梦溪笔谈》中写道："中国衣冠，自北齐以来，乃全用胡服。窄袖、绯绿短衣、长靿靴、有蹀躞带，皆胡服也。"这个结论就让汉服概念有点尴尬了。

汉服和胡服"你裹着我、我裹着你"的例子实在太多了。

哪怕是被民间历史学爱好者看作是汉家衣冠重振的明代，其实也做不到纯粹。比如蒙古人爱穿的质孙服，在明代就被继承了下来，大受帝王推崇，成了贵族的时尚款式。

质孙服，该不该算汉服？

而汉服，完全可能有国外的衍生版本。

2019 年，一男子身着疑似和服的衣服在武汉大学赏樱，与保安发生肢体冲突。后来男子说自己穿的是唐装，不是和服。

这事当时在网络上掀起了一大波讨论。且不说这是不是唐装，即便是和服，在日语中也有个对应词是"吴服"，从这个词就能看出来源头是哪了。

很多传统，其实在集体记忆里也淡化了，一转头才发现，原来这也是曾经的自己。

那么，汉服概念的边界，到底该在哪儿？

"汉服"这个说法是很古老的，马王堆出土的西汉竹简就有："美人四人，其二人楚服，二人汉服。"

不过，这个汉服是个跟楚服相对的概念，和今天所说的广义汉服不是一回事。今天我们也不能说屈原穿的不是汉服吧。

被如此高频率使用的汉服，其实更像是个当代创造出来的概念，用来寄托一种民族特征的想象。

但较起真来，就能感受到什么叫"五千年的风和雨"，服饰当中的历史沿革、水乳交融、彼此吸收，简直如"一团乱麻"，不是简单几句话能说清楚的，也不是轻轻松松就能定义出一个"汉服"的。否则，沈从文先生也不会花那么大精力来写一部《中国古代服饰研究》了。

对待汉服，其实应该多些知识和常识，而非情绪和执念。

不要让汉服那么沉重

无锡那对新人发朋友圈发泄不满,说这是"汉族人着汉家衣裳",其实不必如此沉重;至于他们衣服符不符合汉服的形制,其实也没什么大不了的,都可以轻松点来看待。

古代服装,终究是和古代社会现实适配的。从形制到颜色,也是有礼乐等级来规制的。今天再来较真,社会现实都变了,其实很容易不着边际,最后滑向虚无。

今天有很多汉服爱好者,画出一个又一个小圈子,不厌其烦地给市面上的种种汉服纠错,指出种种错误。当然,这是爱好,可以尊重。

但对于普通人来说,汉服在现代社会更可能存在下去的方式,是变成一种审美风格,一种让人一望即知的复古风,而不是吹毛求疵的"正确"。

一本正经地纠错,追求纯粹的复古,很累。在社会早已沧海桑田的情况下,其实也已经不可能了。

当然,这并不意味着历史会被遗忘,这个世界会考据的,不是只有贴吧、知乎、微信群,要知道,全国开设历史系的院校有近 250 所。

同时,指望汉服来承载一些宏大的民族、文化、历史议题,可能都有点超载了。中华文明的包容与广博,实在没必要自我设限,在一些细枝末节上反复纠缠、争吵不休、上纲上线,最后变得戾气横生、无谓对立。

广袖长袍被看作汉服,那旗袍、马褂、中山装,又如何不可以是一种民族象征物? 文明的发展,从来都是包容性与吸附性的。指望通过衣服这种具体的意象,寄托一种窄化的文明想象,很容易举动皆错、四处掉坑。

对汉服,我们不必太敏感,也不要让它太沉重,轻松点,汉服可以在今天找到它的位置。

据估算,目前全国汉服市场的消费人群已超过 200 万人,产业总规模约为 10.9 亿元。这已经是很好的势头了，汉服在消费社会也能活得好好的。

不过，最后仍要多说一句。唐朝皇甫湜的《东晋元魏正闰论》有一句话："所以为中国者，礼义也；所谓夷狄者，无礼义也。岂系于地哉？"

其实，最后一句改改也能通："所以为中国者，礼义也；所谓夷狄者，无礼义也。岂系于衣哉？"几千年文明涵养出的中国人，礼义这种精神与价值取向，才应该是中国人之所以为中国人的标记物。

至于衣服，就让它回归本位吧，有很多东西，它也是承载不起的。

（作者　易　之）

躺平是幻想，躺不平才是现实

2018 年，日本 NHK 电视台来到深圳三和人才市场，拍了一部关于"90 后"日结工的纪录片，"三和大神"的威名从此远播全球。

躺平学的兴起

三和大神的招牌生活方式是"打一天工阔以玩三天"：他们只做日薪一百多元的日结工作；白天四处闲逛，晚上睡大街，或是在网吧里血战到天明；吃 5 块钱一碗的"挂壁面"，喝 2 块钱一大瓶的"挂壁水"，抽 5 毛钱一根的散烟；他们甚至有自己的鄙视链，如富士康这样的流水线人生是鄙视链最下端，思想高度直追《摩登时代》中的卓别林。

2021 年，一个网名叫"好心的旅行家"的躺平学大师在贴吧上横空出世，以一篇《躺平即是正义》横扫舆论圈，留下了诸如"只有躺平，人才是万物的尺度""我选择躺平，我不再恐惧""人不应该如此劳累，人应追求那种简朴的生活……我有时会躲在某处看着那些忙碌的人发笑"等古希腊"逻各斯"论调的金句。

从文化考古学的角度来看，三和大神自然可以看作躺平学的先驱。但如果细究一番，你会发现，三和大神其实是更"下沉的"，更偏向底层的，而互联网上的躺平学实践者是更白领，甚至趋向中产的。

以躺平学大师"好心的旅行家"为例，他虽然一年只工作一两个月，心情好时还去横店当群演，每月花销才两百元，但他的生活趣味却是中产白领式的，喜欢登山与游泳（虽然不是去游泳池），可以信手拈来第欧根尼和赫拉克利特这样的高级书袋。他甚至暗示过，他不用为居住问题操心。

也就是说,躺平学与三和大神看似生活态度相似,同样鄙夷奋斗,同样厌恶固定工作,同样践行低欲望生活,但前者在社会阶层上其实是更高一级的。或者说,仅两三年的时光,"躺平主义"作为一种社会思潮,从社会底层蔓延到了社会中层。

同样是广义的躺平主义,除了阶层差异之外,躺平学与三和大神更大的区别是:三和大神只是一种生活态度,而躺平学除了生活态度的面向之外,还多了一层意识形态。

世界各地的躺平现象

作为一种生活态度,我对躺平充满理解,说是认同也不为过。事实上,作为生活态度的躺平在全球范围内都有无数簇拥者。

以日本为例,所谓的"低欲望社会"已经成为一个现实,年轻人自居为"废宅",不消费,不社交,不结婚,不生娃,让日本的精英阶层对此忧心忡忡。

日本知名学者大前研一专门写了一本《低欲望社会》,甚至说"日本年轻人的 DNA 发生了变异",呼唤年轻人找回昭和时代的"坂上之云"式的奋斗精神。

但我们同样也可以看到,尽管"低欲望社会"在理论上有这样那样的弊端,但日本社会依然岁月静好,这让日本老一代的痛心疾首显得更像是杞人忧天。

躺平甚至可以看作一种基本的经济规律。随着社会经济的进步,躺平很可能会成为一种与奋斗相抗衡的社会思潮。难道欧洲福利社会不也是某种意义上的"躺平社会"么? 更何况,欧洲固然有德国、荷兰这样富而思进的国家,也有希腊、意大利等这些在中国以往语境内被嘲讽的"南欧四国"。

即使在中国的富裕阶层,"躺平"也是一种流行了很多年的高尚追求,只是未经如此表述罢了。所谓"财务自由",不就是发财之后的躺平状态么？

　　只不过，财务自由的躺平需要以数千万乃至上亿元的资产作为支撑，其中也并不包含消费降级和降低物欲的选项。

　　也因此，财务自由式的躺平更像是一种可望而不可求的奢侈品，这样的躺平注定只属于极少数人。

　　而在经济大幅扩张难以维系的今天，特别是新冠疫情以来的各种社会经济变动之下，财务自由对中产阶层而言越来越像是一个夸父逐日式的精神鸦片，那么，中产或许只能退而求其次，追求一份"打折"的财务自由，以降低物欲为前提的财务自由，这不就是躺平么？

躺平学为什么在现在爆发

　　为什么作为一种生活态度的躺平没有广泛出现在前些年，而恰恰是"爆发"于 2021 年？

　　原因至少有三点。

　　第一，在经济高潮期，躺平更像是一种小众的追求，而在经济下行、职场竞争日趋内卷化的今天，部分国人势必会选择一种"更理性"的生活方式。

　　是的，当你发现工作前景日趋暗淡，甚至朝不保夕的时候，出于一种"自我保护"的心理机制，就像是动物冬眠一样，你在消费上主动选择降级，在生活中主动选择不婚不育，难道不是一种理性么？

　　说得更直白一点，有些躺平甚至是被迫的。

　　如你失去一份寄予厚望的固定工作，心灰意冷之余，发现自己别无所长，选择低消费低欲望的"躺平"难道不是一种理性的生存策略么？

　　与此同时，用躺平学来合理化自己的人生抉择，在网络中寻找同道者抱团取暖，不也是一种很漂亮的心理自我调适么？难道非要在失业与失意之后，屡屡碰壁，然后挣扎于抑郁症之中，才是合理的么？

　　第二，躺平也是一种代际冲突。从 B 站连续两年的青年节视频都引发了滔天的舆情可以看出，"我不想做这样的人"，年轻人不想复制中年人循规蹈矩的生活，正成为一个真实的社会思潮。

第三，即使经济压力不是迫在眉睫的，层出不穷的社会压力也会让年轻人产生倦怠感乃至危机感。

很多年轻人刚刚从"小镇做题家"①的紧张生活中走出，说十几年的教育竞争消耗了心力和精气神绝不是一句矫情的话；毕业后直接面对着"996"②和动辄裁员的职场环境，说是心力交瘁和惶惶不可终日也不为过；在日常生活中，耳濡目染的又是什么"鸡娃"③"教育军备竞赛""学区房""高房价""户口""打工人"，对婚姻特别是对生育产生恐惧是再正常不过的事情。

说白了，工作的合法性之一就是结婚生子，当这个合法性不再成立，那么，躺平又会对自己的生活产生什么大的冲击呢？无非是多挣多吃，少挣少吃罢了。

作为一种生活态度的躺平，不仅是一种自由的个人选择，在内卷的经济社会环境下更有其相当的合理性。像俞敏洪这样的中年直男去批判年轻人不奋斗，被嘲讽成油腻中年也是活该。

在西方，在日本，类似的躺平者一大堆，人家还多少沾了社会福利的光，而中国的躺平者再怎么说也是自食其力，又有什么可以批判的呢？

正如一个躺平者对规劝年轻人奋斗的清华大学副教授所说的：我躺你家了么？打不赢，我躺平也不行么？

躺平真就能反资本

但是，我对这一轮躺平热潮最反感的是，它已经超越了一种低欲望的生活态度，在意识形态上主动地给自我加了很多戏，由此也诞生了很多充满攻击性的"金句"：

---

① "小镇做题家"：网络用语，指"那些出身小城，埋头苦读，擅长应试，但缺乏一定视野和资源的青年学子"，多用于自嘲。
② "996"：网络用语，此处指一种工作制，即早上9点上班，晚上9点下班，一周工作6天。
③ "鸡娃"：网络用语，指父母热衷督促孩子学习，希望孩子能够出人头地。

"躺平，是对抗资本的唯一方式"；

"躺平，资本就没有人可以剥削，因为躺平的韭菜不好割"；

"只要我躺得够快，资本就剥削不到我"；

"躺平学，是年轻人对资本的非暴力不合作"……

满眼的资本，满眼的反资本。

在这里我不去讨论资本是否是所谓年轻人困境的始作俑者，这是一个过于高远的问题，但我翻了躺平学大师"好心的旅行家"的不少语录，发现了很多充满哲思的语句，就是没怎么看到以上衍生出来的反资本金句，或者说，躺平学对大师而言，生活态度至少高于意识形态。

"好心的旅行家"说的话我基本每一句都同意，甚至有些"虽不能至，心向往之"的羡慕，如他所说，"躺平就是我的智者运动"。

如果一定要谈资本，一定要把躺平学庸俗化、功利化，我甚至可以这么说，底层或中产的躺平对富裕阶层并未造成他们想象中的巨大伤害。

以教育为例，如果普通家庭不再追求社会阶层上行，不再追求上名校，让精英教育成为中上阶层的自留地，这不是精英阶层最希冀发生的状态么？

英国就是如此。英国学者保罗·威利斯在名著《学做工：工人阶级子弟为何继承父业》中提及，其在一个英国小镇采访了 12 个工人家庭出身的孩子，提出了一个政治上不太正确的概念："要解释工人阶级子弟为何从事工人阶级工作，难点却是解释他们为什么自甘如此。"

这些工人家庭中的孩子甚至认为学习与脑力劳动是"娘娘腔"的表现，他们主动放弃了读书改变命运，从而使自己永久丧失了从事中产高薪工作的资格。

放在中国的教育语境里，如果躺平者们真的身体力行，绝对可以降低教育竞争的激烈程度，让中上阶层的孩子更容易进入名校。

这就是所谓的"反资本"么？

如果躺平可以使精英阶层的自我再生产更容易，至少在短期内，至少就这个层面来说，精英阶层为何要感到不快呢？

不过,我极其讨厌我以上的意识形态语调,讨论躺平学本来就不应该以这样的方式讨论。我只是想强调,如果一定要按照某些好事者(他们未必就是躺平的主流群体)的意识形态叙事,所谓"躺平,是对抗资本的唯一方式"也是不成立的。

"三和大神"的世界,躺平是一种奢侈

当我们以各种姿势讨论躺平的时候,切不可忘了,在三和大神的世界里,躺平对他们来说已经是奢侈的生活状态,在大多数时间里,他们靠在马路边就是一宿,蜷缩在网吧的椅子里也是一宿,即使是他们最畅快的睡眠方式——15～20 元一晚的大通铺,床可能只有 1.7 米长,甚至打开门才能把脚伸直。

三和大神们实际上是躺不平的。或者说,最终极的躺平是躺不平。

这样的"躺不平"的局促感,在日本的胶囊旅馆中也时常可见,更何况是三和大神们呢?

躺平,对于大多人而言只是一种姿态,或者是无法长期实践的姿态,甚至是一种奢侈的姿态。作为一种生活态度,作为一种文化现象,作为一种社会思潮,躺平都有其"非主流之美"的致命魅力,但如果一定要较真式地谈意识形态,躺平实际上已经是一种相对小众的白领"追求"了。

刻薄地说,如果没有家庭的支持,如果没有先前的积累,躺平真的支持长达几十年的"退休生活"么?考虑过通货膨胀么?考虑过延迟发放退休金么?考虑过生病的医保需求么?考虑过打零工真的可以随想随有么?

这些原本都不用去细究,因为躺平只是一种"在别处"的生活态度,是一种健康的情绪释放,甚至是小众人群的理性选择,但是,谁让有些人非要去扯什么功利的意识形态呢?

毕竟,最终极的躺平是躺不平。

(作者 张明扬)

迟到的告别，或开场白

人到中年，失业是比较惨的一件事。

上有老，下有小，突然失去生活来源，其沮丧、焦虑，可想而知。

冰川思想库曾发过一篇白晶晶的文章《985 硕士开摩的，财经记者流浪街头，留给失业中年的选择不多了》，文中谈到了这个问题。

文章是我编发的。不过，我对所涉新闻事件仍有一点小小的不同看法。

01

硕士开摩的也好，记者流浪街头也罢，似乎更多是当事人主动而为，而不是被迫无奈的选择。

看报道说，开摩的的这个杜老师年收入 40 万元，而那个财经记者，并没有迹象表明，他长期混迹于市井街头。

不忍心戳穿，这一切都是为了流量。

俩人都有抖音账号，也有高过普罗大众的生存能力。"惨"这个字，本来是不存在的。除非是为了"卖惨"。

只不过，这种更多像是行为艺术的表演背后，确实是现实社会的一种映像。35 岁以上不容易找工作，中年再就业困难多多，这根本不需要什么证明。在每个人的周围，都能找到一两个这样的例子。

所以，这两件事情更像是以一种荒诞的方式，去演绎一个坚硬的社会现实。包括当事人开抖音炮制事件攒流量，何尝不也是在逼仄空间中求生存的一种方式？

有些事，无须说穿。说多了，便会发现背后依然是泪。

02

中年失业挺惨，中年辞职又如何？

好像也好不到哪里去。区别在于，前者是被迫的，后者更多是主动的。前者需要信心的支撑，方能继续走下去，而后者需要的是勇气，方能有快刀斩乱麻的决心。

不过，中年辞职其实并不比失业好多少。

有人可能会认为，人到中年还辞职，那肯定是财务自由了，或者吃饱了撑的，年纪一大把还那么不靠谱。

实际上，还有一种辞职，叫不得不辞。一个人在一条路上走着走着，碰壁了，走进死胡同了。你还能往前走吗？直接撞墙上去？那不是傻吗？

我的辞职，就属于这种情况。

但我不是真的走进死胡同，而是碰上了一堵无形的墙。

这堵墙，你看不到清晰的边界，也不知道它有多高、多厚。只是觉得，身在墙内，就像有一股无形的力量在阻止着自己。

墙外未必自由，但墙内一定不自由。

03

当然，辞职之前不是没有犹豫，甚至还很纠结。

这把年纪，辞掉一份看着不错的、稳定的，而且与自己兴趣相契合的职业，在很多人看来肯定不是一种明智的选择。

收入减少，做事情的环境艰难，以及未来的不确定，也让这个决定充满风险。

这份职业，曾经就是我为之努力的梦想。

踏出大学校门后，我做过工厂销售员、广告业务员，开过小公司，当过酒吧老板，还在村委会待过。

曾有一次，经过报社发行站，心里升起一个念头：要么先去当一个报纸发行员，或许还有机会转岗做记者。

还好没去，不然中国多了一个送报纸的，少了一个写报纸文章的……

是的，我走了很多的路，读了很多的书，写了很多的字，才站在别人轻易可以站上去的起点。

我的人生，在很长一段时间里是低到尘埃的状态，所以更懂得这份职业得来不易。

这时候告别，除了现实考量，更多还有不舍。

2002 年 9 月正式入职一家报社，2021 年 9 月正式告别另一家报社，一晃 19 年过去了。

人生最好的时光，没有之一。

这份职业，我曾经为之兴奋，为之努力。如今，我却要给它画上一个句号。

04

这也是一场迟来的告别。

如果任由惯性推着向前，我很清楚地知道，未来可见的职业生涯会是什么样子。

继续从事这份工作，按照 60 岁退休的话，意味着我还需要干十几年这样的活。

今天跟昨天做的事情没有什么区别，明天和今天做的事情也没什么区别。

单调，重复，没有新鲜感，更不具有挑战性，这种工作乏味到连自己都感到厌恶……

很长一段时间以来，我的内心本能地拒绝这样的活法。

如果只是养家糊口，这当然是很好的工作。如果想要生活稳定，这当然也是一个值得珍惜的工作。

但如果你还想追求点什么,这非但不切实际,甚至属于一种奢求。

这么说似乎对任职单位不公平。其实,这不是这份工作的错,更不是任职单位的问题。内心的不安分,依然骚动的灵魂,才是一切的源头。

我无法看着自己浑浑噩噩地工作十几年,等着退休养老。一想到这一点,我的内心就感到十分恐惧。

记得刚入职上一家单位的时候,我的履历中从来没有待在一家单位超过 3 年。而我身边同事的工龄,至少都是 10 年起步,有人已经在这家单位待了二三十年,大学一毕业就进单位了。

如果没有意外,他们会在一家单位待到退休,拿着丰厚的退休金,过着悠闲的日子。

当时我感到非常震惊。一个人一辈子只在一家单位工作过,这是多么不可思议的事情。

我在这家单位工作了 9 年。迄今为止,这仍是我干得最长的一次。但到后来,虽然也没有什么不顺心的地方,我依然遏制不住换一个工作、换一种活法的冲动。

这一次也是如此,而且这种念头更加强烈。无论今后的日子过得怎么样,我都不会后悔现在的选择。

因为,这就是我的选择。我早就想这么干了。

05

以上所说,是对关心我的朋友们的一个告白。

同时,这也是一个开场白。

辞职以后,除了运营冰川思想库,以及其他一些杂事外,我准备从零开始做一个公众号,就是摆在大家面前的"魏言大义"。

这个公众号相当于我的"自留地",却也不是纯粹的个人记事。实际上,我是把它作为职业生涯的延续。

从 2003 年入职《东方早报》评论部到现在,我从事时事评论已有

18年。这是我喜欢的一份职业，我也没打算改行。

对的。虽然辞职了，我干的仍然是老本行。作为新闻老兵，我只是转移了一个阵地。

我会在冰川思想库或"魏言大义"这个公众号上，继续写一些评论文字。

我不喜欢装腔作势，不会为追求流量而故作高深，我也不会为了迎合民粹而刻意地情绪化表达。

不装，不媚，不激，这是我追求的个人写作风格。

至于流量和变现，我现在并没有多想。

我和冰川思想库的朋友们，难得有的一个共识就是，我们不会为了流量而改变自己。哪怕冰川办不下去，我们也不会为此而去迎合什么。

这也是我做公众号的底线和原则。

人贵有自知之明。知道自己能做什么，不能做什么，以及必须做什么。

一个人，不可明知不可为而为之，有时候又必须明知不可为而为之。前者是明智；后者，有时候是愚蠢，有时候则需要勇气——虽千万人，吾往矣！

以此自勉。

（作者　魏英杰）

第三章

经济

为了自己的老百姓

美的干这件事,把董明珠甩掉好几条街

这不是一次简单的收购。一旦收购成功,受影响的也不会仅仅是两家公司。

这是中国著名家电企业的一场自我革新,也是中国智造路径选择的一次大胆尝试……

强者对强者发出的要约

2016 年 5 月 18 日晚,美的集团发布公告,拟斥资不超过 40 亿欧元现金(折合人民币约 292 亿元),要约收购全球领先的机器人巨头库卡集团。

消息正式披露后,在国内引起极大关注。在海外市场,当天库卡集团股价大涨 30%,直逼要约收购价 115 欧元。

美的此前已持有库卡 13.5% 的股份(为第二大股东),292 亿元是除去这部分股份外,拥有这家公司 100% 股权所需资金。美的的收购意图是至少获得库卡 30% 以上股份(成为第一大股东)。

美的表示,收购的资金为银行贷款及公司的自有资金。据悉,美的目前至少持有 400 亿元以上自有资金。若美的实现全面收购,将是中国在德国迄今以来最大的收购行为。

再来看库卡集团的情况。据介绍,库卡集团是一家拥有百年历史的德国企业,是公认的全球四大工业机器人企业之一。其他三家分别是总部在瑞士的 ABB 集团,日本的安川(YASKAWA)和发那科(FANUC)。

1994 年之后,库卡机器人开始大批量进入中国市场。2014 年,库卡在亚洲业务总部上海建立了欧洲之外的首座机器人生产基地。

库卡主要有三大业务板块:机器人(Robotics)板块、系统(Systems)板块、瑞仕格(Swisslog)板块。简单讲,它们就是制造工业机器人、提供系统集成以及解决方案。

汽车行业是库卡机器人的主要应用领域。在汽车制造领域,库卡机器人的市场份额在全球和欧洲均为第一,在一般工业领域机器人的市场份额为欧洲前三名,在系统解决方案的市场份额美国排名第一,欧洲排名第二。

上面这些介绍,有些偏官方说辞。库卡可能并没有表面看上去那么风光。

如在运营方面,库卡集团在 2014 年、2015 年分别实现销售收入 20.96 亿欧元、29.66 亿欧元,分别实现归母净利润 6 810 万欧元、8 680 万欧元。销售增长近 9 亿欧元,净利润仅增加不到 2 千万欧元。

还有就是库卡的股权变动比较厉害。比如,第一大股东福伊特集团(Voith)是 2014 年 12 月才入主库卡,为财务投资者;美的也是 2016 年增持后变成第二大股东。

目前这桩收购在德国国内遭到一些反对的声音。不过,时任德国联邦政府副发言人维尔茨 2016 年 6 月 1 日表示,这归根结底是一个企业自身的决定,德国政府将尊重企业的决定。

美的收购库卡背后的大棋局

这桩收购背后,反映了美的近年来谋变求新的思维。主导这场变革的应是美的掌门人、职业经理人方洪波。

按照美的的说法,这次交易将是美的推进"双智"战略(智慧家居、智能制造)、开辟"第二条跑道",推进集团全球化发展、优化产业布局、深入全面布局机器人产业的关键一步。

这些都是美的集团董事长方洪波近年来提出的企业发展战略

理念。

方洪波生于 1967 年,毕业于华东师范大学历史系,1992 年加入美的,从编企业内刊做起,一路干到美的集团董事长。2012 年,美的创始人何享健和方洪波完成权力交接,何退居二线,其子何剑峰进入董事会,仅担任董事。

方洪波接班后,成功将美的带入世界 500 强企业,实现净利润突破 100 亿元。2016 年 3 月,美的发布 2015 年年报,实现营业收入 1 384.41 亿元,同比减少 2.28%;实现归属于上市公司股东的净利润 127.07 亿元,同比增长 20.99%。营收小幅下降,利润增长,形象表明家电行业目前正进入整体下滑、面临剧变的状况。

这几年,方洪波不止一次谈到家电行业所面临的挑战与出路。

2015 年,方洪波直言"所有的中国家电企业的商业模式已经失效",必须进行差异化竞争、自我革命。他提出,"现有的业务、跑道,把它加固、翻新、拓宽、延长。同时要有第二跑道……"创建第二跑道,就是"寻找新的业务,跨界业务"。

这番话是在美的与工业机器人"四大家族"之一的日本安川电机实现合作之前说的。2015 年 8 月,美的一口气和安川合资成立两个子公司,分别是服务机器人公司和安川美的工业机器人公司,总投资共计 4 亿元。

美的还有两桩交易值得关注:一桩是收购日本东芝白色家电部门及相关技术专利;另一桩是入股安徽一家本土机器人厂商埃夫特公司,成为第三大股东。这两起并购都发生在 2016 年 3 月份。

在发出收购库卡要约前,美的的这些布局都指向方洪波的战略调整。比如收购东芝,目的就是加固美的传统业务领域,和安川合作、入股埃夫特就是创建"第二跑道"。

既然有了安川,美的为何还要收购库卡?因为美的和安川合作的两家子公司,一家是专注于 3C 领域的系统集成,另一家是服务机器人,而库卡致力于汽车制造业机器人,优势各有不同。此外,库卡旗下的瑞仕格是全球领先的仓储及配送物流系统集成商,有助于优化美的的物流体系。

更关键的是,库卡的基因对美的的工业机器人布局有很好的互补作用,可以更好地构建美的在国内工业机器人领域的领先地位。

"四大家族"中,其他三家的股权结构相对更加复杂,有的市值过于庞大,还有的并不是专门致力于工业机器人业务。技术处于领先地位、市值规模适中的库卡,确实是美的实现战略投资的优质标的公司。

格力的选择

美的进军工业机器人领域,走的是从"为我所用"到"为我所有"的路径。

工业机器人的发展已有数十年,这时候介入研发领域,掌握核心技术,恐怕不太容易。美的显然是考虑到这点,而采取合资、入股或控股方式,尽可能最大化地实现战略目标,抢占风口位置。

而美的的冤家对手格力电器,走的是自主研发的道路。

格力和美的都是国内家电领域巨头,在家用空调领域,格力长年处于领先地位。但专注于空调领域既是格力的优势,也是劣势。特别是在家电行业全面滑坡的今天,格力就显得力不从心。

2016 年 4 月,格力年报显示:2015 年格力电器营业总收入 1 005.64 亿元,较上一年度的 1 400.05 亿元下降 28.2%,实现归属于母公司股东的净利润 125.32 亿元,同比下降 11.5%。这是格力电器自 1996 年上市以来营业收入和净利润首次出现下滑。

无论从营收还是净利润,格力都已完败于在家电领域全面开花的美的。哪怕是在格力的核心业务空调领域,美的的中央空调业务也已超过格力。2015 年美的中央空调以 126 亿元的销售收入排位第一,高出第二名的格力 10 亿元;市场占有率 18.5%,高出格力 2.5 个百分点。

格力这几年也在寻求业务突破。比如进军手机领域,以及 2016 年停牌打算收购珠海银隆 100% 股权。珠海银隆是一家专门从事纯电动汽车、混合动力汽车、增程式电动车驱动系统总成的高科技企业。格力想借此进入新能源汽车领域。

这桩收购尚未见分晓，且先不说。格力进军手机领域，却已成为一桩全民娱乐事件。这款传说中的手机尚未上市，以格力董事长董明珠为开机画面的消息，就让许多消费者胆战心惊。

此后，董明珠女士又表示，格力手机二代产品计划于2016年6月上市（可一代究竟在哪里），目标是每天卖10万台……虽说这次不会再有董明珠头像的开机画面，但据说可以在机身后面刻字。

在最近一次访谈中，董明珠评论了美的收购库卡的行动。她表示，真正的创新是自主研发。"技术是没有止境的，你控股了又怎么样？今天买来了先进技术，不等于你明天还是先进的。"

董明珠还表示："我是比较认可任正非做企业的态度，不受外界干扰，自己搞自主创新研发。"

由此可见，董明珠偏向于搞自主研发。格力进入工业机器人领域，就是延续了这种思维。格力较早就有"机器换人"的规划。2012年，格力进一步制定了自动化的发展计划，决定以"3至5年实现无人车间"为目标，走"重点突破，分期实施"的自动化道路。但这显然是一种"自给自足"的构想，和董明珠后来所说的"格力不仅要自己完成机器换人，还要帮助别人机器换人"，并不是一回事。

格力正式进军工业机器人（智能装备制造）领域，是2015年成立了格力智能装备有限公司，提出要将工业机器人和高档数控机床作为该公司未来的两大研究领域来规划布局。当年8月，格力在武汉成立首个智能装备产业园。

董明珠表示，"宁可慢三年，也要走自主研发的道路"。可实际上，2015年4月，格力就和工业机器人"四大家族"之一的ABB集团达成战略合作协议。

巧合的是，就在2015年8月美的与安川合资成立机器人公司的同一天，格力高调公开其自主研发机器人的最新进展。只不过，自动化流水线上正干得"热火朝天"的高性能六轴机器人来自 ABB 集团，只有"生产线"由格力自主设计研发……换言之，格力做的顶多是集成方案（恐怕还不是系统集成）。

也是在当月，ABB 在珠海设立机器人公司。这为珠海制造业提供了不少方便。

2016 年年初，在董明珠宣布要"帮助别人机器换人，开辟家电制造以外的第二条跑道"的同一篇报道中，格力模具车间工程师无意中戳破真相。

这名工程师坦承，目前格力的开模设备主要从瑞士、德国进口，由于机器的精密度非常高，并要配合相关程序才能运行，"就算买回来拆开研究也很难复制，更不用说实现量产了"。看来，格力在工业机器人产业的"自主研发"路径，必将是一次艰难的旅程。尤其是与在这一领域深耕数十年的国外巨头相比，格力短期内恐怕难以取得优势地位。

中国智造的希望在民企

格力集团是一家国有控股公司，珠海市国资委掌握绝对控股权，但其运营机制相对灵活。格力集团董事长董明珠也是一名职业经理人，与方洪波一样，都是在 2012 年接棒起跑。

客观而言，进入工业机器人领域，美的所采取的收购、入股模式，与格力走的自主研发道路，原本没有高低之分，二者都是通往成功的可行路径。问题只在于，在面对现实形势与具体问题时，能否灵活运用，精准发力。与美的一样，格力手头也拥有数百亿元自有资金，但格力却没有通过收购来快速完成技术积累，这可能让格力在瞬息万变的市场竞争中，落后于对手。

董明珠可能没有意识到，她所欣赏的华为，成立以后就一直专注于电信行业，始终高度重视研发投入。正如任正非所说，华为没有秘密，就一个字，"傻！"就是认准方向，朝着目标，傻干、傻付出、傻投入。

格力在空调领域，原本也做到了这种专注。但行业的现状以及市场的竞争，并不容许格力继续专注下去。这样的话，格力就不得不走上新的竞争跑道了。只不过，当美的玩多元化的时候，格力玩的是专注，而当美的玩资本投资、跨界收购时，格力玩的却是自主研发。

这背后有什么制度层面的原因吗？这种机制差异性显然存在。相形之下，美的比格力更有玩资本投资的基因。美的创始人何享健及其子何剑锋都是此道高手。此前国内股市震荡时，有人发现，何享健及其子在 A 股市场投资规模高达上千亿元，俨然是一个"隐形美的"。

更好玩的是，何享健父子连格力电器的股票都买。格力电器 2015 年年报显示，其第十大股东为宁波普罗非投资管理有限公司，这正是何享健父子持有的公司。美的与格力多年相杀众所皆知，而今却在资本市场玩了一出相爱的戏码。

这说明，方洪波出手收购库卡，即便没有经过何享健授意，也较易为其所接受。在美的发出收购要约公告后，美的集团董事会很快就批准了这项交易。

受限于体制机制、风险评估、决策赋权等因素，国有企业在对外投资问题上，确实不如民企大胆、灵活。虽说近年来国企一直是海外并购的主体，但其并购活动经常受到非市场因素的影响，如承担国家战略合作任务、扮演政经交流角色等，这也使得一些国企海外并购最终陷入困境。

机器人产业是高端制造的高地，也是中国制造实现弯道超车的重要动力。国内对智能制造产业非常重视。国务院发布《中国制造2025》，明确了到 2025 年迈入制造强国行列的战略目标，并将高档数控机床和机器人作为大力推动的重点领域之一。

2016 年 5 月，工业和信息化部等三部委又联合印发《机器人产业发展规划（2016—2020 年）》（以下简称《规划》）。《规划》明确，到2020 年我国工业机器人年产量达到 10 万台，并培育 3 家以上的龙头企业,打造 5 个以上机器人配套产业集群。

可以想见,未来在这一领域的竞争会非常激烈。

中国已连续三年成为全球最大机器人市场,这为机器人产业的发展提供了很好的市场基础。在我看来,决战机器人产业,就必须抛弃所谓"自主研发"的传统观念,而要大胆地采取让一切资源为我所用、为我所有的战略手段,在机器人本体制造、系统集成与服务上,尽快占领制高点,形成产业集群效应。

就此而论,发展工业机器人产业,加快中国智造转型步伐,希望在民企。

(作者　魏英杰)

经济越低迷，人民越需要迪士尼

2016 年 6 月 16 日，在这个黄道吉日，上海迪士尼很中国化地正式开园营业了。

我丝毫不怀疑上海迪士尼的市场前景。从 2016 年 5 月 20 日试营业开始，上海迪士尼官方宣布已经接待了 60 万游客，平均每天 3 万余人，实现预期的年 2 000 万人的运营目标，或许不是什么难事。

从 20 世纪 80 年代，迪士尼凭借米老鼠和唐老鸭进入中国市场，到上海迪士尼开张，过去了 30 余年。这也意味着迪士尼在中国已经完成了两代人的粉丝培养，形成了庞大而富有消费能力的粉丝市场。

我至今还记得，小时候最爱看的节目，就是中央一套播放的《米老鼠和唐老鸭》。凭此，李扬老师的公鸭嗓一时火遍大江南北。很难想象，一名配音演员会成为那个时代中国的"网红"，并且还上了 1988 年的春晚。

万达王健林说，迪士尼的 IP 已经过气了，我还真没有这种感觉。就在端午节度假归来的车上，我的小女儿抱着我的手机看了一路《猫和老鼠》。到家之后，因为那一节没看完，她还非得坚持看完，才去做作业。

再往前说，2016 年春季档，我们家庭已经因为《疯狂动物城》《奇幻森林》《美国队长 3》，为迪士尼贡献了数百元票房。而看《疯狂动物城》，竟然是那个周末学校布置给孩子的家庭作业。

虽然，有去过上海迪士尼的朋友抱怨人多、到处排队，但我知道，上海迪士尼营业之后，我们肯定会为之埋单的。孩子的同学及其家庭肯定也早晚会去迪士尼消费。背靠 14 多亿人的大市场，上海迪士尼的前景将一片光明。

在不看好上海迪士尼的各种观点中，我最不同意的就是，现在中国经济不景气，将影响人们到迪士尼去消费。

说这话的人可能不知道，经济学上有一个现象叫"迪士尼效应"。经济越萧条，失业人数越是上升，假期越是延长，迪士尼的客人就越多，娱乐业也越发达。相反，在经济上升期，人们疲于奔命，反而少有娱乐时间。

中国现在经济低迷，民间投资不振，不但不是上海迪士尼的不利因素，反而是一个很好的时机。回顾历史，迪士尼正是崛起于大萧条时代，并多次展现出了强大的反经济周期能力。米老鼠诞生于1928年，但是，迪士尼的火爆则是在20世纪30年代的大萧条时期。《光荣与梦想》一开始在描述1932年时曾这样记录了当时美国大萧条的另一面——"不过有些行业却是分外兴隆。出售避孕套的行业一年赚了2.5亿元。在全国居民中，有一半以上每星期看一次电影。"

在大萧条时代，1933年初夏，华特·迪士尼为纪念妻子怀孕并初为人父，拍摄了闻名世界的《三只小猪》。1937年，迪士尼推出了首部长篇动画电影《白雪公主和七个小矮人》。

在大萧条最深重的时候，《纽约时报》1935年3月10日一篇名为《米奇充当经济学家》的长篇报道写道："最近，米奇大受喝彩，远远超过了它在世界范围内已经获得的那些称赞。最新的赞美是送给大企业家米奇的。它是世界上的超级推销员，它为失业者找到工作，它将公司从破产的境地救出。无论它在何处奔走，希望的曙光都会穿破云层——它已经成为世界上最知名的国际性人物，它让全世界的人们在无精打采的时刻也能放声大笑。"

迪士尼通过许可授权，不但获得了巨大的商业成功，而且也拯救了很多企业。根据《纽约时报》的报道，米奇使一家有着200万美元资产的玩具公司避免了破产的命运。随后，它又帮助一家业务陷入停滞的公司恢复了元气，8周之后增加了2 700名工人，售出200万只手表。它使一家编织厂在大萧条中有着做不完的生意，这家工厂一年生产100万件印有米老鼠肖像的毛衣。

资料显示，迪士尼在 1930 年，将第一份生产许可证颁发给一家玩具制造商，到 1935 年，迪士尼已经向美国及欧洲的多家公司颁发了上百份许可证。这些公司生产从文具、手绢到电冰箱的上千种商品。

迪士尼在成功伊始，就已经懂得衍生产品的开发，注重 IP 的运营。

经济学还有另外一个反周期效应——口红效应。经济虽不景气，但人们的消费欲望仍然存在，于是，电影、迪士尼的小商品就是一种非常合适的"廉价的非必要之物"，可以满足人们的消费心理。有关统计表明，过去的几十年，美国遭遇过 7 次经济不景气，其中有 5 次都让当年的电影票房急剧攀升。

无论是迪士尼效应还是口红效应，娱乐产业之所以有反经济周期的特性，归根结底，还是因为，人们在现实的惨淡与低迷当中，通过感受欢乐而维持对生活和未来的信心与希望。如何走出经济萧条或经济低迷，或许需要凯恩斯主义，但最终到每一个微观的个体，靠的还是信心和乐观。

至于说，上海迪士尼的门票和有些体验项目是否定价过高的问题，是不是一种"廉价的非必要之消费"，我倒是认为，不必担心。因为，欢乐的价值本身就难以用金钱衡量。中产家庭为了满足孩子的快乐愿望，钱应该不是问题，而对诸多底层青年来说，花费一个月的工资到迪士尼消费一次，所带来的满足感或许并不亚于买部苹果手机。当然，迪士尼乐园的开张，也将有利于其衍生产品的销售。

自 2008 年金融风暴之后，世界与中国经济仍然深陷于 L 形的谷底之中。上海迪士尼开张营业正好处于新一轮萧条时代的中后期。这不但不会有不利的影响，反而是一个相对利好的"宏观背景"。

当然，这也仅仅是一个"宏观背景"，并不是说，迪士尼只有在萧条时代才会繁荣，其他时候就业绩不行，而是说，迪士尼有很强的反经济周期能力，或者说是，在经济低迷的时代，人们更需要迪士尼。

（作者 龙 树）

中国扩大开放是为了自己的老百姓

2018 年 4 月 10 日上午,海南传来了令人颇感振奋的消息。博鳌亚洲论坛 2018 年年会开幕,中国领导人在主旨演讲中郑重承诺,在庆祝改革开放 40 周年之际,中国对外开放的大门将会越开越大。

01

按照这份主旨演讲,中国 2018 年将在扩大对外开放上做 10 件大事——

在大幅度放宽市场准入方面,中国将确保 2017 年年底宣布的放宽银行、证券、保险行业外资股比限制的重大举措落地;加快保险行业开放进程,放宽外资金融机构设立限制,扩大外资金融机构在华业务范围,拓宽中外金融市场合作领域;下一步要尽快放宽外资股比限制,特别是汽车行业外资限制。

在创造更有吸引力的投资环境方面,中国将加强同国际经贸规则对接,增强透明度,强化产权保护,坚持依法办事,鼓励竞争、反对垄断;2018 年上半年,将完成修订外商投资负面清单工作,全面落实准入前国民待遇加负面清单管理制度。

在加强知识产权保护方面,中国将重新组建国家知识产权局,完善执法力量,加大执法力度,把违法成本显著提上去,把法律威慑作用充分发挥出来;鼓励中外企业开展正常技术交流合作,保护在华外资企业合法知识产权。

在主动扩大进口方面,除了之前提到的 2018 年将相当幅度降低汽车进口关税，同时降低部分其他产品进口关税外，还将努力增加人民群众需求比较集中的特色优势产品进口，加快加入世界贸易组织《政府采购协定》进程；2018 年 11 月，将在上海举办首届中国国际进口博览会。这是个大平台，今后要年年办下去。这不是一般性的会展，而是主动开放市场的重大政策宣示和行动。

可以说，上述 10 件大事中的任何一件都具有非凡的意义，一旦落实都会产生深远的影响。仅以降低汽车进口关税和放宽汽车行业外资限制来说，因为汽车是一个非常重要的产业，其涉及的上下游关联产业尤为庞大。中国目前已是全世界第一大汽车市场，扩大这个市场的开放无疑对全世界都是一大利好。

当然，上述 10 件大事中的任何一件也都牵涉许多错综复杂的利益关系，全面扩大开放难以一蹴而就。

仍以汽车产业为例，汽车业的主战场已从传统的燃油车转向新能源汽车，而新能源汽车目前还高度依赖政府补贴，这就会滋生出许多关税和投资准入以外的监管问题。这有待于在后续磋商中将这个原则性意见落实为可操作的规范透明的实施细则，这一过程很可能是艰难曲折的。

02

我注意到，对于当天博鳌论坛上中国发出的声音，海外政要和新闻媒体在第一时间并没有报以热烈响应。

这种疑虑和谨慎总体上是可以理解的。

首先，它在力度上被认为没有超出大多数人的预期。西方政界和商界人士希望中国领导人利用这次博鳌论坛年会的机会，阐述更大胆的新的改革政策。但一些观察家认为，这次讲话基本上延续了2017 年 1 月瑞士达沃斯世界经济论坛上演讲的基调。中国领导人的那次演讲在西方赢得了非常好的效果，它成功地将中国定位成全球贸易和经济开放的捍卫者。

这一次在海南提出的大多数举措是之前曾经宣布过的,而且也没有提供有关这些举措实施的时间表和如何实施的新细节。有一些人因此认为,在博鳌的演讲中,中国领导人并未就经贸关系作出新的重大让步。

中国政府首次提出要进一步扩大金融行业开放,并取消汽车行业外资持股不超过 50% 的限制。但美国官员一直批评中方的这些提议"太少,太晚"。

中国当时称,将按照自己扩大开放的时间表和路线图,大幅度放宽金融业包括银行业、证券基金业和保险业的市场准入。中方还愿就增加自美商品进口、各自外资安全审查政策同美方加强沟通;而且中国将逐步适当降低汽车关税,并在 2018 年 6 月前在自贸试验区范围内开展放开专用车和新能源汽车外资股比限制试点工作。

时任中国财政部副部长朱光耀曾在 2017 年 11 月中美元首北京会晤经济成果吹风会上表示,中方将取消对中资银行和金融资产管理公司的外资单一持股不超过 20%、合计持股不超过 25% 的持股比例限制;单个或多个外国投资者直接或间接投资证券、基金管理、期货公司的投资比例限制将放宽至 51%,此措施实施三年后,投资比例不受限制;三年后,单个或多个外国投资者投资设立经营人身保险业务的保险公司的投资比例将放宽至 51%,五年后投资比例不受限制。

中国官员们已经告诉他们的美国同行,他们会比 2017 年 11 月的承诺更快推进这个金融业开放的时间进程。时任央行行长易纲表示,中外企业最终会得到平等待遇。中国商务部也说,中国还将在电信、医疗和教育行业放宽或取消外资股比限制……

上述努力一直在进行中,但最终达成协议都需要时间。而且即便真的进入实施阶段,对缓解中美经贸争端的效果也不会立竿见影。

03

从根本上看,中国进一步大踏步地扩大对外开放,是中国改革开放和现代化建设的迫切的内在需求。也就是说,中国的对外开放应该是坚定不移的。因为扩大对外开放的最大受益者不是别人，而是中国老百姓自己。

这是因为，一方面，时至今日，西方国家在科学技术、市场的专业化程度以及企业经营管理等许多方面仍然领先于中国。在某些领域，我们与他们相比还有不小差距。欢迎更多外资前来中国投资，总体上说能够显著地提升中国经济在相关行业的竞争力。

以金融业为例，未来外资投资比例不受限制，中国金融行业的竞争无疑会更加激烈。但这将极大地有助于中国金融企业公司治理结构的优化，对中国金融业的制度建设会产生长远的帮助；同时，中国老百姓也可以享受到更好的金融产品和金融服务。这一点，在中国目前依然短缺的许多服务业领域——例如教育、医疗、法律、文化娱乐等等——表现得尤为明显。

另一方面，更多地扩大进口，对于广大中国消费者来说更是有一目了然的直接好处。虽然中国已是"世界工厂"，在众多行业面临着严重的产能过剩问题，但仍然有许多商品——例如农产品和各类高端制造业产品——是中国十分短缺的，要不然就不会有那么多中国人趁着旅游观光从邻国日本买回来那么多生活日用品——甚至包括马桶盖！

如果中国的消费者能够以更低廉的价格购买到过去在中国国内无法企及的高品质的水果、牛肉和尖端电器……谁不欢迎这样的开放呢？

正如中国领导人在博鳌亚洲论坛主旨演讲中所说的那样，"一个开放的经济符合中国自身利益"。贸易对所有人都有利，这从来就是一句颠扑不破的真理。

接下来要看的就是上述这 10 件大事如何落实了。我们注意到，中国领导人在论坛开幕式的主旨演讲中已经庄重承诺："这些对外开放重大举措，我们将尽快使之落地，宜早不宜迟，宜快不宜慢……"

相信这既是全世界的热切期待，更是中国老百姓的热切期待。

（作者　陈季冰）

一念天堂，一念地狱，
我的 20 年炒股亏损史

又见千股跌停，又见百股跌停。

"房子是用来炒的，股市是用来住的"，这个不知出自哪位高人之手的段子，可谓这些年关于楼市与股市的最简洁有力的总结。

一念天堂，一念地狱，方向的判定，造成了一个人财富的巨大分野。

有人说，这是近年来第 12 次股灾。若将时间拉长，我大 A 股又经历了多少次高台跳水、飞流直下呢？

每一次股灾都是一个巨大的深不见底的黑洞，吞噬着股民的账户。据说我们已进入大数据时代，如果有谁能统计出股市设立以来股民的亏损总金额，我觉得可以颁发一个统计学甚至经济学方面的奖项给他。

01

作为一个资深股民，我的炒股亏损史可以上溯到 20 世纪 90 年代中期。其时我南下深圳不久，供职于一家金融类日报。听说，由于它曾被指定为全深圳刊登股票信息的唯一报刊，一度被报贩炒卖到几十元一份。

当时，我与作家王小妮的妹妹共同主持报纸的周末版，编的是风花雪月的副刊，与金融基本不搭界。但是，由于报社几乎人人炒股，我也很快从自我营造的小布尔乔亚式的文艺氛围中走出，在同事的鼓动下，开立了自己的证券账户，走进了自己的投资理财新时代。

其时，诗人孙海兄尚在深圳，我的很多炒股知识，都得益于他的传授。中午,我常常溜出当时的报社,到证券公司交易大厅与他会合。那个年代尚是现场交易,但见交易大厅如农贸市场般人声鼎沸,汗味、烟味与香水味交织在一起,散发着一种类似兴奋剂的气息。巨大的电子行情屏幕红绿翻飞,往往,选中一只股票填好单交给交易员时,价格已经发生了变化,只得撤单重来。

即使在这种情况下,我也一度短时间内从股市获取了相当于好几个月薪水的浮盈。很多人和我一样,由此产生了一种错觉,认为股市就是提款机,上班挣钱没有意义。

股市继续燥热升温,直到灾难悄无声息地来临。至今还记得,随着《人民日报》登载《正确认识当前股票市场》的社论出台,几乎所有股票连吃了三个跌停板。那也是我经历的第一轮股灾。

02

这些年来,我一直在股市折腾,被一波又一波的股市峰谷摔得鼻青脸肿,满地找牙。

一个炒股的朋友曾信心满满地跟我说过,他发现,在这个社会,炒股是唯一一个不需要看上司脸色,不需要请客送礼,只需要凭借个人智力就可以实现财富增值的地方。

只是,这个朋友不久后因为用了杠杆,爆仓后就失联了。

2017 年年底时,有人发了一个帖子《只要跟对目标,一个亿的小目标轻松实现》。帖子中写道:以初始资金 10 万元计算,一月买入太阳电缆、二月买入江阴银行、三月买入西部建设、四月买入冀东装备、五月买入北京科锐……如此累计,账户资金将变成一个亿。

对此,我并不表示赞同。自从 A 股设立以来,恐怕还没有诞生过这样的超级股神,不如来个亏损速度榜更接地气些。

果然,有好事者很快就跟发了一个帖子《留张车票回家过年》。仍是以初始资金 10 万元计算。一月买入开尔新材,二月买入祥源文化,三月买入鞍重股份,四月买入超讯通信,五月买入龙溪股份……如此累计,到十二月份,10万元将变成一百多元,一张回家过年的车票未必买得上。

事实上,类似于这种"摩托进去、单车出来""蜥蜴进去、壁虎出来"的景况,才是股市一种更真实的写照。

有一个未经证实的消息说,某机构运用智能机器人模拟炒股,最终因巨亏不得不提前结束实验——近些年来,智能机器人频频向人类发起挑战,在众多领域所向披靡,甚至令一些人患上了智能机器人恐惧症。但是,在股市面前,它却节节败退无招架之力,人类终于在一个领域扳回一局,多少给自己留下了一点颜面。

不过,这一点也不奇怪。人工智能代表的是一种科学与理性,而股市代表的是一种极其复杂、无法精确计算与量化的人性。

作为近代经典力学开山祖师的牛顿无疑是一位牛人,但他在股市面前偏偏"牛"不起来。1720年4月,牛顿投入约7 000英镑购买了英国南海公司的股票,仅两个月就股价翻番,随后卖出。但到了7月,股票又继续增值了8倍,这让牛顿悔不当初,他随之决定加大投入,最终巨亏2万英镑。

牛顿能够计算复杂的天体运行轨迹,却对股市的风云变幻无计可施。

03

说到这里,我不得不再次表达我对知名财经作家吴晓波的膜拜。几年前,他写过一篇专栏文章《我为什么从来不炒股》。其大意是,中国股市的标配不是价值挖掘、技术创新、产业升级,而是"人民日报社论+壳资源+并购题材+国企利益",所以,为了"让自己生活得更好点",这些年来他从未涉足股市。

时间一次次证明吴晓波是对的。为了"让自己生活得更好点"而戒股,这是一种何其辛辣的忠告。不过,这世界上像少女守贞一样守住不炒股诺言的"吴晓波"毕竟不多。

蒲松龄在《聊斋志异》中描述科举时代考生苦况时有一段妙文,他说，一些考生刚刚落榜时，心灰意懒，大骂考官瞎了眼睛，将笔墨纸砚全部投入火中，从此披头散发进入山中面壁思过，声称谁再劝其应试，一定用长矛将他赶走。时间一久，他们怒气渐息，心又开始发痒，跃跃欲试，像摔破了蛋的斑鸠，衔木筑巢，重新孵蛋。

这样的文字，用来形象现今的股民也是恰如其分的。

一些股民在割肉亏损出局时，发誓今世不再踏足股市半步，可只要行情一旦好转，又往往抓耳挠腮地寻思着重新杀入。世卫组织刚刚将游戏成瘾宣布为一种疾病，从症状上看，一些股民的炒股成瘾程度比昏天黑地打游戏的沉溺程度并不逊色。

但没有人有资格嘲笑这样的人性弱点。在投资渠道有限的情况下，很多人不甘心财富被通胀吞噬，进入股市由此成了一种低门槛的理财通道。

2017年9月有媒体报道，证监会正在推动将投资者教育纳入国民教育体系试点，不过在我看来，对中小投资者来说，最好的教育是维护他们的合法权益，使他们始终对这个市场怀抱信心，而不是像古代的落榜考生一样，一次次"将笔墨纸砚全部投入火中"。

所以，作为一个亏损累累的前资深股民，最后我还是要未能免俗地含泪劝告：为了"让自己生活得更好点"，离开股市或许是你能作出的为数不多的正确选择。

当然，我在这里也陷入了一个悖论：挤公交上下班的股民像高层决策者一样关心世界大事、操心国际期货形势、打听美联储又说了什么；并且，他们像熟悉菜市场的农产品价格一样，熟悉CPI之类的经济学名词……这样的场景让我意识到，股市其实是一个巨大的培训基地，让更多人学会关心公共生活，学会将自身命运与世界更紧密地维系在一起，在无意中完成了现代公民的启蒙。

这，或许也可视为股市给予我们的唯一的额外馈赠与犒赏。

（作者 李 跃）

2018 年, 诺贝尔经济学奖
颁给了一个错误的理论

01

人类社会的经济为什么会增长？这是一个十分宏大而又迷人的问题, 吸引了无数才华横溢的学者前赴后继投入其中, 以求一解。

2018 年, 诺贝尔经济学奖获奖者之一是保罗·罗默（Paul M. Romer）教授。他的获奖工作是把科技创新作为解释长期经济增长的内生因素。

具体来说, 罗默教授从 1986 年开始构建了一个"内生经济增长模型", 该模型的一个基本假设是"科技增长率与人口（或参与科技创新的人口）增长率成正比"及"科技创新量与人口成正比"; 罗默进一步假设, 经济增长与科技创新和人口之乘积成正比, 于是, 经济增长与人口的平方成正比。

通俗地说, 这个模型的中心思想就是"科技是第一生产力""人越多, 主意就越多, 于是经济就发展了"。

事实上, 第一个提出"科技创新是推动经济发展的动力"这个思路的学者是熊彼特, 在他 1911 年的著作中就闪现了这个洞见, 从此深刻地影响了后来的学者们。

从一个思路到量化模型是重要进步, 而第一个提出比较靠谱的量化模型的学者是罗伯特·索洛（Robert Solow）, 他于 1957 年发表的一篇论文奠定了"外生经济增长理论"流派, 并于 1987 年获得诺贝尔奖。

还有几位学者(如罗伯特·卢卡斯〔Robert E. Lucas〕,1995年获得诺贝尔经济学奖)也是由于在增长经济学领域的工作而获得诺贝尔奖。

02

诺贝尔奖给人巨大的荣誉,但并不能保证获奖者是正确的,特别是经济学奖。

索洛的量化理论模型是划时代的并由此获奖了,但在大量验证之后,人们发现其短处也是明显的。他认为资本和劳动投入是推动经济发展的最重要因素,而把科技因素仅放在余数中体现,使得其对经济增长的影响力有限。这给后续学者们构建新理论留下了空间。

罗默教授的"内生经济增长模型"的一个关键优点是可以定性地解释工业革命以来世界人口、人均收入和科技成就同步快速增长的现象,于是得到了学界的热烈响应,大量验证工作纷纷发表,有肯定的,也有否定的,还有很多人提出了对该模型的修正。Google搜索显示,截至2018年10月9日,罗默教授于1986年发表的"内生经济增长模型"的第一篇论文,引文数高达25 468篇。

虽然学界挺热闹,但罗默教授的模型到底是对还是不对呢?如果用科学思维来考虑一个理论的价值,一看其解释历史的能力,二看其预测未来的能力。当然,到目前为止,任何经济学理论对未来的预测能力都很有限,能较好地解释历史就不错了。

于是,我和几名同事在2014年和2015年也加入了求解人类历史经济增长之谜的学术游戏。在2015年底,我们发表了一篇题目为《技术和人口如何互动?基于1万年数据的实证研究》,试图用数据实证罗默等教授的"内生经济增长模型"的基本假设:科技与人口到底是什么关系。

有人也许很快就注意到"1万年数据"非常惊人。的确,这是工作量巨大的工程。我们的研究需要两组数据:1万年人口数据和1万年科技创新数据。

人口数据来自其他学者的工作,过去百来年,大量学者前赴后继地研究人类过去百万年的人口变化。由于各人用的方法不一样,数字也不一样。我们用的是 Scott Manning(2008 版)的世界人口数据库,其中包括了 12 个不同的数据源,我们采用了这几个数据源的平均人口数。"人类重大科技创新数据库"是我自己的团队花了 5 年时间构建的,基于 30 余部科技编年史和参考书及大量的一手资料。在我们的论文中,有关重大科技数据库的构建方式和参考书都有详细说明。

03

在完成了这些笨重的工作后,统计分析就基本上是通常手段了。我们论文的主要结论是:

过去 1 万年,重大科技创新与人口并不是简单的正相关关系。事实上,我们发现历史上两者从正相关到负相关曾数次转折。因此,罗默等模型中科技创新增长率与人口规模及人口增长率的成正比的假定是不准确的。如果一个理论的基本假设有问题,形同一座大厦的基础有问题,那么整个理论就难以成立了。

近百年来的重大科技创新增长率与人口规模之间是负相关的。值得注意的是,最近一百年间受教育的人数比例和人们的教育程度都在不断提升,参与科技创新的人也在迅速增长,可以说科技创新的增长率与参与科技创新的人口规模增长率之间的负相关性更为显著。换句话说,"人海战术"对推动重大科技创新成效不大。

科技创新增长率的变动超前于人口增长率,科技创新累计数的变动也超前于人口增长率。这意味着,在近 1 万年的人类历史上,重大科技创新的加速或放缓会预示着后续人口增长率的相应变化。人们一直在争论历史是英雄创造还是人民创造,而我们的研究所揭示的时间顺序显示,重大科技创新超前于人口增长,也超前于经济增长,如果把重大科技创新者看作"英雄"的话,这似乎为"英雄史观"提供了一个注脚。

　　总之，我们的研究表明，罗默教授的理论在长历史时期并不对。社会是一个复杂系统，基于对科技创新史的大量研究，我认为试图用一个简单的决定性方程来解释长期经济增长与科技、人口及其他很多变量之间的关系，可能是一条完全错误的道路。

　　因此，我不得不说，诺贝尔奖委员会把 2018 年的经济学奖颁给了一个错误的理论。然而，这对其他相关学者和学术界来说并非坏事，人们仍然有机会构建更好的经济增长理论，并由此再度问鼎诺贝尔经济学奖。

（作者　董洁林）

当年没有马云、马化腾，
只有茶叶蛋和玻璃珠

2018 年闹腾了一阵"民营经济退出论"，舆论颇为紧张。后来最高层频频表态，舆情才算平复下来。在大大小小的民营企业像空气一样存在的时代，再次经历这样的争论，前尘往事，百感交集。

1988 年，茶叶蛋与导弹之争

想必"70 后"最初接触的民营经济是个体户，我的记忆里是一个摆摊的老头儿，卖些孩子们的小玩意儿。香烟牌子、玻璃弹球是"大宗商品"，还有按粒卖的话梅糖和大白兔奶糖。

大人们不太喜欢他。在那个时代，没"单位"的人总是可疑的，乃至可鄙的。

但是孩子们喜欢他，老头话不多，看上去凶巴巴的，其实软善可欺。买东西可以还价。"老"客户嘴馋时顺走他一颗糖也没什么风险，这可是国营店里都没有的待遇——有亲戚的另当别论。

后来流行起茶叶蛋，老头也支口锅捎着卖。蛋小贵，不可常享，豆干很亲民，常买来垫饥或解馋。

大人们不以为然，说："自己家里也能做。"

那时候的观念大体如此，仿佛市场上只该卖家里不能做的，而家里能做的只算材料的成本比市场价格低，便觉得不平。

由此，大人们对老头的反感又多了一层。

其实，家里终年也做不了几次茶叶蛋或卤豆干，更不计算劳动力的成本和卖不出去的风险。

1988 年,"脑体倒挂"这个词悄然流行,茶叶蛋成了靶子。据说"搞导弹的不如卖茶叶蛋的",舆论极为不平。其中有个至今未解的谜团,为什么国营店从来不卖茶叶蛋呢? 它们也有蛋和茶叶。

我还是少年,搞导弹的一个也不认识,卖茶叶蛋的也只认识老头一个,无从比较。只是他在我家这片属于最寒酸的人了,哪个"有单位"的不比他神气呢?

我总怀疑,不是卖茶叶蛋的人有多牛,只是"没单位"的人更易于成为被羞辱的靶子罢了。

茶叶蛋与导弹之争和老头无关,因为他死掉了。在街市上和我的心里都留下了一个空位。我从未想过要买个导弹,但是买不到茶叶蛋和豆干的痛苦很现实。

1988 年,马云老师刚毕业,在西湖边上办了个英语角——茶叶蛋的英文该怎么说? "Tea egg?"姑且如此吧。

"Tea egg"是个惹事精,2013 年时还有一个台湾同胞在综艺节目说"大陆人吃不起茶叶蛋"引发了对岸网民的狂怼。我检索了一遍记忆,吃不起是没有的,算着吃是有的,而且不算很遥远。

20 世纪 90 年代,身边忽然出现了不少生意人

20 世纪 90 年代,曾经鄙视卖茶叶蛋的人纷纷下海,"脑体倒挂"这样深奥的词也进了故纸堆。

从高中开始一直到大学时代,身边不少人忽然成为生意人。最让我诧异的是我的大舅——他的故事非常有趣,至今还是家人聚会的谈资。

大舅是长兄,母亲是小妹,年龄差距很大。所以,我自从有记忆开始,就觉得他是个老头。而他成为生意人时,已经退休。

大舅虽然显老,但是长得很体面,气派非常。1993 年,《我爱我家》正在热播。家人、邻居公认,他比文兴宇老爷子更像老干部。我觉得,

大舅胜在常戴大黑框眼镜,比文老爷子更显智性与威仪。

有这样的好皮囊,精神上的追求也不一般。大舅是家人里唯一的《新闻联播》粉丝,案头上还放着很多报纸和杂志,都是《人民日报》《解放日报》之类的官方报刊,只是我从未见他读过。

父亲说大舅从来如此。当年父亲和母亲约会时,舅舅一本正经地来视察准妹夫,特意带了一本《红旗》杂志嘱咐父亲要认真学习。"我还以为他是党员",父亲如是说,我倒是吃了一惊,因为我也才知道他不是。

爱看武侠小说的父亲和《新闻联播》粉丝的舅舅显然谈不到一起,不过长兄如父的尊重还是有的。可是,舅舅几乎在一夜之间成为生意人,家人都很诧异。尤其是我的父亲,极为反感。

很多年后,我才搞清楚,舅舅的生意活动始于饭局。人长得体面,又有《新闻联播》的功底,经常帮人到酒桌上充门面,遂下海。

至于他从事过多少生意,家人们至今拼凑不出全貌,只知道钢材、水泥、煤炭、五金、机械都涉及过,反正那个时代样样都缺,都可以做生意。

父亲的结论是:他就是个"倒爷"。

父亲是个本分的技术工人,技术精湛受人尊敬,对做生意这种事从来都不感兴趣。但也谈不上反感,他有个徒弟承包了乡镇企业,父亲一直夸他"很能干,可以做个好老板"。

但是,他对大舅的倒爷生意嗤之以鼻,"老板那么好做吗?"按照父亲的判断,大舅绝无做生意的资质,既不够精明,又没啥文化——父亲说舅舅案头那些高级刊物只是摆设,我想这也是实情。

很不幸,父亲的判断是对的。大舅奔波了几年,劳而无功,反而做出了病,从此一病不起,迁延多年后去世,算是看到了千禧年的曙光。

"老板那么好做吗?"对我影响颇深。多年以来,我最佩服父亲的是他常识感饱满的同理心。

千禧年，"倒爷"退场，老板上台

"倒爷"的时代和我大舅的生命一起结束。2000 年中国最传奇的"倒爷"牟其中再次入狱，可算是标志性事件。

牟其中最著名的事迹是 20 世纪 90 年代初的"罐头换飞机"，硬是用几百车皮的轻工业品换回了四架苏联客机。其中有一万件狗皮大衣，据说豫、皖、鲁三省的中华田园犬一度绝迹。可惜当时没有爱狗人士和他死磕。不要责怪当时的百姓觉悟不高，人刚吃饱时还顾不了那么多，"狗命贵"的伟大理念只有在人吃饱甚至吃太饱时才能体现。

火尽薪传，"倒爷"的退场并不是谢幕散场，而是把舞台留给了后人，其中也有了我的同辈。

一个儿时同窗没读大学，在我们的视野里消失很久之后，成了一个传奇人物。据说他是和家人一起办厂，去了"乡下"地方——按照老上海的观念，中国范围内除了北京，其他地方一概属于"乡下"。

而"乡下"，是另一个世界。老同学的聚会，"另一个世界"的他常年缺席，别人也不大惦记。

当他再次频繁出现时，却成了话题。最早买房、最早买车，确实比我们富裕。回归同学聚会后，他埋单最为积极。我想，他是怕自己没读大学被其他人看不起吧。

我和他关系本来就不错，也愿意听听"老板"的故事，就成了他倾诉的对象。他曾私下里告诉我，生意如何难做：

市区的大宅一年住不了几天，大部分时间一大家子人都扑在"乡下"的工厂里了。车有两辆，一辆是普桑，平时开。另一辆是奥迪，撑场面时用——"免得被人家看不起"。

"被人看不起"是他心头最大的阴影，这也不是平白的担忧，同学圈里确实不大看得起他。他本来不是成绩最好的，更不是最聪明、最帅的。他连生意也做得不高级，头发上沾灰、指甲里有泥的制造业，比不得金融、高科技等行业光鲜亮丽，备受敬仰。

我常常想,大舅在这个"颜值即正义"的时代也许会是成功的金融人士,至少在股市里不会比别人更失败。

而那位"老板"同学没有好皮囊、没有高学历,从事的还是低端制造业,还要笨拙地穿着名牌套装、抢着埋单,当然会招来一些反感。

有一次,他在酒桌上兴奋地说,"我家工厂现在是亚洲产量第一了",额头冒着汗,眼睛里放着光,回应却是一片冷场。

我知道他走到这步不容易——他家的大房子已经进出银行好几次了,总算攒下了两条流水线。可惜的是,这不是适合酒桌上的话题。男人谈国内外大事,女人聊育娃经验,才是正经。

一家"亚洲第一"消失了,一个家庭解脱了

"亚洲第一"的兴奋并没有支持太久,2008 年的金融危机来了。

办企业这种事,没有人托底。好年景,一家人赚个几百万元的风光惹人妒忌,倒霉年份赔钱只有自认倒霉——别人连知道的兴趣也没有,更谈不上同情了。

有一次他喝醉了,一边哭一边说:"再也不要骂我们血汗工厂了,要不是为了几百号工人,我们早就关门了。"我有些诧异,本以为他会吐槽经济形势的压力,没想到他最不平的还是血汗工厂"被人看不起"。

那时候的社会舆论真的很奇怪,一面以中国成为"世界大工厂"而自豪,另一面却是对"血汗工厂"的严厉讨伐。

我从来就对道貌岸然的舆论高调保持警惕——人心中最幽暗的是:慷他人之慨时最大方,让别人负责时最正义,给自己贴金时最直率。

这就是中国民营企业生存的真实环境,它们没有"单位",谁都可以无成本、无风险地加诸恶意。

接近岁末,我们又聚了一次。他意外地轻松愉快,原来是工厂要拆迁了,他说再也不用担心通不过的环评、抓不完的消防安全,"发足

遣散费、赎回抵押在银行的房子,带着一家人出国转转",他如此憧憬着。

一家"亚洲第一"消失了,一个家庭解脱了,这是喜剧结局吗?

（作者　关不羽）

这份榜单前十名都是中国企业，
但愤怒伤心没用……

2019 年，一则中国制造商包揽德国"金鼻子剽窃奖"前十名的消息引发关注。中国产品设计是否"山寨"外国设计再次成为网友热议的话题。

2019 年 2 月 15 日，活动组织方德国"反剽窃协会"（Aktion Plagiarius）新闻发言人克里斯汀女士（Christine Lacroix）向媒体记者介绍，这份获奖名单由专家评委会确定，其中也包含大量欧洲经销商。奖项旨在谴责仿冒者肆无忌惮的商业行为。但她同时表示，尽管奖项曾经对一些商家起到威慑作用，但其实并无法律效力。

针对多家中国企业上榜被质疑，克里斯汀表示，协会此前曾向全世界 400 余家公司颁过该奖，其中涉及很多国家的企业。"在今年（2019 年）的获奖名单中，也有大量售卖仿制品的欧洲国家被提及。"

历史悠久的反剽窃奖

所谓"金鼻子剽窃奖"，是由德国反剽窃协会每年为仿冒产品制造商和经销商颁发的奖项，这一奖项最初是德国设计师里多·布瑟在发现自己的设计被仿制后于 1977 年创立的。迄今为止，这个奖项已经颁发了 40 多年，可谓历史悠久。

虽曰"奖"，但如每一个人所见，这个奖项其实更像是一种对山寨产品的"示众"。其属性，大概就如美国专评烂片的"金酸莓奖"，专事嘲讽与喝倒彩。

中国企业包揽奖项前十，终归是不光彩，应该知耻而后勇。

不过，克里斯汀女士也坦言，德国"剽窃奖"前十均为中国企业，并非有意为之，获奖者中也有很多外国企业。所以对待这一结果，国人也不必往国别歧视上联想。

事实上，中国企业占据奖项前十，从概率论上也能找到解释。

众所周知，中国在 2010 年就已经成为世界第一制造业大国，制造业产值不仅超过美国，而且几乎等于排在后面的美、日、德三国之和，从这个规模与体量上看，中国出现山寨产品的概率也更大。

这也并不是为中国的山寨企业辩护，只是说，若基于理论推演，中国企业高频上榜"金鼻子剽窃奖"，并不意外。

不堪回首的"山寨"之路

自工业社会以来，仿制与山寨就一直是困扰企业知识产权的一大难题。中国眼下正处于从制造业大国向制造业强国的过渡中，一些企业还在模仿与借鉴中前进，知识产权的理念也并未完全深入人心。所以，现阶段的山寨现象，从工业化的历史进程来说，似乎是难以避免的尴尬。

世界上那些制造业强国走到今天，也都有一段"不堪回首"的山寨之路。排在第一位的就是"金鼻子剽窃奖"的出品国——德国。

1871 年，德国统一，百废待兴，最重要一端就是实现工业化的起飞。这一时期，德国主要靠模仿英、法、美等国的产品推进工业化，并依靠廉价销售冲击市场。也因此，其被扣上偷窃设计、复制产品、伪造制造厂商标志的帽子。

1887 年英国还通过了侮辱性的商标法条款，规定所有从德国进口的产品都须注明"Made in Germany"（德国制造），用以区分"英国制造"。背着"剽窃者"的骂名，德国直到 19 世纪末，才走出山寨与抄袭的阴影。

同一个世界，同一段"黑历史"。只不过，德国处于"完成时"，而中国正在"进行时"。

当今世界上最发达的工业化国家——美国,也走过一段抄袭的历程。

立国之初,美国政府派人去英国学习技术,但英国的实验室却拒绝了美国的企业家与工程师,因为他们被认为"动机不纯"。而美国的"工业化之父"斯莱特,原本是一名从曼彻斯特移民到美国麻省的英国人,他帮美国人建立了工业化基础,却被英国人称为"叛徒"。

至于亚洲工业强国日本,只要联想到其"脱亚入欧""以欧为师"的立国理念,大抵就可以猜到,一部日本的工业化历史,就是一部山寨史。

有人送给日本人一个评价:山寨一切能山寨的好东西。甚至有传闻称,日本为了能在其山寨产品上打上"Made in USA"的标识,还专门设立了一个名叫"USA"的小镇,仿佛有了这个镇,日本企业家山寨起来就可以心安理得了。

一部世界工业化史,几乎就是一部山寨与模仿的历史。没有哪个国家可以逃脱这个规律。由模仿到创新竟至于颠覆,大概就是一个国家工业化进程的必经之路。

新电商崛起将加速淘汰山寨货

但要强调的是,虽说多数工业化强国经历过山寨的阶段,但这并不能成为中国安于抄袭与山寨的理由。尽管由山寨而创新,需要一个历史过程,但我们仍然希望,中国的这个过渡过程能够快些、再快些。

"金鼻子剽窃奖"前十被中国企业包揽,照鉴了中国山寨产品过多的不争事实。这并不光彩,应该成为中国企业自主创新、破局山寨的动力。但也要看到,随着中国科研水平与自主创新能力的提高,中国技术进步和产业升级已是历史大趋势。

所以,中国不应排斥"金鼻子剽窃奖"这样的"泼冷水",但世界也不妨给"中国制造"一点宽容、一点时间。特别是,中国目前迎来了成批孕育品牌的关键节点。而近些年来在中国崛起的新电商平台，实则更有利于知识产权的保护，也更有助于品牌的扶持。

一方面，相较于传统商业时代，电商平台重塑了人、货、场三大要素，既可以通过压缩交易环节帮商家节约成本，租金、装修等实体成本的省却，也为商家降价带来空间，最大限度让利消费者。与之对比，同价不同质的山寨产品就此失去价格优势，最终达成良币驱逐劣币的效应。

相比于传统电商，新电商拼多多的"中间革命"更为彻底：通过社交拼团模式，消费者以更低价格购买到合意商品，配以便捷低廉的物流，实现品质购物。

全方位的"中间革命"，让物美价廉在电商平台上成为可能。消费者有了更好的选择，山寨产品自然会逐渐被淘汰。

另一方面，电商企业内置强大的技术基因，其利用大数据技术可以对山寨产品的产、供、销进行全流程追溯与打击；平台也可以与监管部门分享大数据资源，提高对山寨产品的甄别锁定能力，共享共治。如此眉目清晰的打假机制，势必会形成一股压力，倒逼企业规范生产，走出灰色地带。

所以在电商时代，"中国制造"将加速淘汰山寨，走出更多自主创新之路，而不是像有些人所认为的，电商成了假冒伪劣的集聚地。

这也启示，在企业知识产权愈来愈受重视的互联网时代，满足于山寨的蝇头小利而无心于自主创新的企业，没有未来。

（作者　成舍我）

榨菜销量暴增，衣服销量剧降，但这不是消费降级

　　人们爱用衣食住行四个字来形容中国人的日常消费，这个成语里"衣"甚至排在了"食"的前面，虽然有押韵上口的原因，但无论如何，老百姓的生活，穿衣是基本需求。所以，从穿衣之一斑可窥经济之全豹。这几年，中国服装和布的销量均有明显下降，全国重点大型零售企业服装零售量也遭遇下滑趋势。中国人真的不像从前那样爱买衣服了吗？

　　这让人联想到最近的一些其他现象——市场上二锅头、榨菜、方便面成为热销品的现象。相关数据显示，2018年"牛栏山"销量43万吨，其中主打低价品类的二锅头销量依然保持快速上涨。除了二锅头，涪陵榨菜销量增长，公司业绩大涨，备受关注。此外，方便面的销量也出现了五年来的首次增长。

　　那么，榨菜和方便面的畅销，衣服数量的下降，意味着消费降级吗？

01

　　首先，中国人买的衣服少了，这个事是明确的，有几方数据相互印证。

　　根据国家统计局数据显示，自2017年第四季度起，服装和布的销售量同比均有不同程度下跌。其中服装销售量2018年是540.6亿件，相较2017年的719.1亿件下降了24.8%。

来自中国商业联合会和中华全国商业信息中心发布的中国市场商品销售统计结果也显示，2018年，全国重点大型零售企业服装零售量累计下降4.2%，增速较2017年放缓8.4个百分点。主要品类中，除运动服零售量实现同比正增长外，其他品类服装零售量均不及上年同期。

不过，在购衣数量下降的同时，中国人买衣服的钱却多了。数据显示，2018年，限额以上服装类商品零售额实现9 870.4亿元，累计增长8.5%，增速较2017年提高0.5个百分点，限额以上服装零售延续了2017年以来的增速加快趋势。2018年全国重点大型零售企业服装类商品零售额同比增长0.99%。

收入增加了，用在买衣服的钱也变多了，但买衣服的数量却少了，这必然就是中国人买衣服的单价贵了。行业数据也印证了这个结果，2018年，男装销售单价上涨4.6%，涨幅较2017年加快2.4个百分点；女装销售单价上涨7.1%，涨幅较2017年提高7.7个百分点；童装销售单价上涨10.5%，涨幅较2017年回落2.1个百分点。

02

那么，衣服的价格为何会上涨呢？成本推动当然是一个原因，但或许并不是最重要的原因。因为价格仅仅上升4至7个百分点，衣服的销量下降了四分之一，即便衣服的需求弹性很大，价格因素也很难解释全部变化。

一定还有其他原因。

现在的服装消费都讲究时尚、个性，很难再出往常那种动辄几万件、几十万件的"爆款"服装，这个趋势影响到服装企业，就使得其生产模式由"大而全"变成"小而精"。小而精，即便在现代信息技术的帮助下，可以精确地调配资源，但终究缺乏规模效应，价格就会上升，当然，消费者的支付意愿也上升了，贵精不贵多。显然，这不是消费降级，而是消费升级。

中国人购衣的其他数据能进一步佐证这种消费升级的趋势。中国人买衣服的消费还有一个变化是，在整体消费支出中，人们用于服装消费的比例更低了。

国家统计局数据显示，2018 年，全国居民人均衣着消费支出为 1 289 元，同比增长 4.1%，增速较上年同期加快 1.2 个百分点。而同期居民人均消费支出实际增长 6.2%，生活用品及服务、交通通信、教育文化娱乐、医疗保健类支出增速更是明显高于衣着消费支出。2018 年，全国居民人均衣着支出在消费支出中的比重为 6.5%，较上年下降 0.3 个百分点。

总结一下：中国人的钱更多了，买衣服的钱也随之上升，但买衣服的件数少了，每件衣服的单价贵了。与此同时，中国人买衣服的钱占总体收入的比例变小了，也就是说，新增的收入，花在衣服上的更少了。

03

那么，钱用到哪里去了呢？ 一个很明显的趋势是，中国人的文化服务消费迅速增加了。2018 年上半年全国居民人均体育健身活动、旅馆住宿支出分别增长了 39.3% 和 37.8%。这个增速非常快。

前面提到的中国商业联合会和中华全国商业信息中心的数据也显示了，除运动服零售量实现同比正增长外，其他品类服装零售量均不及上年同期。运动服如户外冲锋衣、球服等的增加，意味着整个运动开支的增加，运动开支还包括场地、器械、设备等，衣服仅仅占运动开支的一小部分。

而且，中国社会出现了一些新的消费选项。2017 年中国直播行业市场规模达到 250.95 亿元，同比增长 59.3%；随着移动直播的全面普及，娱乐的消费升级，预计 2018 年中国直播行业市场规模达到 363.3 亿元，增长率为 44.8%。

这些现象都是符合经济发展的规律的。

服装一直是中国人显示自身品位与经济地位的一种商品，所以，中国人会在服饰上花很多钱，以相互攀比。随着经济发展，人们的钱更多了，一些更有兴趣的消费就进入了人们的视野。随着这种消费越来越多，在从众效应之下，人们用来"定位自身身份的选项"也更丰富了。

新浪"爱问"里有这样一个提问："不是说老外的工资都有几千美元吗？为什么我在家乐福里经常能看到老外在里面买衣服，超市里的衣服可都是垃圾牌子啊，他们这么有钱应该去专卖店买品牌啊？真奇怪！"

这恰好就是经济发展不同阶段的现象。

这就像在欧洲，人们更多选择小型的轿车，两厢汽车多过三厢大型轿车，这并不意味着欧洲比中国更穷，反而体现出经济发展到达一个阶段后，人们需求结构发生的变化。虽然他们也有奢侈品以及更贵的产品要追求，但汽车已经不是这个需求的主要承载主体了。而在中国，汽车就正在成为这样一个选择。比如在农村，春节返乡，穿什么衣服不再重要，重要的是是否开一辆车。而有了开车支出，原本过年买一套"好衣服"的钱就减少了，转而投向了汽车消费。

再比如，如今每逢长假都是朋友圈摄影大赛，这些各地景区，甚至各国景区的照片，背后都需要消费支撑。这些朋友圈晒出来的幸福，并不突兀，但如果谁晒一张买了一件3000块的衣服，恐怕感觉就不一样了。

当衣服不再是"定位品"之后，一切新的商业模式也出现了。人们不但对穿衣的选择变多了，而且，渠道也变多了，特别在"如何得到那些是仅仅为了漂亮的、低频的衣物"上，有了更好的选择。从租衣 App、小程序到各类二手服装的线下门店的兴起，买新衣不再是唯一的选择。正如有人说：称心的衣服动辄几千元，特殊场合需要的衣服，平常穿的机会也不多，闲置下来浪费，租衣服务，品类繁多，价格也不贵。

显然，这些现象都反映了消费升级，以及伴随消费升级的社会观念的变迁。

（作者　刘远举）

中国企业需要"定心丸"，更需要企业家精神

2022年末，随着新冠疫情防控政策的变化，朝野上下鼓荡着"重启经济""拼经济"的声音。

2022年12月15日至16日召开的中央经济工作会议强调：2023年要"稳增长""推动经济运行整体好转""坚持发展是党执政兴国的第一要务""要坚持把高质量发展作为全面建设社会主义现代化国家的首要任务"。

之后，具有风向标意义的中央级媒体纷纷启动宣传，以央视为例，策划了"经济大省挑大梁"系列专题，聚焦广东、江苏、浙江、山东、河南、四川等经济大省的动作。

几乎同时，各地省委书记和省长们也齐齐出动，深入企业现场，调研座谈，给企业家们打气加油。

更引发舆论关注的是各地由政府牵头，企业为主题"组团出海"招商引资抢订单。早在2022年9月，广东就出现"出海抢单"的现象，临近11月，出海抢单的做法已经在东南沿海遍地开花，各省以县区为单位的"包机"行为十分普遍。

"拼经济"的背后，是中国经济正面临的严峻态势。2022年中国GDP增速甚至可能不足3%，远低于5.5%的预期，美国总统拜登曾放言"美国2022年经济增速可能超中国"。

2022年中央经济工作会议也坦承：

当前中国经济恢复的基础尚不牢固，需求收缩、供给冲击、预期转弱三重压力仍然较大，外部环境动荡不安，给中国经济带来的影响

加深。

2022 年岁末新冠疫情防控政策调整原因很多，但经济压力无疑是无法回避的动因之一。

北京大学国家发展研究院院长姚洋表示，5% 是 2023 年 GDP 增长的一个底线，如果 2023 年 GDP 达不到 5%，未来的经济增长会比较麻烦。

目前来看，中国经济的政策工具尚属充裕，在"技术上"有不小的闪转腾挪空间，但真正的问题并不是技术上的，市场信心正处于极度脆弱的状态中。

就此，中央经济工作会议三次强调"信心"："要坚定做好经济工作的信心""大力提振市场信心""提振发展信心"。

所谓市场信心，在中国当下的语境里，就是民营经济的信心，企业家的信心。

01

最近读了一篇吴敬琏教授的文章，他提出了一个很重要的观点：光给企业家吃"定心丸"是不够的。

吴敬琏在《中国经济改革进程》的再版序言中说：在讨伐资本、贬抑民营企业的氛围下，不少企业家焦虑迷惘、缺乏投资和创业的动力。为了恢复企业家的信心，给企业家吃"定心丸"和抚慰他们，会有一定的作用，但功效不一定很大。

吴敬琏认为，中国经济当前遇到的困难，除却某些带有偶然性的突发因素，加剧了问题的严重性，大量问题是"冰冻三尺，非一日之寒"。

无论是重启经济，还是恢复企业家的信心，最重要的还是迈开以市场化、法治化、国际化为主导的改革步子，"撤销政府机构对微观经济活动的过度干预，为各类市场主体提供能够自主经营的营商环境和非禁即入、保持公平竞争的政策环境"。

吴敬琏说的都是他一贯坚持的观点，本也说不上什么新意，但在这个特殊的历史时段，这些话却说到了点子上，所谓时也势也。

近几年，从中央到地方，对民营经济和民营企业家的定心丸不可谓不多，但社会上与政策上的歧视却反复回潮，以致出现必须反复"安抚民营企业人心"的奇特状态。

民营经济的重要性本是一个经济常识，比如最有辨识度的"五六七八九"：（民营经济）税收贡献超 50%，国民生产总值占比超 60%，技术创新和新产品研发占比超 70%，城镇就业超 80%，企业数量占比超 90%。

但每次给个"定心丸"，没多久就有新的杂音出现，所谓的"私营经济离场论"在各种包装下频频露头，此起彼伏，以致市场产生这样的误解：这些舆论反复出现，是不是被默许的。

一种更尴尬的状态是，如果将"定心丸"视作一种抗生素，那么，从未被犁庭扫穴的杂音已经对抗生素产生了"耐药性"。

最近，我还读了一篇很有见地的文章：《大家都是国有企业》。文章写道，天天讨论民营经济与民营企业的合理性与存在意义，其实是个挺无聊的事，"只要还天天讨论，就表明我们在这个事情上没有真正共识，没有把它当成一个普遍真理，一个基本常识"。

"大家都是国有企业，是中国所拥有的企业；大家也都是民营企业，是人民经营的，为人民服务的企业"，文章最后这段话深得我心。

何时舆论对民营经济和国有经济不再有"分别心"，各级政府不再需要反复拿出定心丸，不再需要数十年如一日地为民营经济的地位背书，才能说明民营经济的信心问题彻底得到了保障和解决。

在中国企业参与国际经济竞争的时候，其他国家并不特别关心你是民营企业还是国有企业，只要你是中国企业，是对他们本国企业的技术领先造成威胁的中国企业，他们都会防范及想方设法地进行竞争与遏制。

就国际经济竞争的角度而言，并不存在民营企业这个中国语境下的分类。这就好比，国外并不会因为华为不是国有企业，就对它网开一面；也不会因为中兴是国企，就对其特别施以制裁重手。

02

民营企业和国有企业，都是中国企业。

面对那些企图弱化民营经济合法性的杂音，当然需要舆论反击，"定心丸"当然也应该继续给，但从根本上而言，要化被动为主动，要逐步跳脱"民营经济地位问题"这个本没有任何争议，但为某些杂音所精心安排的"议题设置"。

我们需要回到更接近经济逻辑本质的的元话题：弱化国与民之争，强调作为一个整体的企业家群体，如何激发他们的敢闯敢干敢于冒险的原初精神，也就是所谓的"企业家精神"。

什么是企业家精神？张维迎教授在新书《重新理解企业家精神》中再次强调常识：推动经济发展，有远见、有闯劲、敢冒险、不服输的企业家扮演重要角色，中外没有区别。

这也呼应了管理学大师熊彼特和德鲁克一脉相承的常识："创新是判断企业家的唯一标准""企业家精神中最主要的是创新"。

在企业家精神的界定中，也没有对民企国企的特别分野。格力至少不算纯粹的民企，但没有人会认为董明珠不是企业家，董明珠身上没有企业家精神；2022 年 8 月退休的宁高宁，先后担任过 4 家央企的"一把手"，但也没有人会质疑他不具备企业家精神。

宁高宁 2020 年接受央视采访时曾专门谈到企业家精神的定义，"他要很有前瞻性，也要有创新性。不满足于现状，愿意去探索""企业家可以去创新，可以去组织资源，可以去把不可能变为可能，而且往往会超出你的预期"。

创新、冒险、探索，这些都是企业家精神的关键词，这没有中外之分，也没有国有民营之分。

相比民营企业的地位之争，当下更核心的问题是企业家精神在中国语境中,可能正发生一些未必正向的变化。

2022 年 12 月 26 日下午,我参加了一场由暨南大学传播与国家治理研究院主办的线上论坛:当代青年的就业与创业——共议如何激发企业家精神。

在论坛上,我看到一份由中国青少年研究中心发布的报告:《2022 青年创业认知与态度研究报告》。2022 年 9 月,中国青少年研究中心对北京、广东、河南、陕西、四川、辽宁六省市的近三千名在职青年和大学生,进行了就业偏好、创业意愿及对企业家和企业家精神的认知等方面的调研,然后有了这份报告。

报告提到了一些当前舆论已高度关注的问题,比如青年的创业意愿不高,汲汲于体制内工作,"超过八成青年缺乏创业行动,甚至缺乏创业想法"。

尽管公共舆论对这一趋势表示出了高度的关注与忧虑,但我个人倒觉得这不算什么大事,这更多是一个"经济周期"的问题:经济前景暧昧不明时,年轻人在择业时自然更偏重有确定性的"铁饭碗",这是极正常的社会现象,并且也不只是年轻人会这么想。

等到经济前景变得更具确定性时,这个问题会自然而然地发生改观。

但报告中的另一处内容却真正引发了论坛与会者的思虑:青年对企业家精神的理解有了一些耐人寻味的变化,诚信、爱国压倒了创新、冒险。

根据报告,中国青年认为爱国、诚信、创新是优秀企业家非常重要的品质,尤其是爱国与诚信更深受青年推崇,占比均近八成(79.0%),而创新则不到七成,冒险精神仅 12.4%;在对企业家精神界定中,青年认为"社会责任"最重要(87.3%),超过了创新创业(85.4%)。

我们知道,在一些舆论的鼓噪下,社会大众,特别是年轻人,这两年对民营经济与民营企业家的认知,正趋向片面和偏激。

对民营经济的偏见更多是被舆论引导和塑造的,这当然值得警醒。但是，一来这个问题正得到掌握主流舆论的政府的高度关注；二来谁是谁非也过于明显，只要大力纠偏，在短期内势必会有比较大的改观。

与此相比，中国社会，特别是青年对企业、企业家精神的理解偏差更值得引发关切，这是一个更隐蔽、更本质、更会对中国企业乃至中国经济的长期创新产生威胁的"社会偏见"。

对企业而言，家国情怀与社会责任固然重要，但这些似乎更像是"锦上添花"的时代要求，并非与企业本质紧密相关的要素。这些品质更像是每一个公民都应具备的道德要求，而不是一个界定"企业家精神"的特别标准。

这就好比，我们对一个公民的期待肯定包括善良这一点，但是我们会用这一点来特别要求科学家么？善良与科学家的定义有何本质联系呢？

可以看出，在对企业家精神的定义上，中国社会也暴露出严重缺乏"社会共识"的问题。

这一久经考验的常识值得反复叙述：企业乃至经济的本质是企业家精神，无论是国企，还是民企，丧失了企业家精神，就丧失了长期创新的可能性，长远来说一定会走向衰落。

这也是一个常识：如果一个国家的企业家大面积丧失了敢于冒险的精神，或者冒险不被鼓励，那么这个国家的经济在中长期也将丧失创新力与活力，陷入"中等收入陷阱"等各种经典意义上的经济困境。

03

2022 年，中央经济工作会议还说到一段话：支持平台企业在引领发展、创造就业、国际竞争中大显身手。

这段话虽然指向的是平台企业，但我们不妨将其作为国家层面对企业和企业家提出的更高要求。

"引领发展"包含了科技创新,"创造就业"承担了社会责任,"国际竞争"捍卫了国家利益。

国际经济竞争、科技竞争不仅不看你是国企还是民企,也不会追问你口头上爱不爱国,充沛的企业家精神,持续的创新能力才能支撑爱国的具体行动。

从某种程度上讲,改革开放就是一个持续用制度为企业家精神松绑的过程。

正如吴敬琏所说,中国经济当前遇到的困难,大量问题是"冰冻三尺,非一日之寒"。

房地产企业现金流出了问题,社会融资出了问题,出口出了问题,内需出了问题,中国经济有的是政策工具,有的是"治标"的办法,但治标只会短期有效,归根结底还是回到改革共识中来,用企业家精神来更长效地重启经济,不分国企与民企,以企业家精神作为评价一家优秀中国企业的标准。

所谓"引领发展、创造就业、在国际竞争中大显身手",也要回到重启企业家精神的语境中,将创新与冒险作为界定企业家精神的根本标准。

举个例子,裁定某家大企业是否垄断,不是看舆论与社交媒体上那些缺乏客观标准的众声喧哗,而是要回到"是否影响创新,是否影响全社会企业家精神的发挥"之上来。

仅仅因为某家企业创新搞得好,取得了优势的市场地位,就用民粹思维动辄给人戴上垄断的大帽子,这才是和"在国际竞争中大显身手"唱反调。

引领发展、创造就业、在国际竞争中大显身手,靠的不是国有企业或民营企业的分别心,也不是将社会价值和家国情怀作为口头上的政治正确,而是一大批洋溢着企业家精神和创新本能的中国企业。

正如中央经济工作会议在点到民营经济问题时的意见,"要从制度和法律上把对国企民企平等对待的要求落下来,从政策和舆论上鼓励支持民营经济和民营企业发展壮大"。

笔者在参加暨南大学传播与国家治理研究院的研讨会时,还听了一个研究 2000—2019 年中国城市营商环境的报告,分享人是中国人民大学经济系教授聂辉华。

聂教授通过大量数据分析得出,2002 年是中国营商环境的一个高峰,从企业家的反馈来看,加入 WTO 和鼓励企业家入党是最重要的两点。

加入 WTO 为企业做大蛋糕提供了机会,鼓励企业家入党则在制度上承认了民营企业家是先进生产力的代表。在今天,提供更大的竞争舞台,以法律捍卫企业家利益,依然是确保中国经济拥有长期信心的两个基本前提。

信心不是"定心丸",信心更不是经济刺激大水漫灌,信心是让事情回到它本来的样子。

(作者　张明扬)

第四章

教育

时代的不安

从理科生对文科生的优越感中，读出了这个时代的不安

2018 年的全国"两会"上，"着力解决中小学生课外负担重问题"，是备受关注的热点话题之一。

而在此前，随着顶级奥数赛事"华杯赛"以及形形色色的"杯赛"被紧急暂停，对陷入疯狂的课外培训的围剿乃至釜底抽薪的态势已然形成。

这使我油然想到，对大多数学生而言，他们在补习班上学到的各种解题套路，那些定律与公式，那些让他们气喘吁吁的各种竞赛试卷，全部意义往往就维系于某一次升学考试，而这些东西很多人也许终生在现实生活中都派不上用场。

而一个人在精神发育时期偶然与某一本书、某一篇文章乃至与某一段文字相遇并被其打动，可能一辈子都难以忘怀，这正是灵魂成长的奥秘。

01

我的一个朋友，从孩子升入高中起，就纠结于孩子将来究竟是该读文科还是理科。最近一次小聚，他似乎是下决心说，尽管孩子更喜欢文科，但从升学及将来的就业前景考虑，还是打算让孩子在分班时选报理科。

作为一个文科生，我当然理解他的选择。通常来说，文科生的可选专业及职业"钱"景均不如理科生，这是事实。

我当年读的是被称为职业万金油的中文系,至今还记得,有一次,我和学校文学社同仁延请《湖南文学》杂志社主编王以平先生来校做讲座,面对台下黑压压一片的听众,王以平先生说了一句:"我不是向你们泼冷水,学文的尤其是搞文学的往往要面对一条比较艰难的路,你们对此要做好充分准备,反正我的子女中没有从文的。"

王其时已届退休年龄,现在想来,这是一个饱经世事更替的长者的沧桑之叹,也是对青春年少的我们的一种善意提醒,尽管当时为文学而疯狂的我们根本就听不进去。

其实,钱锺书先生在小说《围城》里就以调侃的口吻提到过一条著名的高校学科鄙视链。他说,在大学里,理科生瞧不起文科生,外国语文学系瞧不起中国文学系,中国文学系瞧不起哲学系,哲学系瞧不起社会学系,社会学系瞧不起教育系,教育系的学生没有谁可以给他们瞧不起了,只能瞧不起本系的先生。

而今,在这样一个科技越来越深刻而全面地改变人们生存景况的时代,文科生更是受到了理科生的全面碾压。

02

之前,一名据称是通信专业的大学教师在微博上开涮文科生,引起热议。其大致观点是,高中阶段很多人之所以选择文科,并不是因为兴趣,而是因为理科整不明白,所以高中文理分科就完成了一次智力筛选;文科生大学毕业即失业,理科生再差也可以找个拉线布网之类的活干;文科完全可以自学,但理科不可能……

一种身为理科生的优越感与自得感,几乎从每一个字眼里漫溢出来。

据我的了解,他的这种理科沙文主义论调,也是生活中许多人的观感,乃至是这个时代的集体无意识。这非常令人不安。

虽然不得不承认,他说的也是部分现实,比如文科可以无师自通,我的一个大学朋友就读数学系,他的诗比许多出身中文系的写得更好;而中文系的要弄懂装在他脑袋里那些复杂的数学定律与公式,恐怕难如登天——但,这又能证明什么呢?如果一些人的傲慢与偏见建立在这样的认知上,恰恰说明了这个社会人文教育的失败。

按照一些人肤浅的识见,将文科置于学科鄙视链的末端,一个重要的衡量标准就是经济收入,认为理科在这一领域全面压倒文科。但我要说,这也未必就是全部真相。

由复旦大学胡安宁教授和香港科技大学吴晓刚教授合作完成的一项研究指出,有钱人家的孩子更可能学文科,穷人家的孩子更可能学理工科。

胡安宁和吴晓刚两人通过分析由中国人民大学主持的"首都大学生成长调查"数据发现,家庭条件好的学生的文化资本更高,使得他们更倾向于在大学选文科专业。这一研究成果已经发表在 2017 年 12 月出版的《英国社会学杂志》上。

也有专业调查显示,尽管理科生毕业起薪比文科生要高,但若将时间拉长,文科生的收入增长更有后劲。

这并不奇怪,理科重在创新,而文科重在积累。

按照理科生的严谨做派,在这里还有必要引入单位时间收入比的计算方式。

比如,相对文科生而言,以程序员为代表的理科男收入确实风光,但这一行业的劳动强度也是众所周知,他们的实际收入其实被各种加班加点给摊薄了。

03

更重要的是,科技发展往往以加速度运行,知识新陈代谢的速度非常快,一个人如果不具备知识持续更新的能力,很容易被淘汰。而一些文科专业可能恰恰相反。

2017 年底,一名 42 岁的中兴工程师因被公司内部调整时通知下岗离职而跳楼,引起了朋友圈的巨大震动。有报道称,40 岁以上的工程师技术男,都非常担心失业下岗,因为公司往往愿意录用更年轻、学习能力更强的大学毕业生,他们失业后很难找到薪水相当的岗位,很多技术男不得不转行做销售。

我想起了女儿的钢琴老师。

其叔祖父是鲁迅的启蒙老师寿镜吾先生,其母为我国第一代钢琴家,退休前,她是一所大学的音乐系教授。如今70多岁了,她仍然能够根据自己喜好有选择地收取几个学生,轻松地赚取远高于退休金的授课费用,生活过得优雅而充实。

我举这个例子没有半点向理科生示威的意思,只是想说明,到底理科好还是文科好,其实是一个伪命题。一个人不管选择什么专业,关键是要修炼自己的不可替代性,用不断提升的专业能力来充当职业的"护城河"。

多年前,我做过一段时间文化记者,曾经电话越洋采访过旅美学者薛涌。他说,当一个大学生过于急迫地追逐实利时,就丧失了大学教育中最宝贵的东西:理想性。

"我经常对我的美国学生讲,你如果只为你的下一张工资单而操心,那么你可能一辈子都会为你的下一张工资单而操心。在风华正茂的时刻,一个人应该学会绕开自己生计方面的琐碎细节,关怀国家和人类的命运。"薛涌说。

这其实是在更高的视角下来看待文科教育的价值。

04

诚然,目力所及,科技在改变我们生活的一切,从移动互联网到马斯克的太空探索,无不见证了人类科技的伟大。但是,人类毕竟是一种有血有肉的高级物种,永远也不可能进化成一堆机器元器件,那些饱满的情感、深邃而复杂的思想,同样是人类文明的重要载体。那个对文科生冷嘲热讽的大学通信专业老师说诗词歌赋不具备生产力,我想问,如果没有诗词歌赋,没有人文精神的浸润,我们面对的将是一个怎样荒芜的世界？

事实上，科技与人文本身就是相辅相成、水乳交融，而不是彼此割裂的。

比如，你说写出《梦溪笔谈》的沈括，到底是一个理科生还是文科生？那些与科学包括数学相关的名著，如欧几里得的《几何原本》、伽利略的《星际信使》和笛卡尔的《谈谈方法》等，大都是从人文精神、人文阅读的角度去切入的，你说它们是科技著作还是人文著作？

这涉及一个关于加强通识教育的问题。

金庸小说里，一个人如果能打通任督二脉，便会成为绝世高手。在文理分科的现实背景下，一个人要获得正常心智，也需要打通文科与理科的"任督二脉"，即在专业教育之外，突破学科间的各自为战和人为藩篱，认识不同学科特有的理念与价值，关注人类与社会历久弥新的价值、意义、理念、文化传统与共性话题，而不是停留在文科与理科的智力比较层面。马云似乎曾经说过，不去尝试琴棋书画，保证30年后找不到工作。这话也许有点武断，但背后的逻辑是值得考量的。那就是，人工智能时代，机器将在越来越多领域与人类展开竞争，人类剩下的核心竞争力，也许就是人文思想，有没有思想，将是人类与机器人的最大差别——吊诡的是，智能机器展示的正是科技的力量，而这种科技力量正以这样的方式，向人文精神表达敬意。

但是，我知道，包括本文开头我那个朋友在内，很多人尚且看不到这一点。

（作者　李　跃）

我为什么怀念 20 世纪 80 年代的大学

有人说,我们这个社会是个消费社会,人们存在的意义就在于占有商品的符号价值而并不在乎具体的商品有什么用,所以,我们总是为消费而消费。

有人说我们这个社会是个景观社会,大家都在各种影像的生产和交易中获得价值和刷出自己的存在感,而整个世界也都因此变成了各种影像的堆积,这从微信朋友圈里每天层出不穷的自拍照就可看出一斑。

还有人说,我们生活的社会是个犹如全景敞视监狱那样的社会,因为不管是在大街上还是在电梯里,举目可见的像麻雀一样密集像独眼的猫头鹰一样专注的探头随时提醒我们,这个社会中的我们已经变得比照相机的镜头还要透明。

我觉得他们说的都对,可我很想再补充一句,我们现在所生活的社会,还是一个呵护过度的社会。

在这个社会里,每一个人都被过度地看顾,过度地保护,因而在失去自我的同时,也失去了犯错误的权利。这使得我们每一个人都变得弱不禁风,变得幼稚、软弱,变得奴性,甚至卑琐。

这背后的原因值得让人深思。

01

前一阵子,我所工作的大学的某个学院的老师发现有几个学生经常缺课,我本来以为只要找这些学生谈谈提醒一下就可以了。如果他们缺课是有合理的原因的,并且不违反学校规定就算了,如果是故意缺课并且违反了学校规定,那就按规定取消该生这门课的成绩。

大学生都是 20 岁左右的成年人了,他们应当且必须为自己的行为负责。

我一直觉得学生在大学里的学习,不仅是上课考试这么简单,遵守学校的学习纪律乃至违反纪律后承担由此造成的处分,也就是自由地犯错误和自由地纠正自己的错误,也是大学生活的一部分,因为这一过程本身也是一种学习,甚至是一种更重要的学习。

但没想到负责的老师们却如临大敌,又是找这几个学生苦口婆心地谈话,又是动员他们的家长连线学生直接训话,同时也来做任课老师的工作,希望能够给予旷课的学生宽宥以不使其没有成绩,等等,可谓呵护备至,不一而足。

但知道这个情况后,我却有点哭笑不得。一方面,我为本校的老师们对待学生的真心爱护感到钦佩;可另一方面,我觉得他们无意中也在某种程度上娇纵了这几个学生,让其得以堂而皇之地逃避自我应该担负的责任,并对自己的行为负责。

我觉得,现在的大学里普遍存在的这种对学生过于关心并且过于宽容的现象,在某种意义上其实是让学生"返老还童",把他们"幼稚化"了。

我记得,很久以前读过一篇关于清华大学陈岱孙先生在西南联大任教时的轶事。一次,有个学生因为考试不及格,托陈先生的一个朋友写了封信,然后拿着这封求情信去找陈先生,试图让陈先生放他一马,给个及格分。谁知陈先生看也不看一句话不说就把这封信当着学生的面撕掉了。那个学生从陈先生的这一举动中,也知道自己做错了事,不敢再纠缠,转身老老实实地离开了。

这其实也不是什么神话,即使在 20 世纪 80 年代,我们读大学的那个时代,学生考试该不及格就不及格,该留级就留级,甚至该退学就退学。好像没有哪个学生不及格了,自己还敢去找老师理论,并且还有老师去为其代言，以让其通过的。

02

现在，经常有学生以出国或工作为由，来向老师索取更高的分数，我自己就不止一次收到这样的信息，每次我都感到很惊讶，难道你出国不是更应该好好学习吗？而且，你考试成绩不好的责任为什么要老师来承担而不是自己承担呢？

这也许是很多人怀念 20 世纪 80 年代的大学的原因，尽管那时候的大学没有宏伟的教学楼和图书馆，也没有舒适的宿舍，更没有这么多对学生关怀备至的老师，可那个时候的大学是把大学生当成大学生来看待的。学生在学业上出了问题，只要不是根本性的要死要活的问题，都是由学生自己独立承担的。

那时绝大多数同学家里没有电话，更没有微信，所以老师有什么事也不会去找家长；现在的大学，却把大学生当成了小学生，大学老师也动不动像对待小学生那样一有事就去找家长"告状"，很多家长也把大学当成一所呵护自己子女的幼儿园，却忘记了自己的孩子早该"断奶"了。

大学生们因此也真的变成了小学生，甚至变成了幼儿园里动辄流鼻涕拉大便都要哭着喊着让老师来给自己擤鼻子擦屁股的小孩。这也是让我感到多少有点不可思议的一件事。

对于大学的教育，我很喜欢胡适在哥伦比亚大学的老师杜威先生的教育思想。

1919 年，胡适在《实验主义》这篇文章里介绍了这位"教师的教师"对于学校的观点，那就是：学校就是社会，学生在学校里学习的不仅是所谓的书本上的知识，更重要的是要开始学习生活的方方面面，因此，"简单说来，教育即是生活，并不是将来生活的预备"。

也就是说，一个人念大学不是为了将来谋生学个本领那么简单，从踏进大学的那一天起，他就已经开始"谋生"了。

03

当然,大学只是社会的缩影而已,我们现在的社会也同样处于这种过度呵护的状态。我们的社会就是一个呵护过度的社会,只要稍微有点风吹草动就紧张不已,唯恐有什么变化和动静。而且如今这种情况愈演愈烈,整个社会好像总是处在一种让人精神紧张的状态之中。

法国思想家卢梭在《忏悔录》里曾经讲过自己的一个真实的段子。他有阵子因为生了个小病,对医学产生了兴趣,就开始狂读医书。可是他看着看着,逐渐开始怀疑乃至相信自己也得了医书上所描述的那些五花八门的疾病:

> 我每读到一种疾病时,就认为这里说的正是我的病。我深信,即使我本来没有什么病,研究了这门不幸的学问,我也会成为一个病人的。由于我在每一种病症中都发现和我的病相同的症状,我就认为自己什么病都有。除此以外,我又得了一种我原以为自己没有的更为严重的病,那就是:治病癖。

我觉得,从卢梭的这段话里可以找到我们当下的社会和大学的问题所在,那就是得了"治病癖"。其实学生也好,社会也好,本来是没有那么多病的,即使真的有什么小病,大多是不治疗也可以痊愈的小病,哪怕就是大病,也没什么大不了的,治疗一下就可以了。

可是,现在我们的大学也好,老师也好,社会有关的管理部门也好,就像卢梭所说的那样,因为有点小病看了太多的医书而不知不觉得了"治病癖"。大家总是疑神疑鬼不说,本来没病的,可能会因为追求治疗而臆想出疾病,甚至真的产生疾病去治疗,以满足自己的"治病癖"。

这就像卢梭一样,他甚至怀疑自己的病的根源是心上长了一个肉瘤。最后,冷静下来后,他自己也对此感到荒诞不已。

所以,我认为,这其中的关键并不在于大学生和社会,而在于我们的大学和社会的机制与文化得了卢梭说的"治病癖"。而我们的大学也好,社会也好,将来很有可能不是败坏于可能的疾病,倒是十有八九可能受损于过度治疗甚至是没病找病式的治疗,也就是卢梭所说的"治病癖"。

其实,之所以大学和社会会发展到这一步,问题还是我们的文化和社会机制不相信人有自己抵抗疾病的能力和权利所致。我总觉得,一个人应该有生病的自由和生病后治疗的自由,甚至有不治疗的自由,真不需要防患于未然式的治疗,更不需要卢梭讲的"治病癖"式的治疗。

04

一个人的健康成长,实际上是离不开疾病的,但不能因为怕得病就不让人生病,或者为了满足自己的"治病癖"就让健康的人胡乱吃药。因为人不得病没有抵抗力,反而更容易得更大的病,以致很有可能有病时一命呜呼。胡乱给人吃药,更是可能把没病的人"治死"。

鲁迅 1925 年在自己的随笔《看镜有感》里谈道,中国的文化在汉唐时代因为心胸开阔,魄力雄健,非常"闳放"。所以,高度自信,是勇于吸收和接纳国外的文化的,比如铜镜上的装饰花纹就有很多就直接采自海外的动植物,如汉代装饰有洋马和蒲陶(葡萄)的"海马葡萄镜"等。可到了宋以后,因为国力衰颓,开始谨小慎微,怯于吸收海外及异族的文化,铜镜上各种"藻饰"就少多了。

因此,他特别谈到不同时代的人对于外来文化的态度,像汉唐那样国家强悍时对外来的东西是"自由驱使,绝不介怀"的,可是当国家沦落比如像宋以后那样没有自信的时候,就有点病态了:

> 一到衰弊陵夷之际,神经可就衰弱过敏了,每遇外国东西,便觉得仿佛彼来俘我一样,推拒,惶恐,退缩,逃避,抖成一团,又必想一篇道理来掩饰,而国粹遂成为屏王和屏奴的宝贝。

他更是把这种对于外来文化的态度比作人对于食物的态度:

无论从哪里来的,只要是食物,壮健者大抵就无需思索,承认是吃的东西。惟有衰病的,却总常想到害胃,伤身,特有许多禁条,许多避忌;还有一大套比较利害而终于不得要领的理由,例如吃固无妨,而不吃尤稳,食之或当有益,然究以不吃为宜云云之类。但这一类人物总要日见其衰弱的,因为他终日战战兢兢,自己先已失了活气了。

　　我想,国家如此,文化如此,学生也如此。反过来,学生如此,文化如此,国家也会如此。而显然,一个人也好,一种文化也好,一个国家也好,没有一个好胃口,没有一个开放的好胃口,没有真正的自信,是不可能有真正的活力的。

（作者　张　生）

别不信，全球都在禁止中小学生用手机，硅谷大佬带头干

历史经验远远不够了

每一代家长，都对每一代的小孩子忧心忡忡：20世纪70年代的家长，担心孩子看黄色手抄本；80年代的家长，担心孩子看武侠小说；90年代的家长，担心孩子进游戏厅；新世纪初的家长，担心孩子上网；现在的家长，担心孩子玩手机。

回过头看，上述担忧似乎显得多余。20世纪70年代的那些孩子，并不见得流氓更多；80年代的那些武侠小说，有的后来成了殿堂级经典；90年代的孩子，并没有因为玩游戏发生普遍的不务正业；新世纪初在电脑上废寝忘食的年轻人，聪明才智正在迸发。

但是，这不能从逻辑上推出，现在正在玩手机的孩子，不会也像前面的几代人一样，幸免于新潮流的伤害。

正如我在不同场合反复说过的那样，今天的手机，不是10年前的那个手机，而是集10年前的PC、手提、移动电话、固定电话、导航仪、短信、QQ、MSN、照相机、摄录机、游戏机、报纸、杂志、图书馆、收音机、电视机、碟片、软硬盘、影碟机、影院、计算器、钱包、自动取款机、小卖铺、大卖场等于一身的智能终端。

前几代人沉迷的那些手抄本、武侠小说、游戏厅、上网之类，与现在的智能手机相比，"土得掉渣"都不足以形容它们的初级与低端。

自从智能手机出现以来，我们越来越不能把它与历代新潮流相比

附。手机,除了是功能越来越强大无边的智能终端,它的普及程度,此前历代新潮流——手抄本、武侠小说、游戏和 PC 上网均无法望其项背。

在中国,手机在成年人中基本达到人手一部。2018 年 9 月,中国社会科学院发布的《青少年蓝皮书》显示,超过 64%的小学生拥有自己的手机。中学生的手机拥有比例更高。试想,20 世纪八九十年代,何曾有过半数以上的小学生书包里有手抄本、武侠小说?

所以,采用历史上曾经有过的那些潮流并没有影响到孩子成长,来论证今天手机也将不会有什么影响,是一种不完全归纳,理由很不充分。

历史经验不足以论证当下的合理性。

手机是高深知识的敌人

2009 年,智能手机正式登陆中国大陆。

10 多年来,被智能手机摧毁、摧残或重塑的行业和产业有:零售业、传统媒体、固定电话、餐饮业、交通出行、票务、金融等。

历史上,从来没有一个巴掌大的工具能够在数年之间,如此强力地影响和颠覆着社会经济结构。更重要的是,它是如此简单易学,如此傻瓜型,甚至连未受过教育的人群都可以运用自如。

但是,具有如此强大功能的一个工具,现在却完全掌握在一个心智尚未发育完全,并没有完全民事行为能力和达到完全负刑事责任年龄的未成年人手里,这合适吗?

至少在如下六个方面,智能手机对未成年人的影响是负面的:

第一,由于内容足够丰富,大部分未成年人玩手机,有遏制不住的兴趣,这种兴趣,远远超过手抄本、武侠小说和游戏机。与前者相比,后者真是太小众了。

我并不否认有少部分未成年人有高度的自控能力,但不能因为有少部分人没有因为吸毒上瘾就认为所有人都可以去试一试。

第二，从手机使用者的初衷来看，绝大多数人拿起手机，只是为了休闲娱乐，消磨时间。未成年人的休息娱乐很重要，但为什么一定需要手机？

第三，从手机应用的开发者来说，一款产品的成败，主要甚至唯一的评价标准，就是驻留时间。驻留时间越长，表明该款应用越成功。

因此，为了吸引用户尽量多地使用，开发者想尽一切办法，从心理活动、使用习惯、时间安排等，能想到和不能想到的方面，透彻研究用户。

一句话，就是做到了比你自己还了解你自己。

第四，从知识学习的角度来说，书本知识与手机提供的零碎知识是两种完全不同类型的知识。

当代书本知识，是人类数千年以来逐渐形成的体系化的知识，在很大程度上是人类智慧的结晶。但书本知识的学习，往往是很艰苦的，某些部类的知识，甚至让人产生很无聊的感觉，因为它需要长时间的探索和领会，融会贯通，才能豁然开朗。

而手机所带来的知识，不仅零碎，而且轻快、浅表，以不给人增加额外负担为前提，甚至在很大程度上，它是反对书本知识的。

第五，即便使用手机来完成学习，但由于内容切换非常简便，所以，绝大多数的使用者，在手机上遇到学习难题后，往往缺乏进一步探究的动力，而是很快说服自己，转移去看轻松内容，不知不觉浪费大量时间。

据我的有限观察，只要是布置在手机或者 iPad 上的作业，使用者在完成作业之后，并不会放下 iPad，而是马上转移去看轻松的内容。

第六，系统的书本知识的学习，是有一定强制性的，譬如上课和作业的安排，考试制度等，但由于手机具有强大的社交功能，所以对未成年人来说，一旦用上手机，人在课堂，心在天涯的情况比比皆是，作业抄袭轻而易举，学习的强制性让位于远隔千山万水的精彩。

基于上述六点（甚至还不止），未成年人手机上瘾，远比历代新潮流引起的上瘾，要宽广、隐蔽。

毒贩不会鼓励自己的孩子吸毒，
硅谷精英们不会让自己的孩子沉迷手机

2018 年 10 月底，《纽约时报》刊登一篇文章：《"手机里的恶魔？"硅谷父母对电子产品说"不"》，文章提到：

——对一件东西愈了解往往就愈警惕。技术专家们知道手机的运作原理，所以许多人拿定主意，不让自己的孩子靠近手机。有一种谨慎的态度一直在发酵，如今这种态度变成了地区性共识：屏幕作为学习工具的好处被夸大了，上瘾和阻碍孩子发育的风险似乎很高。如今硅谷争论的是，接触手机到什么程度是合适的。

——曾在 Facebook 担任行政助理，如今在马克·扎克伯格（Mark Zuckerberg）的慈善机构"陈·扎克伯格行动"（Chan Zuckerberg Initiative）任职的阿西纳·查瓦里亚（Athena Chavarria）说："我深信我们的手机里有恶魔，并且这个恶魔正在对我们的孩子造成伤害。"

——对于在科技业长期担任领导人的人士来说，看着这些他们打造的工具对自己孩子的影响，感觉就像是对他们生活和工作的一种报应。

——苹果（Apple）CEO 蒂姆·库克（Tim Cook）2018 年早些时候表示，他不会让自己的侄子上社交网络。比尔·盖茨（Bill Gates）禁止他的孩子在十几岁之前用手机，而梅琳达·盖茨（Melinda Gates）曾写道，她希望他们可以再晚一些给孩子手机。史蒂夫·乔布斯（Steve Jobs）不会让自己年幼的孩子靠近 iPad。

——在硅谷工作的 Greylock Partners 公司风险投资人约翰·利利（John Lilly）表示，他试图帮助自己 13 岁的儿子理解，他受到了那些打造这些科技产品的人的操纵。利利曾是摩斯拉（Mozilla）的 CEO。

"我尽力告诉他，有人专门写代码，就是为了让你有这种感受——我在试图帮他理解这些东西是如何被打造出来的，这些东西其中的价值观，以及为了创出这种感觉，人们都做了什么。"利利说，"他的反应是，'我只想花 20 美元，拿到《堡垒之夜》(Fortnite)的皮肤'"。

——科技业还有一些人，不同意屏幕很危险的观点。32 岁的杰森·托夫(Jason Toff)曾运营视频平台 Vine，如今是谷歌的员工，他会让自己 3 岁的儿子玩 iPad。在他看来，iPad 和一本书没什么差别。这种观点在他的科技业同行那里不怎么受欢迎，以至于他觉得现在这是"一种不光彩的感觉"。他说，回想起自己小时候看了很多电视。"我觉得我最后也没什么问题。"托夫表示。

在全球计算机和互联网的研发中心，那些资深的互联网和手机巨头们想尽一切办法，让人们多用，最好是沉迷于手机。

但是在对待自己的子女使用手机时，他们暴露了自己的真实想法——贩毒的不吸毒，没有一个毒贩会鼓励自己的孩子吸毒，他们只会把毒品卖给别人家的孩子。

限制乃至禁止中小学生使用手机，
正在成为全球性的潮流

有鉴于此，不少国家已经出台法规，对未成年人使用手机作出限制，以下来自《人民日报》及新华社的报道称：

——意大利是欧洲第一个禁止学生上课时使用手机的国家，早在 2007 年就颁布了一道全国禁令，一旦发现学生在校违规使用手机，在劝说无效的情况下，校方可视情节轻重，对学生处以没收手机或取消期末考试资格等惩罚。

——希腊教育部 2018 年宣布，将禁止中小学生在校园内使用电话及其他电子设备，尤其是可以处理图形图像和声音的设备。

——英国教育标准局前首席执行官迈克尔·威尔肖表示，英国的"手机禁令"已推广到大多数中小学校。根据英国教育部的数据，目前英格兰地区已有 95% 的学校实行了类似禁令。

——比利时那慕尔市普罗维登斯中学负责人告诉《人民日报》记者，原则上学校不允许学生带手机进学校，但经常会有一些特殊情况，如学生在校突然生病需要给父母打电话，所以只要学生上课和考试期间保持关机状态，学校就不会过多干涉。

——法国国民议会 2018 年表决通过关于禁止学生在校园内使用手机的法案。按照新规，在校学生无论在课堂还是课外活动时均不得使用智能手机、平板电脑、智能手表等各种有上网功能的通信设备，除非是出于教学需要，或是在条例中明文规定可以使用的地点。法案适用于所有幼儿园、小学和初中，覆盖 3 岁至 15 岁的学生，并将于 2019 年 9 月开学时正式生效。

——澳大利亚新南威尔士州政府宣布，从 2019 年起，该州的公立小学将全面禁止学生在校园内使用手机，以减少对正常课堂秩序的干扰和网络欺凌。

在中国，一些地方的学校已经明确禁止学生使用手机：

——梨视频的报道称，2018 年年底，湖南湘潭市教育局发布"禁机令"，禁止全市中小学生在校内使用智能手机和个人平板电脑，用于通话的非智能手机和儿童手表经学生家长向学校申请并获得批准后，学生可以在中午和下午放学后开机使用。

——很多学校为了防止学生玩手机，而实行禁止学生带手机的规定，为此学生与老师斗智斗勇。2019 年 1 月初，在海南发生一起事故，一名初二学生为了给手机充电从教学楼摔下坠亡。同样是梨视频的报道称，江西萍乡一所中学为打造"零手机"校园，3 个月查获了学生 67 部手机。其中，有一名学生为逃避检查，用 iPhone 8 新机换了 3 台旧手机。

对未成年人使用手机的限制乃至禁止，正在成为全球性的潮流。

禁手机与禁烟、禁酒，难道有什么不同吗

对未成年人尤其是 15 岁以下青少年使用手机作出禁止性规定的另外两条反对意见，一是你无法禁止，就不必要禁止；二是此乃个人自由，他人无权干涉。

我认为,这两条理由都是站不住脚的。

法律法规的禁止性规定,首先传达的是一种价值观,譬如法律规定"不可杀人",首先传达的就是一种价值观。但所有法治国家,都在发生凶杀案,而我们并不能因为有了凶杀案,就认为我们应该取消"不可杀人"的条款。

同理,向未成年人销售酒类和烟草也是明令禁止的,但是青少年偷着抽烟喝酒的不在少数,我们也不能因此就取消这一法律条款。如果未成年人的身体无法承受烟和酒,那么他们的精神发育程度同样无法消受功能无比强大的手机。

至于说到个人自由,首先须知,自由意味着责任,不承担责任的自由,不是自由,是任性。

而显然,一个未成年人,是独自担负不起他们自己关于未来以及对他人的责任的,否则不存在监护人一说。

从这层意义上,禁止未成年人使用手机,更多是对监护人说的。

（作者　任大刚）

悲观的孩子越来越多,我们却茫然无知

2019 年 4 月 17 日,上海卢浦大桥上,一名 17 岁的男孩突然跑下车,然后翻越栏杆跳下高架桥,紧跟其后的男孩母亲没能抓住自己的孩子,捶地痛哭的场景令人感慨。全程不过几秒钟,一个年轻的生命消逝了,那个母亲的心伤透了。

孩子为什么会做出如此轻率的举动?

是因为母亲故意把车停在大桥上,然后下车斥责、嘲讽他,还是因为他犯了母亲和自己同时认为不可饶恕的错误? 是他的学习成绩太差,还是道德品质低劣? 是早恋问题,还是性别认同危机? 到目前为止,我还没有看到明确的答案。

但我可以确信的是,如果那个母亲知道后果,倒退回去,她一定不会斥责孩子,她也会试图想出更好的方式跟孩子沟通。当然,事情不可能存在如果。就像李宗仁说的,如果每个人都从 80 岁开始活起,那么 2/3 的人都会成为伟人。

事已至此,没有人可以改变了。

成功教育与失败教育

北京大学徐凯文教授曾透露过一个数据,中小学生自杀率排名最高的父母职业是中小学老师。这个数据与我平素的印象是相符合的,因为我看到的情况是:中小学老师的子女基本上待在自己的父母身边,即便不是父母教学的班级里,也一定是处在备受照顾的环境中。这种备受照顾,其实也可以理解为备受监视和备受期待。

中小学教师对自己孩子的教育会有一种天然的高要求，这不仅关乎孩子，也关乎自己的面子，以及自身教育方法的可信度。在这种情境中，孩子可以得到更好的条件，但也必须取得更好的成绩。可以说，这样的孩子接受的就是"成功教育"，他们不被允许失败，或者说失败会很容易被放大，继而带来极大的压力。

而在几天前，我和一个来自农村、后来考上大学，算是改变自己命运的朋友聊天。我对他说，你的父母生活在农村，能力一般，很难帮到你，这既是坏事，也是好事。坏事很明显，因为少了父母的帮助，事业、家庭上肯定要吃力不少；而好事在于，朋友可以非常自由地决定如何过自己的生活。

换句话来说，父母能力不足，对他的干涉能力有限，那么他可以很自然地进行生活里的各种尝试，并且从这些失败的尝试中获得各种教训和经验，也锤炼自己的意志和品格。

把失败不当一回事，有两种情况：一种是自我放弃的状态，无所谓成与败；另一种是能够看到成功不是一蹴而就的，并能从生活中的微型失败中不断总结。

后一种对待失败的态度，可以称为"失败教育"。

许多中小学老师对自己孩子的态度，也是一种只许成功、不许失败的说辞。在教育的过程中，这类父母善于树立一个成功的榜样或目标——他们总能找到优秀的榜样，然后让孩子向着这个很可能是唯一的榜样或目标前进。

在今天的一线城市中，孩子是最大的奢侈品，孩子的教育是一切中心的中心。在教育孩子的方法上，"成功教育"模式开始从中小学老师家庭蔓延向每一个普通家庭。父母对孩子提出更高期待，也对孩子生活的方方面面施加了干涉。在这个过程中，父母内心的"完美主义"倾向展露无遗。

悲观的孩子正变得越来越多

成功教育模式的泛滥令学区房越来越贵，也令海外留学变得稀松平常,更令中国课外辅导市场一年的规模就达到了8000亿元。但是,成功教育泛滥也制造了不少副产品,其中之一就是批量制造了越来越多性格悲观的孩子。

按照美国积极心理学创始人马丁·塞利格曼所说的,悲观的人容易陷入"习得性无助",而乐观的人容易摆脱"习得性无助"。悲观的人遇到挫折,很容易归咎于自己,认为失败是自己造成的,这是自己命中注定的;而乐观的人遇到挫折,虽然也会伤心,但是很快就会满血复活,重新出发,继续进行尝试。

而正如塞利格曼在《活出最乐观的自己》等书中所提到的,乐观其实是一种能力,它可以通过学习来获得。乐观并不完全是天生的,同时也受后天环境的影响,尤其是家庭和学校这两个孩子待得时间最长的场所。

这里重点说说家庭。尽管原生家庭并不能决定孩子的一切,包括孩子一生的成与败,但原生家庭对于孩子人格的塑造却非常重要。前面提到的教师子女自杀率排第一,颇有"一将功成万骨枯"的既视感。

一方面,教师子女可以得到更好的条件和更高的期待;但另一方面,重压之下,也会有更多孩子趋于悲观,将失败归咎于自己,而不是外在环境要求或者目标太高。

失败带来的不是宽慰,而是更大的压力,连续失败带来的是连续压力。最终,当父母说出"你就是一个没用的人"或类似意思的话时,你的人格就被定义了,你对失败的恐惧变得深入骨髓,抑郁情绪也就扑面而来。

在"悲观人格—抑郁症患者—自杀率较高"这样一个链条中,也许可以套用工程界的"海因里希法则"。该法则原指当一个企业有300起隐患或违章,非常可能要发生29起轻伤或故障,另外还有一起重伤、死亡事故。与之类似,每出现一个自杀的孩子,背后都有一群患上抑郁症的孩子;每出现一个患抑郁症的孩子,背后都有一群越来越悲观的孩子。

这些悲观的孩子,几乎可以肯定,都生活在一个充满创伤的家庭中。这里的创伤,既有物质贫穷带来的,更有父母与孩子沟通、交流方式所施加的。

曾担任《纽约时报》周刊编辑的保罗·图赫在《性格的力量》一书中就重点探讨了这一问题。图赫援引了康奈尔大学两位学者的研究结论,指出贫困并不会直接给孩子带来影响,但长期贫困会导致孩子的压力负荷越来越大,这种压力会导致孩子的记忆力发生衰退。

另外,对孩子造成悲观人格更大的因素,则是婴幼儿时期父母对孩子情绪的疏忽。举个例子,许多看起来非常关心孩子的家长,都属于孩子小的时候丢给保姆或长辈,等孩子长到青春期了,有独立自主意识了,又对孩子提出各种要求。

然而,越是幼小的孩子越需要父母悉心的陪伴,越是青春期的孩子,越希望脱离父母的控制。这是孩子成长的规律,但很多父母却反其道而行之。这种幼年时陪伴不足,青春期干涉过多的父母,最容易培养出悲观的孩子。

早期充分陪伴,后期大胆放手

神经科学家对孩子能否在幼年获得充分陪伴,以及由此产生的不同后果,做过许多实验。其中,最著名的可能要数加拿大麦吉尔大学神经科学家针对老鼠做的实验。

实验结果表明,鼠妈妈在鼠宝宝出生后 100 天里舔舐更多的一组,鼠宝宝长大后明显更勇敢,更适应环境。换句话来说,幼年得到充分陪伴的老鼠,它们的抗风险能力更强。

人类与老鼠当然不可能完全相同,但是从大量统计资料来看,例如酗酒之人有超过 7 成在童年时遭遇过重大创伤。而英国精神病学家约翰·鲍尔比在半个多世纪前提出的"依恋理论",也证明了母亲早期陪伴对孩子一生的重大影响。

"依恋理论"表明,母亲在婴幼儿时期陪伴孩子更多,将有助于孩子形成更强的安全感模式,而这样的安全感模式将有助于孩子形成更强的专注力,更稳定的情绪,以及更强的建立亲密关系的能力。这一理论已经得到越来多相关实验的验证,并获得主流学界的认可。

正如保罗·图赫在《性格的力量》中指出的,在孩子年幼的时候,别担心"宠坏"孩子,因为在那个时候(通常为 0—3 岁)孩子需要足够的爱,才能克服心中的恐惧,扫除内心的压力。父母的充分陪伴,父母对孩子的理解,其实是在"储备"孩子的自信。

而到了小学阶段,再到青春期之前,这段时间恰恰可以成为锻炼孩子勇气、乐观、坚毅等重要品格的黄金时期。在这一时期,父母要允许孩子失败,允许孩子尝试,因为"失败"其实是走向成功的捷径,这是让孩子获得成功经验的快捷方式。

那些必须按照父母意志来学习、生活的孩子,他们往往获得更好的条件,也承受更大的压力,并且看起来取得了更高的成就,成为人们口中的"别人家的孩子"。但是,这样的孩子缺乏逆境教育,他们最致命的弱点就是无法承受失败。一旦在未来遭遇突如其来的失败,遭遇亲人的指摘或身边人异样的目光,他们就可能激活悲观的阀门,从此一蹶不振。

在今天,关注教育、关注孩子的父母越来越多,但越来越多的父母都把成功教育奉为圭臬。但在追求成功的无形之中,父母释放了自己的完美主义倾向,孩子承受了不可承受的压力,悲观、抑郁的孩子越来越多,"脆弱""疯狂"的孩子不断增加。

很显然,指责这些孩子是不公平的,拷问这些父母也是不全面的。教育,这是一个包含了无数理论的实践领域,需要理论指导,也需要实践总结,唯独不能随波逐流。每个孩子都是不同的,每个家庭都不是完美的,但是教育方法是可以学习的,沟通方式是可以改善的,孩子的乐观性格是可以训练的。父母手里掌握了极大的主动性,而能否发挥这样的主动性,还在于父母能否积极地反思、学习和实践。

(作者　尼德罗)

中国不缺没用的大学生，
应尽快停止高校扩招势头

"保就业"引发了对中国高等教育是否过剩的争论。

正方提出"一线城市扔块砖都能砸死几个大学生""大学生就业难，毕业等于失业"，这确实符合很多人的感受。

反方说"中国的大专以上人口占比远低于发达国家""八成网民没有受过高等教育"，也可以找到确凿的数据支撑。

那么，"大学生"（本文中泛指大专及以上学历者）到底是过剩了，还是不足？这个问题并不简单。

高教断代的中国

"本科生在中国人口中只占 4%"的说法广为流传，演绎出诸如"中国 95% 的人没有上过大学"等悲情控诉。这是典型的"真实的谎言"。4% 这个数据基本上真实，单独提出却有故意误导之嫌。

4% 没有计入与本科生数量基本持平的专科生，也没有计入本科以上学历的硕士、博士。

真实的权威数据是，2017 年全国共有在校大学生人数为 2 695.8 万，应届大学毕业生 795 万，普通本专科招生 748.6 万人，全国共有具有大学教育程度人口为 1.959 3 亿人，在总人口中占比越 14%。在此基础上，再加上各种同等学力培训考试的最广口径统计也不超过 18%。

这个比例显然和全球发达国家有着显著的差距，比如在发达国家中高等教育人口比例并不算高的美国,"大学生"占比也要达到了 42%以上。如果以 40% 为达到发达国家的门槛,那么中国的高等教育人口占比至少还要增加 2.5 倍。

但是,这并不能证明中国的就业市场缺少大学生。高等教育人数占人口比例是用来表征国民受教育程度的,在正常情况下也可以作为劳动力市场人才需求的参考指标。

但是我国高等教育经历过十年空白期,再加上此前的高等教育资源高度稀缺,高等教育在不同年龄段人口中的分布极其不平衡。

因此,总人口中"大学生"比例低,并不能证明就业市场缺大学生。

大学生的真实劳动力市场状况

2019 年,国家统计局公布的 16—59 岁年龄段人口数量为 8.97 亿,这一年龄段是主要的劳动力。

60 周岁的统计节点,正好覆盖了 1977 年高考恢复后高等教育复兴的起始点。这意味着 1.95 亿的"大学生"人口基本集中在这一年龄段,也就是说中国的大学生大约占劳动力人口的 21.8%,这占比不算很宽裕,但是稀缺度比想象中要低很多。

而且,8.97 亿人口中真正属于大学生就业竞争的年龄范围更为狭小。以 2020 年为分析节点,2000 年后出身的还未满 20 岁,达不到大专毕业的门槛,进入劳动力市场的起点较低,与大专以上学历人才的就业领域基本不重叠。1980 年前出生的人口已经年届不惑,处于职业稳定期,也不是劳动力市场竞争的主要参与者。

掐头去尾估算一下,"大学生"的就业竞争集中在"80 后""90 后",这一年龄段大约有 4 亿人,而这一年龄段的大专及以上学历的人口数据是较为完整的,整合计算后"大学生"数量为 1.2 亿以上,在 4 亿"80 后""90 后"中占比在 30% 以上。

"80 后""90 后"已经进入了中国大学扩招的高潮,在这一年龄段的大学生人口比例陡增是意料之中的。

然而，中国经济并没有为此做好准备。

产业结构和地区发展不平衡

4亿劳动力市场竞争主力中，大学生占比30%，这个比例当然也没有发达国家高，还有10%以上的距离。可是，中国目前的经济状况相比发达国家还有明显的距离，适合高学历人群的就业岗位不足。

第三产业是高学历劳动力的主战场。美、日、韩的第三产业占比分别为75.3%、68.1%和55.1%，以高端制造业著称的德国第三产业占比和日本一致，也达到了68%。而中国的服务业占比仅43%，距离刚踏入发达国家门槛的韩国尚有12%的差距。

再考虑到我国农业的现状、制造业以中低端为主，第一产业和第二产业吸纳高学历人才的能力也远低于发达国家。大学生的充分就业确实存在较大缺口。这一缺口又因地域经济发展不平衡而被放大。

服务业、高端制造业集中于一线城市、长三角、珠三角和东部沿海地区，大学生人口向这些地区集中也是必然的。再叠加这些经济发达地区本身就是高等教育资源集中之地的优势，近水楼台先得月的效应非常明显。

因此，在这些地区"大学生满地走"并不夸张。

2017年6月，上海的一项调查显示，在沪登记就业的外省市户籍来沪人员中，具有大专以上学历的约占35.8%，与5年前同期水平相比增长了17.2个百分点，几乎翻了一番。

按照每年3%的速度计算，2020年来沪就业的外省籍人员中的比例应该超过了40%。而这还是在各种人口流入限制的条件下实现的。上海如此，常住人口大学生人口比例接近30%、比上海高出近10%的北京肯定更为夸张。

而这些经济发达地区的信息最通畅、话语权最大，因此近年来"大学生过剩"的情况备受瞩目，而这也确实是实际情况。

两难的境地

中国大学生到底是过剩还是不足,这个问题其实反映了中国的两难境地。

从国民受教育程度看,即便是进入快速扩招期的"80后""90后",大学生占比30%依然是不够的,还有至少10%的缺口要补。从经济状况看,就业压力大、竞争残酷的"过剩"确实是事实,再搞"学历大跃进"不仅要付出巨大的社会代价,对个体处境、家庭经济也是有百害而无一利。

造成这一困境的原因很复杂,姑且不论。

严峻的现实逼迫着人们作出选择——这既是政策层面的公共选择,也涉及家庭和个体的选择。

在政策层面上,应该尽快停止高校扩招的势头,淘汰一批教育质量低下的"文凭贩子"。与其浪费资源在无质量的空头高等教育上,不如用在提高高等教育质量上。这方面的政策导向已经初露端倪。

从家庭和个体选择的角度看,要对高等教育有清晰的规划和认识。今天的中国劳动力市场已经两极分化、中间分层。所谓两极分化是最高端的人才供不应求,而最底层的体力劳动也缺口很大。

这两头不愁就业。中间层的发展空间并不乐观,但在一些冷门行业、技术行业的就业缺口依然存在,这些就业岗位并不见得学历门槛很高。如果学习能力和天赋都有限,读个不上不下的伪高校再加学个随大流的专业,未来就业前景是很暗淡的。作为人力投资的性价比很低。

当然,归根结底,大学生既缺又不缺的两难困境涉及经济体制、社会观念、公共治理的深层问题。中国距离真正的"发达",还是有着需要逾越的天堑。

(作者 关不羽)

高考是一场噩梦，但我怀念它

我的高三班主任名叫王秉节，他接手我们班的时候，大概已经过了 50 岁，我们总是背地里嘲笑他是个老头。

中学是镇里唯一一所设有高中的学校，尽管也出过各种名校的学生，比如我大哥就是从这里考上厦门大学的，但是在那时，我们中学的大学（包括大专）录取率，大概不超过 10%。

我们那一届，有两个文科班，一个理科班，还有一个超级大班，补习班，也就是复读班。将近 200 个人，能考上的，不超过 20 个吧。

对于我们所有人来说，高考是一个恐怖故事，尤其对于隔壁的补习班来说。我们听说，在补习班里年龄最长的人，已经考了 8 年。

我爸早就威胁过我，考不上大学，就只有在家种田这个选项。虽然我估计他也会让我复读，但是 8 年这个数字太恐怖了。我们这些应届生，平时都绕着补习班走，似乎那是一个鬼屋。

01

所以，王秉节对我和我们称之为"三兄弟"的团体，青眼有加。

我们三兄弟，是全班的头几名。我现在想起来，当然很可笑，因为后来遇见我在大学里的同学的时候，我才知道我们根本不是什么学霸，恐怕放到城市里的任何一个班级里，我们应该都是垫底的位置。

但是对于王老头来说，我们几个人是他能够获得升学率指标的唯一希望。至少当时我是这么想的。

当然我们三兄弟之所以是一个团体是有理由的，不仅仅因为我们成绩好，我们都特别傲娇，而且家庭条件还都很好，何况，我们都不是善类。

我的兄弟张美新就住在离学校步行 5 分钟的地方，但是这并不能阻止我们三个人凑钱租了他叔叔的一个类似于磨坊的房子。学校当然是有宿舍的，但我们就是这么傲娇。

王老头已经久经沙场了，所以他好像看上去特别放松。但是对于杨金涌来说，这是另外一个故事。虽然他不是我们的班主任，但是我们高一、高二都是他带的，而且，是他师专毕业之后第一次带学生参加高考。

估计学校临阵换将的原因，就是因为他没经验，所以才换了王老头。

千军万马过独木桥的竞争，也不能阻挡我们的荷尔蒙。我们三个兄弟，在那个时候都有自己喜欢的女孩，老大喜欢的女孩在我们班，我的在低一年级，张美新的在隔壁文科班。

我们如何备战的细节，我留下的记忆已经非常稀少，如今剩下的，全都是我们三兄弟如何在整个高三期间嬉闹放纵和关于王老头的片段。

我们三个人在磨坊里天天都在讨论各自喜欢的女孩，然后晚上自习结束，就在张美新叔叔家开的面馆里赊账吃夜宵（我们留下了巨额的账单，以至于到最后要张美新的父亲出面替我们消除了一部分），以及我们常常睥睨班里的各位学渣。

王老头的管理是非常有序并且有效的，我猜他心里是有一本账的，大概我们班的 30 多个同学里，谁有希望考上，谁能够努把力，以及谁是没有希望的，天天都在他脑子里盘旋。

我们三个人的动向无一不在他的视线之中。有一次晚自习，我们听说镇里在放一部新电影，于是在下午的时候，偷偷溜了出去，自以为神不知鬼不觉。看完电影之后，我们又偷偷溜回教室，假装什么都没发生过。

可是晚上的时候,王老头就把我们留住了。我已经不记得他给我们的惩罚是什么,但是大约他的语重心长确实打动了我们。因为在那之后,我已经不太记得有过什么著名的捣蛋场面了。

我们这个班里那一年出了许多事情。有女同学在上学期结束之后就再也没有回来,后来才知道,她出嫁了;老大喜欢的女孩子,在中途转校去了隔壁镇的中学,听说因为她的学籍在那里,她没法在我们镇参加高考;还有我们村的一个小孩,直接辍学了,因为根本没有考上的希望。

我们当然是非常努力的,尽管我说的这么轻巧。王老头和杨金涌每天晚上都在自习室里,直到深夜才走。记忆里,我们在那个破磨坊里,除了女孩的话题,我们每天都没日没夜地在学习。

那一年的考试比往年都要艰难。我们班几乎全军覆没,只有张美新一个人考上了福清师专,老大和我都没考上。

02

复读那一年,我的记忆里,却只有学习。

我没有留在镇中学里,我去了县一中的补习班。当然,那是全县最好的学校,每年都有人考进清北。我爸不仅仅花了大价钱,还找了在一中里当老师的本家,才把我送进去的。

我去了县城,才知道王老头其实根本就不在乎升学率,因为他在最后一年里,就已经知道了自己要调动到县城党校当老师。他那么做,只是他的惯性。

虽然不是他的责任了,但是王老头却在党校校园里,帮我找了一间几个平方米的小屋,让我住进去,就好像我仍然是他带的学生一样。

我在补习班里,几乎没有任何朋友,也没有和任何老师建立起什么直接的关系,我只有学习一件事情。

补习的那一年对我来说,真的是一个恐怖故事。我白天像行尸走肉一样到学校里去上课,晚上就回到党校的那间小屋,独自学习。

那个时候没有什么"小镇做题家"的概念,而在我们那个农村中学和县城中学里,也没有听过黄冈卷的大名。

和我的同学们相反的是,我的文科成绩算是很优秀的,语文、英语、历史、地理、政治在学校里都是有名的,但是我在整个中学期间,数学就没考及格过。

所以那一年,我每天都在做数学题。一本练习题接着一本,不知道做了多少本。我每天都在做数学题的过程中沉沉睡去,往往都到了夜里两三点了。

那一年的生活除了数学题之外,我只记得两件东西:一是离党校步行 10 分钟左右的一个海蛎饼摊。那个摊子是全县城最有名的。因为离得近,我几乎每天去吃。二是深夜录像厅。有时候,在完全孤独隔绝的环境里快要窒息的时候,我就会在深夜录像厅里度过。大约看到凌晨两三点的时候,我就会睡过去。

王老头会经常跑到小屋里去看我,但是他帮不上什么忙,因为他是地理老师。我的地理很好,我想这也是他喜欢我的原因之一吧。他只是放心不下吧,他有自己的责任,不能像在镇中学那样眼睛天天都放在我身上。

那一年模拟考试我的成绩非常差,从全班头几名掉到了三十几名(县中学的补习班也是超级大班,五六十人),因为我的文科成绩都掉了。我爸跑到县城里来,不敢责怪,却是一脸的担忧。我说,没关系,我只是因为一直在做数学题。

最后一个月,我把数学彻底扔掉了,全面投入文科的复习。

成绩出来的时候,我妈听到的时候,往摇椅里一躺,说,好了,这下起码可以上个师专。她对我的期待就只有这么高:离开种田。

那一年,王老头看好的人通过补习班,多数考上了大学。原来,他原本就没有期待他的努力能够让大家第一年都考上,而是给后来的可能性奠定了基础。

03

镇中学毕业的同学们,后来陆陆续续都联系上了,现在有微信群。我们差不多每五年聚会一次,王老头和杨金涌都在。

几乎没有一个人不感念王老头。他没有特别让我们受苦,但好像他的方法让我们中的许多人都受益了。那些最终没有考上的人,也多数和他保持着良好的关系,因为王老头不像多数的乡村中学老师那样,轻蔑那些学习成绩不好,明显考不上大学的人。

当然,也有人抱怨他没有那么狠,像隔壁班的班主任那样对学习成绩落后的人进行高压式逼迫。

我们也都很热爱杨金涌。因为他实际上比我们大不了几岁。那一年他紧张得要命,每天每天地找很多人谈话,告诉他们要努力,要拼命,要改变自己的命运,他简直就像个妈一样。

考上没考上的同学,后来的日子都过得挺好的。有的同学当了公务员,有的同学当了老师,有的同学进了企业,还有同学考上了又不干了去做生意。我们每一次聚会完,都要去现在在镇中学旁边同学开的饭店里再去搞一顿,每次都有人喝得大醉,又哭又笑。

我的同学在高考那一年都过得很苦。每一个人都像没有别的前程那样,唯有一死地拼命高考。

我们在同学的饭店里见过杨金涌后来带的高考班学生。他显然不像当时带我们的时候那么紧张了,有了王老头的风范。他的学生,也像我们亲近王老头那样亲近他。

高考之后每次的相聚似乎都是那么云淡风轻,只有诗酒记忆。我们市和我们县作为沿海市县,后来的经济好得很,出路很多,没有人像我们那样备考。补习班也没有单独再成班,而是穿插在应届班里。

但是对我而言,高考真的是一个梦魇。我在上了大学之后的十多年时间里,重复地做着一个噩梦。在梦里,我要么忘记了写语文考试里的作文,要么考完语文之后,别人告诉我,我的语文不及格。那就意味着我考不上大学了。

我每次都在那样的梦里哭醒过来。

老大后来还是和那个转学走的女同学结了婚，现在有两个孩子。

张美新痛苦地追求了隔壁班女同学很多年。大学每一年寒暑假，我都和他一起，他常常因为这段苦恋而哭泣。他没有得到心爱的女孩，而娶了另外一个漂亮温柔的女孩，很幸福。

但是他在33岁那年，突然就死了。我从广州跑回老家去给他奔丧。他还没有下葬的时候，我偷偷握着他的手很久。他的手冰冷冰冷的，很硬。那种冷在我的手上很长时间，都没有消失。

他是我心里永远的疼。我的高三如果没有他和王老头，大概就像补习班那一年一样，是一个空白。

20世纪90年代初，乡村中学里的高考那么残酷。我们不知道什么叫梦想，不知道什么叫未来。我们只知道如果没有考上大学，我们只能在家种田——尽管后来证明并非如此。

我们也不知道城里的世界会那么美好，也那么残酷。我们每个人都爱着身边的某个女孩，后来还有人真的娶了自己心仪的女孩。在我们班里，结婚了6对：一个只有35人的班。他们现在都还很幸福地生活在一起。大城市也没有改变他们。这些"土猪"，终于也没有羡慕城市里的"白菜"。

我们的确害怕那个恐怖故事，所以赴死一样地准备高考，并且不止一年这样赴死。但是对我而言，尽管后来那个噩梦如此惊悚，我却只记住了磨坊、张美新、王老头和杨金涌这些微不足道的人和事。

对我而言，大学真的很美好，它真的改变了我的命运。我现在的生活比起许多没有考上大学的人来说，非常平凡，甚至算是比较贫穷的吧。可是我喜欢自己所看见和学到的世界。

虽然我的高三是留下来的，但它都是很美好的记忆。我们不内卷、不愤怒、不阴暗。我以为世界应该是那样，我们向死而生，但是，同时有着张美新、王老头和杨金涌那样的人，在护佑我们生活的美好。

（作者　连清川）

今天，为培训机构老师说几句公道话

又是一个教师节。

几个群热闹了起来，一个初中同学群，年过 40 的老同学们，在祝初中班主任、老师，以及成为老师的同学节日快乐！

想想，班主任当年教我们的时候，还是刚毕业的小伙子。如今，他有些学生的教龄都超过 20 年了。

我儿子的小学家校群，也有不少家长给老师们发祝福和献花。当然，现在正在用的初中家校沟通群，更是热闹非凡，一派节日氛围。

相比之下，儿子培训班的群，虽然也有家长发节日祝福，但是显得稀稀拉拉，发祝福的人寥寥无几。至于停掉的那些培训班的群，更是沉寂在海底，无人问津。

01

"双减"之下的第一个教师节，对于很多从事校外培训的老师来说或许是一个五味杂陈的日子。有些校外培训机构，已经倒闭。有些老师，也许已经离开了这个行业。

无论从哪一个角度看，他们都是典型意义上的老师。他们曾享有过这个行业的荣光，而如今正在承受这个行业崩塌的阵痛。

在这个节日，连这个行业的教父级人物俞敏洪都说，这个教师节，他不敢给老师们写信，因为很多老师都失业了……

有一句被误用的流行语：雪崩时，没有一片雪花是无辜的。

如果把教培行业的轰然倒下看作一场雪崩，我依然觉得，从事这个行业的老师是无辜的。

教培行业高歌猛进，资本无序扩张，又或者什么上市套现，都是机构和资本的事情，跟这个行业的老师无关。

不能让孩子输在起跑线上，教育焦虑，又或者什么剧场效应，很大程度上也跟这个行业的老师无关。

教育培训的发达，确实会激发和放大家长的焦虑感，而这种焦虑感又吸引了更多家长把孩子送进教培机构。但是，这个行业的需求和供给关系，始终没有改变。

在这里，教培机构和学校都是供给方，而不是需求方。

这种教育培训的需求是如何产生，又是如何一步步走向异化的，还有着更为深刻的背景。但不管怎么说，教培机构的老师都只是提供培训服务的从业人员，而不是教育焦虑的"始作俑者"，更不是教育培训异化的"帮凶"。

作为教育培训机构的老师，他们的职责非常清晰，就是和学校老师一样，教给孩子们知识，提高孩子们的应试能力。

可能有人会说，教培机构老师也是在搞应试教育，而且有过之而无不及。问题是，应试教育又不是教培机构的老师发明的，更不是他们能够影响和左右的。如果他们不能适应应试教育的游戏规则，那么别说他们，连教培机构都会被市场淘汰。

再说细一点，哪怕应试教育也并不完全就是错的，我们要反对的究竟是应试教育本身，还是应试教育的哪些弊端，是不是也该搞搞清楚？而应试教育的弊端，和教培机构老师乃至学校老师又有多少关系呢？

让教培机构老师来背应试教育之弊的锅，恐怕没有什么说服力。

02

固然，在教育培训市场搞得风生水起的时候，作为这个行业的从业人员，老师们也享受到不少好处。

教培老师的收入普遍高于学校老师,有的教培老师的收入可能是学校老师的几倍、几十倍。好的教培老师也很"香",在哪里都有人抢着报名,受到家长们的追捧。

也因如此,这个行业也吸引了不少名校毕业的精英。北大、清华、浙大毕业生到培训机构任教,并不是什么新鲜事。他们大多对这个职业曾经也有很高的认同感和获得感。

但是,教培老师的辛苦和劳累,并不是谁都看得见,更不见得谁都能认可。

我认识一个培训机构的数学老师,年轻又漂亮,走在大街上应该回头率不低。但是,你不能听她开口说话,因为形象和嗓音给人的感知太不一样了。她的嗓子永远是沙哑的,又低沉又嘶哑,你需要经过一段时间,才能适应这种声音。

因为她太拼了,把嗓子都拼坏了。

只要孩子上过她的班,连家长都会像学生一样"害怕"她。她的上课风格,是像老母亲一样盯着每一个孩子。当天作业没做完不放过,一道题不会不放过。

她会深夜一两点还在给家长和学生发语音,讲习题和重点。如果有学生一天没来,她会追着家长问是怎么回事,然后直到孩子把补课视频看完、习题做完才罢休。

再强调一下,她是每一个学生都"不放过"。这种做法,连很多学校老师都做不到。她这种认真和敬业的劲儿,用收入高是无法解释的。你只能说,她是真的热爱这个职业,真的把学生当作自己的孩子。

这种优秀的教培老师固然不是全部,但也不在少数。因为多数教培老师知道,评定他们的唯一指标就是:孩子在他们手上,成绩能不能得到真正的提高。

当然,教培老师也不是应试教育机器,他们还必须懂得教育方法。上过某机构培训班的家长应该都能感受到,该机构的任课老师是公认的会讲课。风趣、幽默、机智,仿佛是他们的标配。他们上课前讲些小故事,跟学生打成一片,上课时调动各种元素来提高学生的注意力,课后送给学生各种贴心小礼物,花样层出不穷。

更可怕的是,他们似乎保持 24 小时在线模式,不管什么时候问他们问题,都能得到及时的、不厌其烦的回复。有一个老师,我儿子已经不上他的课很久了,只要问他什么题,他一样当作自己的学生认真解答。

这种负责任的态度,会搞得你自己都不好意思。

不知道别人碰到的教培老师是什么样,我只能说,我碰到的多数教培机构老师,给人留下了认真负责、热情勤快的印象。他们和多数人一样,是普通的劳动者,也和很多职业不一样,他们是在平凡岗位上努力作出无私奉献的人。

他们当得起"老师"这个称呼,也担得起教书育人这份职责。

对教育培训行业,我有过不少吐槽。但今天必须说一句,对这个行业的老师,我心里一直保持着敬意和感激。

03

如今,他们正在承受着一个行业的巨变,以及因此带来的阵痛。他们的人生也因此面临着艰难抉择,命运也可能就此发生改变。

这是"双减"带来的一个必然后果。

但是,"双减"有错吗?"天下苦课外培训久矣",这不是空话,确实是包括我在内许多家长的心声。而"双减"的目标,就是减轻义务教育阶段学生的学业负担和课外负担。

这些年来,教育"内卷"已经让多少孩子失去童年,让多少家庭失去欢歌笑语。如果不及时改变这一现状,对整个社会产生的负面后果非常大。

"双减"政策落地后,如何才能改变这一现状,涉及方面很多,不是本文所能展开讨论的。这里只想说的是,"双减"不仅是一场校外培训的治理整顿,也涉及教育格局的重大变化,同时关系到不同群体切身利益的重新调整。

在这其中，教培机构老师无疑会成为改革的利益受损者。即便如此，在这个节日，他们一样配得上鲜花和祝福。

教培行业风光无限也好，凛冬到来也罢，教培老师的本分都只是教书育人，在这个岗位上挥洒才能、尽心尽职。和学校老师一样，在今天，我们也要对他们说一声：谢谢，辛苦了！

（作者　魏英杰）

孩子寒假上网太多？这可能是一个偏见

2022 年，因为新冠疫情，很多地方提前放寒假了。

中国家长们又开始陷入纠结中：一方面没有足够的时间和精力陪孩子；一方面又担心孩子上网无节制，染上所谓的网瘾。

2022 年 1 月 9 日，腾讯公布了未成年人整个寒假限玩游戏 14 小时的"限玩日历"。但在很多家长看来，打游戏的问题解决了，孩子上网的问题又来了。

无论从使用电子产品的时长还是互联网内容的"安全"而言，"限制"和"管理"孩子上网可以说是他们在这个寒假最重要的事情之一。

限制可行么？如何管理呢？

01

2008 年，一本叫作《数字原住民》(Born Digital)的著作刚一出版即引发全球热议。

以这个时代的语境而言，我 5 岁的女儿绝对算是"数字原住民"，事实上，从"90 后"至新世纪"10 后"都在其中。他们一出生即面临着一个无所不在的网络世界，网络就是他们的生活，数字化生存是他们从小就开始的生存方式，他们在以新的方式思考、互动、学习和社交。

而我和妻子这代人呢？按照《数字原住民》的定义，可以算作"数字移民"，事实上，"80 后"及之前的世代都可以看作"数字移民"。我们带着磕磕绊绊的旧时代口音，跨越了数字技术从无到有的进程，无疑是从"无互联网或手机的世界"迁入"有互联网和手机的世界"的新居民。

很多中国家庭当下几乎都困扰于同一件事：当作为数字移民的家长遭遇作为数字原住民的孩子，家长该如何面对这群原住民几乎与生俱来的"玩手机"习性？

很多家长在"随便玩"和"不让玩"中反复纠结，同时也在寻找着那个传说中的平衡点。

正如《数字原住民》一书所说："被数字革命引发的最持久的改变，不是新的商业模式和新的算法研究，而是数字时代出生者和非数字时代出生者之间的代际鸿沟。"

如何跨越这个代际鸿沟？

是跨越，而不是假装不存在。

02

2022 年 1 月，在广州举办的微信公开课 PRO 就通过一场圆桌论坛讨论了这个话题。

在这场名为"微信的老少皆宜，科技适老与未成年人保护"的论坛上，多位教育专家反复指出，如果家长只把"禁止孩子做什么"当作教育目的，而不考虑整体家庭关系的和谐，那么禁止八成是要失败的，家庭关系自然也和谐不了。

2021 年年底，一个名叫耿燕的家长在南方都市报主办的未成年人保护创新治理峰会上，做过一个名为《我是如何和我 13 岁的孩子斗智斗勇》的分享。

在管控女儿上网屡受挫败之后，耿燕本想直接没收手机，但平静后一想：一味禁止，对这个年龄段的孩子来说已经无效了；有疏有导，张弛有度，可能会更合适一点。

耿燕想到各大平台的青少年模式，开启后安全与沉迷的问题基本得到解决，但功能屏蔽太多，就像换了一个产品，孩子逆反心理重，家长也没有太多参与空间。

微信是孩子常用的工具，开启青少年模式后孩子还能安全顺畅使用，但也有不方便的地方，例如老师发来的链接，却有可能被青少年模式拦截了。

耿燕尝试通过用户反馈渠道，向微信团队提建议：希望青少年模式可以提供更多家长参与的空间。微信团队很快联系到了她，深入调研了需求。

2021 年 10 月，微信青少年模式推出了"监护人授权"功能。在绑定青少年模式监护人后，当孩子遇到无法访问的内容时，可通过家长验证密码或发送链接给家长远程授权，申请临时访问公众号文章、小程序、链接等内容。

03

这个故事的真正含义可能是：教育不能只说 NO，我们应该旗帜鲜明地支持孩子合理使用互联网的权利。

一方面，从可操作性而言，就如同微信公开课 PRO 讨论的那样，禁止孩子上网除了恶化亲子关系以外，基本没有可行性。孩子终究会长大成熟，会不受掌控，对于这些数字原住民而言，简单粗暴地将他们与网络隔绝显然是行不通的。

而更重要的是，禁止孩子上网是自外于移动互联网的大时代，让孩子与时代脱节。互联网和电子产品是数字原住民生活的一部分，你不可能否认它，或假装视而不见。

美国著名哲学家约翰·杜威曾言："以昨日之法教育我们今天的孩子，将使他们失去明天。"

但在另一方面，孩子的确在网络世界中面临着一些问题，诸如网络色情和暴力、网络霸凌、网络欺诈、不良上网行为和习惯、过度沉溺网络游戏等。

针对这个问题，以往我们更多强调的是政府的责任。美国和欧盟很早就开始探索建立儿童网络保护法律制度，重点避免儿童接触到不适宜的网络内容,同时加强对儿童网络隐私的保护。比如,美国此前相继出台了《儿童在线隐私保护法》(COPPA)和《儿童互联网保护法》(CIPA)。

而在中国 2022 年 6 月施行的新修订《未成年人保护法》中,也增添了"网络保护专章"。

04

但是,长久以来,在儿童网络保护的问题上,父母的作用和角色却被忽略了。

正如《如何当好数字时代的父母》一书所说:"对于儿童的网络和数字媒体使用,父母是最直接的,也是最重要的调停者,而非政府、学校、互联网企业等其他主体。在儿童网络和数字媒体使用习惯的塑造上,父母发挥着核心作用。"

但这么做的前提是,父母需要成为合格的数字父母。也就是说,父母不是单纯限制孩子上网和使用电子设备,而是在孩子上网时给予适当的指引,帮助"塑造孩子的数字文化和数字公民形象"。

中国社会科学院新闻与传播研究所研究员卜卫在微信公开课PRO 的论坛中指出:"(家长)要在保护儿童权利、尊重儿童的基础上对儿童进行互联网教育或管教。微信青少年模式将一部分教育权利放给家长是对的,家长有监护责任,家长也最了解自己的孩子,但是前提是,家长要懂儿童权利,要懂教育,要知道基本的媒介素养的知识。还应该考虑除了对儿童进行媒介素养教育,也要对家长进行媒介素养教育。"

也就是说,家长面对孩子上网这个问题,与其将注意力全然放在如何批评和管控孩子上,放在抱怨无远弗届的互联网时代上,不如关注如何提高自己的数字素养,来切实参与到孩子的网络保护中来。

什么是更适合孩子的网络内容和上网模式?站在数字父母的角度,我的理解和自我期许是:不以绝对的内容安全作为标准,除了一些应由监管部门制定的普遍规则之外，不同年龄段的孩子应该看什么不应该看什么，松紧有度的"度"在哪里，应该交由家长来决定，家长才是自家孩子最好的内容审核者。

如何与作为数字原住民的孩子融洽相处？我想，先从数字父母做起。

至于如何做一个合格的、负责任的数字父母，先问问自己：在这个寒假，除了单纯管理孩子上网时间甚至一禁了之，微信青少年模式的"监护人授权"功能你会用么？

05

"经历了幼年的亲密关系后，我们会感伤于孩子在渐渐向新人类转变，还有那些难以理解的成长趋势"，艾莉森·高普尼克在儿童教育名著《园丁与木匠》中写道："不能也不应该期待子孙们将有和我们一模一样的传统文化和价值观。无论好坏，他们将创造属于自己的数码时代，属于自己的世界。"

对年轻一代来说，互联网是这个时代的基石和根本，就像被父辈祖辈翻烂的纸质书一样，同样代表了一个时代文明的顶端。

我们每个人都身处于这个文明之中，踮脚眺望未来。

（作者　张明扬）

第五章

房产

不知它驶向何方

买房净赚100万元，
我坐上这趟末班车却不知它驶向何方

2016年的某一天，我关注的一些苏州本地公众号迎来了一次热度的高潮。虽然它们经常三天一小潮，五天一大潮，但那次的高潮可能来得更猛烈一些。因为苏州又拍出了新地王。我为小编们的词汇量感到压力，像什么"面粉高过面包价""爱不起""配不上"之类，2015年已经用过一轮了，所幸自媒体时代读者的忘性也大。2015年以来，苏州的房地产市场在全国表现十分抢眼。我刚看到一则新闻，说苏州2016年前8个月的土地依赖指数高达82.6%。不知为何，每次看到苏州房价上涨的新闻，我这个苏州新移民都有一丝尴尬。不是因为我现在已是半个既得利益者，而是由于一个巧合。我和我老婆2015年初从北京迁来苏州。逃离北京的理由有很多，归根结底四个字——买不起房。后来了解到，在我们来之前的许多年里，苏州的房价一直波澜不惊，与北京的大江大海形成鲜明对比。

我们刚到苏州时，听说均价才1万元左右一平方米，十分惊讶。就像习惯了北京的拥堵之后，去哪里都发现一路畅通，看多了北京的房价，去哪儿都觉得房子是白菜价，上海、深圳除外。不过那时我们没有买房的想法，只是觉得在这个城市，买房是一件可以期待的事。没有了房价的高压，又赶上春绿江南的好时节，刚来苏州的那段时间，十分逍遥自在。万万没想到，没安逸多久，我就见证了苏州快步进入炒房时代。或许是命中注定，我逃得出北京，却逃不出房价的掌心。我的反应一向迟钝，在房价上也是如此。2015年苏州房价上涨，尤其是园区房价飙涨,源于几次土拍,拍一次涨一次。但这是我事后才从房产销售那里了解到的。我刚开始意识到房价涨得凶,完全是偶然。当时租的房子,房东突然要收回,说着急用钱要卖房。房东态度很坚决,痛快地赔了违约金。我们一打听,原来那套房子几个月里单价已经涨了好几千,涨到了 1.6 万元左右一平方米。当时看来,这已经是很高的价格了,是以前的苏州人不敢想象的,房东急于在高位出手也在情理之中。后来我们不止一次讨论,假如那位房东当时真的把房子出手了,他一定会痛骂自己很多年。看到附近房价都已飙到 1.6 万元一平方米,我们开始有点着急,但没有立马下定决心买房。又是一次偶然,一个北京的朋友来苏州出差,聊起苏州的房价,他拿自己当初在北京买房的经历为依据,劝我抓住机会。那天晚上回去之后,我想了很多,想得最多的是,假如错过了这班车,我很可能"错失"苏州。

以我们当时的储蓄加上父母可以提供的支援,按当时的房价,买一套位置满意、100 平方米左右的房子,钱刚刚够。假如房价继续涨,我们只能考虑更偏的位置。如果不满意的话,只能继续观望,那买房就又遥遥无期了。在北京干瞪眼了这么多年,假如再错过苏州买房的机会,那这一生岂不是太悲剧了?抱着追赶"末班车"的心态,我们迅速地看了附近几个楼盘,挑中了一个小区。当时这个小区只有上次开盘剩的一些房子在卖,楼层都并不好,但时间已不容许我们再挑挑拣拣。在我们买房的过程中,销售一直在恐吓我们:"下次开盘就到两万了。"我们知道他的小心思,但心里也嘀咕,万一他说的是真的呢。2015 年国庆节刚过,我们交了首付,拿到了合同。在那一刻,心里的石头终于落了地。我不会被房价再一次抛弃了。事实证明,那个销售没有骗人。我们买房之后不到半年的时间里,苏州的房价又大涨了一波。与之相比,之前的涨幅简直不值一提。拿我们那个小区为例,开盘时 1.4 万元一平方米,我们买的价格是 1.7 万元一平方米,后来一路涨到接近 3 万元一平方米。

买房的时候,我们还有点担心自己是"接盘侠"①,到了过年的时候,我们俨然已成为"买房成功人士"。短短几个月,净赚一百多万元,我甚至从没想过自己会有发这笔横财的命。买房顿时成为我们人生中最正确的决定。相形之下,之前多年的挣扎奋斗都显得苍白无力。坦白说,我们当初甚至都没有想过,故事会是这样的结局。我们想的只是输不起,于是本能地抓住了最后的机会,其中又有很大的运气成分。对我来说,买房最大的好处之一是,再也不用为房价新闻揪心了。不管媒体如何报道,专家如何评论,你都可以跟着谈笑风生了,再也不用压抑内心的绝望和愤怒。其实对于像我这样只有一套房子的刚需族来说,房价的涨涨跌跌意义不大。卖掉房子还掉贷款还能剩多少钱的数字游戏,只能偶尔意淫一下罢了。房价越涨,越不敢卖,你怕再也买不回来。再买一套? 对不起,真没钱了。

唯一可以让我找到优越感的是平行世界的我:在那个世界里,出于种种原因,我没有赶上末班车,攥着多年攒下的积蓄,苦等房价下降的那一天。我继续写文章指点江山,却唯独不敢对房价说三道四,因为我自知没有资格。可是现在我就有资格谈论房价了吗? 我侥幸地赶上了末班车,却不知道自己坐的是什么车,也不知道它会开往何方。有人知道吗?

(作者 西 坡)

---

① "接盘侠":网络用语,源于股票交易,意为买进庄家出货的股票,也指在不知情的状态下被迫接受某种事物的一类人。

时刻准备着，迎接房地产泡沫破裂

中国楼市在近 20 年的狂飙突进中，没有一天不与"狼来了"的唱衰声音如影随形。

警世预言的一再落空，不仅令许多忧国忧民的饱学之士名誉扫地，也让人们对一种关于楼市的中国"特殊论"愈发坚信不疑——虽然理论上没有只涨不跌的市场，但中国的情况或至少当今中国的情况或许会很不一样。

然而，现在是真的到了需要认真想想房地产泡沫破裂以后的时候了。

房价暴涨的动因

用"疯了"来形容 2016 年的房地产市场，尤其是一线城市的楼市，一点都不夸张。以至于上海、深圳不得不先后出台所谓"史上最严厉的楼市调控新政"，而之前各地的趋势一直是朝着废除禁售令、降低购房门槛的松绑方向去的。

我曾为一对 30 多岁的新婚夫妻算过一笔账：他们目前租住了上海市中心城区的一套两室一厅的高层公寓，如果他们把这套公寓买下来，按当下的房价算，这笔钱够他们在这套房子里住至少 80 年！而这套房子的东家——一对 60 刚出头的夫妻——用这笔房款可以在相同地段包住一套五星级酒店的双人套间，舒适省心地过完他们的余生。

这样的房价，合理不合理，一目了然。但就是这样，许多购房者依然争先恐后，仿佛在抢末班车似的。

不少自认为懂得经济学的唱多人士也许会拿出许多理论和数据

来反驳我的危言耸听,他们会从城市化说到供求关系,从国民经济说到"支柱产业"……但我相当确信,自己不会沦为又一个不起眼的一再落空的乌鸦嘴预言家。

【根本动因:流动性过剩】 造成中国楼市显而易见的泡沫的原因很复杂,其中包括地方政府扭曲的土地财政因素等,但自2008年金融危机以后的每一轮房价上涨,最根本的动因却都是流动性过剩。

迄今为止中国民间的投资渠道依然十分狭窄有限。在实体经济不景气的后危机时代,长期宽松货币政策所释放的天量流动性只能流向股市、楼市及艺术收藏品等极少数出口。而2015年夏天股灾以来,由于股市的持续低迷,投资和投机资金的流向就更少了。

【重要动因:人民币汇率看跌】 与2008年到2010年的那一波暴涨相比,2016年房产价格飙升可能还多了另一个重要动因,即人民币汇率看跌。当许多投资者预期人民币未来会继续贬值时,他们的合理选择首先是将手中的人民币换成美元。然而,为了缓解资本出逃压力,当时央行和外汇当局明显收紧了外汇管制,原先相对容易的外汇兑换,特别是向境外汇款变得异常困难。这条"出海"的路也被堵死,就使得那些拥有一定闲钱的居民更加焦虑。过去十多年来的经验告诉他们,如果不想眼睁睁地看着手中的人民币越来越不值钱,唯一有利可图的便是买房。

【政策动因:去库存】 2016年,政府将去库存当作经济工作的重心,而存量房的消化又是去库存化的重中之重。为此,"鼓励开发商适当降价"甚至都写进了中央经济工作的决议文件。但摆在中国面前的是一个两难境地:在实体经济尚未实质性回暖之前,货币政策和外汇管制收紧是不可行的,短期内只会进一步宽松。央行确是在尽力行使自己的职责,为疲弱的经济提供资金支持,然而它却没有能力掌控这些资金的流向。现在看来,它们中注定有不少会流向楼市,从而延续它的疯狂,让中央政府的"房价适当下降"愿景落空。

泡沫破裂,近在眼前

但这大概是最后一班车了。

随着"新常态"的到来,经济增速不可避免地放缓,经济结构主动或被动地转型,未来中国已经不再可能,也没有本钱延续过去那种依靠堆砌投资而拉动的经济增长模式了。

在这么多年来的投资热潮中,中国已经积累了令人担忧的庞大房地产库存,中国的城市化进程即便如那些楼市唱多人士最喜欢引证的那样继续高速推进,要消化这些库存,恐怕也已不是三五年内能够完成的。根据国务院发展研究中心的研究,2014年新开工量的阶段性高点基本得到确认,未来十年,住房需求和投资增幅均将明显下降。依靠刺激房地产重归高增长的时代,已经一去不复返。此外,货币政策也不可能长期这么宽松下去,美国已经开始进入紧缩周期。

长期来看,中国的楼市泡沫注定要戳破,唯一的悬念只在于以何种方式。我们当然希望它是以可控的挤压方式出现,最理想的状态是随着经济基本面的回升,逐渐将现有泡沫消化掉。但市场经常不遂人愿,并且在我看来,现在已经为时过晚,房地产泡沫有序缓慢挤压的窗口正在关闭,破裂的可能性近在眼前。

不太可能有次贷危机

眼下还有另一些人担心必将到来的楼市泡沫破裂对金融系统的稳定性构成致命风险,进而伤害到整个经济。我认为这个问题需要分好几个层次来审视。

2016年全国两会期间,重庆市市长黄奇帆忧心忡忡地指出,用加杠杆的方式来去房地产库存,与中央精神是背道而驰的,会给经济带来巨大风险。如果听之任之,将会是另一场金融灾难。这位广受关注的"金融奇才"认为,美国次贷危机的源头就是零首付,并警告称,由此吹大的泡沫与2015年高杠杆下的股指从3 000点到5 000点暴涨的后果将会是相同的。

著名财经媒体人胡舒立女士发表在《财新周刊》上的社评呼应了这种说法,她以强烈的语气警告,以加杆杠方式刺激房地产隐藏多重风险。她认为,去杠杆与去库存,本应是供给侧结构性改革中步调一致之举。

但在房地产市场中,这一政策的效果不佳,杠杆不见收敛,反有加强。

我认为这种担心是合情合理的,但不过或许不必过于担心。原因在于两点——

第一,中国的储蓄率非常高,民间负债很低,民间不良负债更低。正如胡舒立文章中所说,在中国,企业杠杆率高企,政府杠杆率次之,而居民杠杆率相对较低。中国的主要债务风险在企业和地方政府,房贷至今仍是中国银行业最优质的一块资产。

第二,中国的房地产资产基本尚未证券化,楼价下跌可能会让投资人蒙受巨大损失,但尚不至于引发金融机构的大规模违约潮。在这一点上,媒体报道中的黄奇帆的说法是存在偏差的,零首付不是最主要的加杠杆,美国次贷危机也不是零首付造成的。真正危险的加杠杆是将房地产抵押贷款打包证券化以后再拿到资本市场去炒作,这种复杂的金融创新中国大陆至今还没有。

上述两个原因决定了中国不太可能发生 2007 年美国那样的次贷危机——正是它直接触发了全球金融危机。

在这方面,由链家、房天下、房多多等代理或者中介机构所推出的互联网金融产品是颇值得注意的新动向。但这些"金融+"创新毕竟尚在萌芽之中,还不足以掀起太大的风浪。2016 年 2 月,上海市消费者保护机构在"3·15"之前已经通报了链家的这类金融理财产品的风险,显示出了其敏锐和审慎的一面。

当前真正需要担心的是房地产泡沫破裂以后企业债务链断裂和地方政府财政困难而对银行系统造成的冲击,但鉴于中国经济的高储蓄率和低金融化程度,我认为,只要监管部门未雨绸缪,这种风险仍在可控范围之内。因此,我们不必担心楼市泡沫破裂引发全面的系统性金融风险。

但对于那些今天仍迫不及待地将毕生积蓄投入楼市的普通老百姓而言,他们挤上的很可能真的是中国楼市近 20 年黄金上涨周期的最后一班列车。它的前方不是遍地黄金,而是泡沫破裂后的泥淖。

（作者　陈季冰）

孔子是如何面对高房价的

　　2016 年,中国房价持续上涨,这或将在历史上留下浓墨重彩的一笔。中国正史记载的都是帝王将相的家事,他们的住房从来不成问题。房价在正史里不上台面,只是散见于不经意间的一笔带过。比如诗人白居易带着他的诗作拜见文坛大佬顾况,顾况看了一下他的姓名,再看看他的面相,随口来了一句:"米价方贵,居亦弗易。"也就是说,在长安城生活,吃的东西贵,房价也不便宜。这虽是玩笑话,却是可以理解的。唐时的长安,是世界上唯一的国际化大都市,应该比现在的纽约地位还要高,与之相应,生活成本应高于现在的纽约。唐朝的诗人,大概相当于现在的互联网从业者,走到哪里都是吃得开的。白居易不仅谋得了公务员的身份,还精通互联网,但是他要买房,照样不容易。白居易的办法是到长安东郊租了四间茅屋,每天骑马上下班,历经十年,仍然没有存够钱到市中心买房子。后来终于在相当于现在的卫星城陕西渭南买了房,平时住在单位,节假日才回家居住。

　　到了宋代,房价高企的问题仍然存在。欧阳修在中央工作多年,一直租住在小巷子里。苏辙晚年到许昌,花掉大半辈子积蓄,卖掉一批藏书,修造了一百余间房子的大院落。实际上,从古到今,修房造屋,从来就是绝大多数家庭最大的事情之一。很多时候,这一经济行为对一个家庭的潜在影响力,甚至比婚丧嫁娶还要大。但是,中国古代特别是秦汉以来,除了个别时间,儒家思想从道统到政统,一直为统治者所高度推崇,然而那么多的硕儒,居然没有一个出来指点当如何应付这种比婚丧嫁娶还要重要的事情,鄙人只好从儒家的创始人孔子那里,初探一下他是怎样看待住房问题的,以补其政统之不足。

孔子的收入买房不成问题

要说住房,首先要了解孔子的收入。孔子的祖上是宋国的国君,家世非常显赫,但经过十代,已经衰败,到孔子时已经家境贫寒,社会地位低下。有一次,年轻的孔子想去参加鲁国大佬季孙氏举办的party,结果还没进大门,就被保安队长阳虎拦住了,说我们招待的是名士,没有邀请你啊。搞得孔子很没面子,灰溜溜地走了。孔子受到刺激,异常刻苦,掌握了关于"礼"的知识,积累了一点名气,逐渐有了一些收入。社会活动家的收入与名气有强相关性,孔子时代就不例外了。孔子的收入主要有两部分,第一笔是工资收入。年轻时候,孔子在季孙氏那里管过仓库,会计出纳一肩挑,工作干得很出色,升任管牧场的小官,懂得牛羊交配的技术,牲口繁衍得很快,接着搞基建。不过这三个职位的待遇,均未见于史书记载。

后来孔子从鲁国出发,到国立图书馆馆长老子那里留学。鲁昭公给的待遇是一辆车子、两匹马、一名童仆,随他前往。当时出门能够坐牛车就不错了,而孔子得到坐马车的待遇,这个差异,远不止于今天坐普快硬座与坐飞机商务舱之别。孔子的工资收入,明文记载见于《史记·孔子世家》,他52岁的时候,已经是鲁国的大司寇(大概相当于最高法院的院长)代行总理职务。后来卫灵公问起孔子做大司寇的收入,孔子说有俸米六万斗。这个俸禄,可折合九万公斤小米,按照时价,年薪百万。此外还有一些日常福利,比如国君祭祀结束后,大夫以上可以分到烤肉。孔子有一次没有分到烤肉,知道政务出了大问题,赶紧辞职走了。

孔子还有两笔预期的大封赏,由于小人作梗,没有到手。一是齐景公打算把尼谿的田地封赏给孔子,但由于晏婴的劝阻,这个封赏没有成功,甚至待遇还下降了——齐景公对孔子说,用给季氏那样高的待遇给你,我做不到,所以就用上卿季孙氏、下卿孟孙氏之间的待遇给你。但待遇下降也不行，后来有人要杀掉他，他只好逃走。另一次是楚昭王想把有户籍登记的七百里地封赠给孔子。楚国的令尹（相当于首相）子西出面劝阻，这事又黄了。孔子终生都很痛恨小人。

孔子的第二笔收入来自"束脩"，也就是学费收入。孔子是开创私人办学先河的人物，他有弟子三千人，他自己说"自行束脩以上，吾未尝无诲焉"，也就是说，只要提十条干肉来充当学费，就可以入孔门做弟子听课了。这个学费标准说高不高，说低也不低，因为在古代，能够吃上肉是不容易的，否则何以用"肉食者"指代掌权人？由于孔子经常丢掉公职，所以收取学费应该是孔子的日常收入，孔子有名有姓的学生中，有的很穷，比如颜回，29 岁贫病而死，孔子心痛不已；有的很有钱，比如子贡，几乎是终生跟随左右，孔子去世后，守墓六年才离开。估计孔子的一切开销，子贡都抢着埋单。通观孔子一生，特别是成名之后，他除了在路上碰巧遇到战乱，基本上没有为衣食住行发过愁。

孔子对居住环境的要求

尽管春秋时期，还没有形成富人区和贫民区，但孔子对小区居民的德行要求很高，这从他对弟子颜回的态度可以看出来。颜回是孔子最喜欢的弟子。孔子夸奖颜回说："贤哉，回也！一箪食，一瓢饮，在陋巷，人不堪其忧，回也不改其乐。贤哉回也！"也就是说，颜回饮食粗糙，几乎以黑暗料理为生，住的地方是"陋巷"，也就是说，地段也很差，基本上就是现在的贫民窟。但孔子并不嫌弃颜回，对他的评价远远超过富豪子贡。

这不免让人想起数年前某名教授曾对学生说："当你四十岁时，没有四千万身家不要来见我，也别说是我的学生。"据说已去世的某名教授也对学生说过"你这辈子赚不到千万就白活了"。古今对照，让人感慨万千。

孔子有一次想到中原以外的边远地区居住。有人说："条件太差了，怎么办？"孔子说："君子居住在哪儿，条件差点又有什么关系？"孔子还说过，"君子食无求饱，居无求安，敏于事而慎于言"。也就是说，是不是君子，与居住环境的高档与否，完全没有关系。引申开来，孔子一定不认同把富人区叫作"高尚社区"的说法，富人区与德行高尚没有任何联系，颜回居住的"陋巷"，也可以叫"高尚社区"。

孔子能忍受小区环境不好，但是对大环境是有要求的。他提到："危邦不入，乱邦不居。"也就是说，发生战乱的国家，不要移民进去；国家发生混乱，赶紧移民出去，堪称最早的移民专家。孟子的母亲恐怕对孔子的居住理念不十分认同，为了让孟子有一个良好的教育环境，孟母竟然三次搬家。这大概是学区房追逐者的鼻祖。孔子显然没有为了儿子孔鲤的教育而搬过家。

房屋品质和装修风格

孔子有没有个人住宅，史无明确记载。不过按他的活动轨迹推算，他在老家应该有祖上留下的老宅，供夫人和孔鲤居住，至于他自己，长年在外奔波，年薪百万的时候，是否有钱财送回家翻修住宅，则不得而知。而即便要翻修祖宅，也不会逾越自己的身份，大拆大建，引人注目，因为这要符合礼制才行。孔子并不拒绝住在豪宅里，比如他对"八佾舞于庭"，也就是级别不够，却使用纵横都是八人计六十四人在庭院中奏乐舞蹈非常反感，认为逾越礼制，"是可忍孰不可忍"，但是他对"庭"的装修风格却没有什么指责，相反却认为"富而可求也，虽执鞭之士，吾亦为之。如不可求，从吾所好"。也就是说，追求富裕是可以的，即便赶马车做司机，只要致富正当，自己也愿意干。当然如果不能致富，那么就爱好一点别的好了，像颜回一样住在"陋巷"也无所谓。

孔子有公职，在政府上班的时候，也是住豪宅的。有一次，他的马厩失火，他下班回来，先问伤到人没有，没有问马的死活。拿今天的话来说，他的住宅是带车库的那种，当然属于豪宅。孔子装修房屋的思想体现在他批评宰予的言论中。宰予白天睡觉，孔子骂他"朽木不可雕也，粪土之墙不可圬也"，从装修房屋的角度来说，孔子反对在装修房屋时,使用"朽木",即不合格的装修材料;对墙体的材质,他也很在意,不能使用粪土,而要用黏土或黄土,否则无法批墙。孔子比一般人意志坚定的地方,是敢于不住豪宅。他经常辞职不干,走了,实际也就是搬出国君分配给他的豪宅。孔子说:"奢则不孙,俭则固,与其不孙也,宁固。"引申开来,就是住惯豪宅的人,容易不谦逊,爱出风头;只有住普通住宅的人,才能脚踏实地,做实事。

孔子会怎样看待高房价

综上所述,孔子关于住房的理念,可以归纳为:

有没有房产是无所谓的,更重要的是自己的理想抱负能不能实现,为了理想,随时可以抛弃房产;住房的好坏无所谓,关键要看住在一起的邻居德行是否高尚;房屋的品质和装修也无所谓,关键要看住在房子里的人言行举止是否合乎礼制。

那么在今天,孔子的这些住房理念是否派得上用场呢?我以为很难。

首先,从 2015 年下半年到 2016 年,房价飙升,房产简直成了分割社会阶层的利刃,"学而优则仕,仕而优则学",孔子最初的努力学习,不就是为了恢复家族的荣光吗?学习是一种途径,但如果你无论如何刻苦学习,刻苦工作,都买不上一套房,那该怎么办呢?孔子的意思是向颜回学习,租房、住经适房、小户型……这还用圣人教吗?

其次,孔子觉得不买学区房,住在菜场小学旁边也无所谓。但你架不住那么多人在抢学区房,这不是用德行修养能够劝阻的吧?

再次,住在房子里,言行举止要反映出德行来,在今天更是缺乏可操作性。所以孔子提出"慎独",也就是不要躲在家里,看一些逾越礼制的视听节目。但这个似乎更难,能够搞好个人卫生,不惊扰邻居就不错了。

一言以蔽之,孔子的思想在个体的德行修养方面,仍有相当影响,但面对今天的公共事务,特别是最重要的社会经济现象,则完全没有任何解释能力，也提不出多少有价值的参考意见。作为一种政统，它既不能帮助为政者解释房价因何上涨，也不能告诉投资者该如何应对。我们不苛求2500多年前的孔子有先知之明。但2500多年后的今天，面对全民都很关注的这个社会经济问题，那些现世的儒学信奉者们又何尝给予一言半语的学理阐发？

不过我相信如果孔子再世，他作为"集大成者"和最有智慧的人，面对公共事务，会有深刻见解，乐于做一名"公知"。只不过这种见解的分析工具，一定不是他自己创造的儒家学说，而是现代西方经济学、政治学与社会学，等等。

在今天，不管是治国理政还是具体到一家公司、一个家庭的管理，都有很多现成的技术性的方法，这些方法的一部分，可能体现了某些儒家思想的原则，但儒家的某些思想原则，本身就有普世性，并非为儒家所专有。不明白这一点，而把孔子思想提升到"宪政"的吓死人的位置，他怎么可以为2500多年之后的今天包打天下。强如是，不亦蠢乎？

（作者　任大刚）

上海房租连续下跌，
一个前房东是这样看的

上海二手房租金下降了！

2017 年 4 月 17 日，上海东方广播电台播送的一条消息说，从 2017 年 3 月开始，上海的二手房租赁市场价格出现下滑。其中，2017 年 3 月份租金同比下滑 3.12%，这个同比下降指标，为 2009 年 10 月以来的最低记录。据多家中介公司的交易记录，部分区域租金下滑 5%～10%。2017 年 4 月，上海全租均价是每月每平方米 78.5 元。实际上，在 2016 年 12 月份，上海房租已经结束连续 90 个月的上涨。

不仅租金在下降，更重要的是租房需求也在下降。综合上海多家中介机构提供的交易记录，2017 年 3 月份上海二手住宅租赁共成交 75 000 套左右，环比下滑 15.99%。其中中高端楼盘租金价格环比下行的占到八成。江宁路算是上海的市中心，高级地段，房租自然遥遥领先于上海的外围地区，但这一区域内房龄在 10 年的二手房，租金也在下跌，有的房源甚至挂牌一个多月都未租出。

上海二手房租金下滑，是好消息还是坏消息？

做房东也不容易

房租下行，听上去自然是个好消息，可以适当减轻租房者的居住成本。在成熟市场里，房租应该是和一手新房的房价相互参照，新房房价下行，导致居住刚需涌向一手新房，租房市场客源下降，自然会引起二手房租金下行。

但现在的情况是，上海一手新房市场近几个月虽未出现明显上涨，但也未出现明显下跌，仍旧为一般的工薪阶层不敢问津。特别是近期限购政策升级，导致购房刚需被挤出，这部分人员仍然只能租房居住，因此按理来说，上海的租房市场不应该出现量价齐跌的情况，但这个情况就是出现了。这表明，上海二手房租金出现下滑，另有原因。

上海的住房租赁市场，主要由居民个人的房屋组成房源，政府提供的公租房源不起主要作用。就上海来说，我一直认为，在 20 世纪末推行房改之初，通过公房低价出售，上海大多数当时的公房租住者基本上解决了住房问题。

即使是当时在这方面未得益者，在上海房价还未整体爆发的时候，通过政府、企业、个人多途径的努力，也大都从商品房市场满足了基本的居住需求。因此，真正的住房困难户是不多的。

在近几年的房地产调控中，中央要求各地政府多造公租房，上海自然也不例外。但在分配这部分公租房时，政策是不断放宽的，其实这里又产生了一个社会公平问题。

我有一套 80 多平方米的二手房供出租，但 2015 年因儿子结婚需要收回，当时的租房者是一个上海本地所谓的住房困难户，已住半年。他一家三代在市中心有一间房子，只是太小，因此成为住房困难户。为此，政府在公租房尚未建好的情况下，同意他外出自行租房并给他提供补贴。就这样他和我产生了关系。

他住着我的房子，房租由他所在街道提供一部分，他自己拿出一部分，但是他把在市中心的那间房租了出去。市中心寸地寸金，他收完房租再交给我租金，居然还有盈余。这是个人修的福，且不管他。但是当我要求他退房另行租房时，他却以自己是住房困难户，国家有保障为理由，振振有词地拒绝。

我和这个租客差不多年纪，年轻时来到上海，在住房上完全是一穷二白，两手空空。30 多年来，靠着自己和爱人的辛苦劳动，总算解决了住房，虽称不上豪宅，但也可满足了。但是，这个所谓的困难户年轻时基础条件比我好，和我一样有手有脚，听他吹起牛来什么黄金啊期货啊，我不懂的他全懂，他抽的烟也比我的好，现在他却可以躺在国家身上，要政府给他提供大额补贴。

我现在虽已退休，但由于还在从事写作，有一点稿费收入，因此还在不断地缴税。这种好逸恶劳的住房困难户，其实就是我们养着，而如今，他居然还以自己是住房困难户为理由来要挟我。这公平吗？

当然，我半途撤销出租合同确实也给他造成不便，此事以我退还他一个季度的房租而解决。我之所以说这个事，其实是要说在上海，政府建造的公租房只能由本地居民居住，本地居民中真正的住房困难户不多。

上海真正的二手房租赁市场，是由来上海寻求发展机会的外省从业者构成的。如今租赁市场出现量价齐降的情况，只能说明一个原因，进入上海的外省从业者在减少。

来自外省的租房客减少了

作为远东第一大城市的上海，自开埠以后，历来对全国、全世界各种人员有高度吸聚力，上海也因此发展起来，并且形成上海开放的城市性格。

但这种性格在计划经济时期中断了，高度严密的户籍制度使外省普通劳动者进入上海的机会几乎完全丧失，而上海自己也减慢了发展速度。改革开放后，随着政策日趋宽松，虽然户籍制度仍在，但外省普通人进入上海的门已经越开越大。

随着越来越多外省普通人进入上海，上海同广州、深圳地区一样，充分享受到了特定历史发展时期产生的"人口红利"。与此同时，开放的城市性格又回归到上海这座城市，上海的发展因此而走在全国前列。

外省人口进入上海，自然需要住房。在限购政策推行之前，经济条件好的人可以通过买商品房融入上海，经济条件差的人则可以租房。上海发达的民间租赁市场满足了这方面的要求。

当然,近几年快速上涨的房租,使租房者承担了不小的压力。但就租房市场而言,相比于购房市场,它的市场化特征是比较明显的。在地方政府普遍实行限购政策的背景下,一个城市真实的购房需求已经扭曲,房价也不再是真实的市场需求的反映。

但由于租房市场主要由民间承担,政府除了清理"群租""违建",少有干预政策,因此从租金的下降,特别是租房量的减少,可以看出一些问题。

到底是什么原因导致上海二手房租金与房价的背反,导致二手房租金出现下滑?

某媒体所作的新闻报道提供了答案。报道说,房租下降,主要是因为随着各区环境综合整治的推进,多个大型市场关停、城中村改造,让人口密集的区域人口流向趋于平衡。

一名地产分析师说:"上海人口是流出的,这部分需求是被逐步挤压的,需求端明显动力不足。今年春节后集中返沪人群出现明显减少,以往三四月份的租赁高峰没有出现。"新闻报道将上海房租下跌与上海环境综合整治、多个大型市场关停、城中村改造相联系,这个观察与我作为一个上海市民的日常观察吻合。2016 年以来,上海很多街道的沿街商铺关闭,商铺门前砌上了水泥墙。

开放的上海应该容纳"小鱼小虾"

这些小商铺已经存在二三十年,已经融入小区居民的日常生活。很多店主确实来自外地,但正是他们的辛苦劳动,满足了市民的日常生活需要。当这些小店被当成违章建筑时,其实政府还应当看到另外一个层面的事实:当初建造小区时,未能很好考虑商业网点的布局,使居民的日常生活出现了很多不便,这些小店正好弥补了这方面的缺憾,这是市场力量修正规划的体现。

当然,这些小店大都是利用居住用房破墙而建,可能会损害建筑的安全性。那么,管理部门完全可以根据房屋的具体情况,要求业主加强安全措施,并对此提供技术帮助。如果这些小店未办理工商登记,解决的办法更简单。工商登记部门可以深入市场,帮助这些小店业主办理好相关手续,使其拥有合法身份,并督促其守法经营,相信这么做也能得到业主的配合。

最近几年,中央政府一直在积极倡导大众创业、万众创新,期望通过这种"双创"的努力来释放市场活力。

但是,并不是只有时髦的"互联网+"或者 P2P 之类才是创业,找准市场空缺开一个小店,赚一些小钱,这同样是一种创业。政府应该对所有的创业者怀抱热忱,做好服务工作,帮助他们解决实际困难,在此基础上引导他们守法经营。

上海是个海纳百川的城市,而当百川之水归于大海的时候,进入大海的不仅有大鱼大虾,各种小鱼小虾也会随波而来,只有这样,大海才有生命力。

民国时期的上海,不仅容纳了各种市场人才和冒险家,也容纳了大量的逃荒农民,上海因此造就了城市的繁荣,上海也因此获得了人们的尊敬。

今天的上海年轻人经常津津乐道于上海在二战时期收留了几万犹太人,其实上海还曾收留了大量旧俄被推翻后的俄罗斯逃亡者,这同样令他们的后裔感念。但是上海如果没有这种兼收并蓄的胸怀,今天我们作为后来人是不可能收获这份荣誉的。

这篇文章写到这里,应该结束了,而本文开头所提出的问题,二手房租金下调,好消息还是坏消息?答案也就应该出来了。

（作者　周俊生）

3万元鹤岗买房2.2万元卖出，
这不仅是一个失败者的故事

自从2019年《流浪到鹤岗，我五万块买了套房》成为网络爆文，江湖上就流传起去鹤岗买房的传说。

故事的主人公来自五湖四海，他们或是来圆安居梦，或是来"抄底白菜价"。

在这座寒冷的东北小城，异乡人用一线城市一块地砖的价格，就可以换来一套属于自己的房子以及一本鲜红的房产证。

这本身就像是一场"冰雪奇缘"。

3万元买入2.2万元卖出，3个月的"有房人"

《中国青年报·冰点周刊》讲述了27岁年轻人许康的故事。

2019年11月，许康在新闻报道中看到了房价洼地黑龙江鹤岗，于是耗时3天、跨越4 000多千米来到鹤岗，用积蓄＋网贷共3万元买到一套房，和网文主人公同一个小区。

买到房之后，由于两地的"工资差"，他回到拉萨的餐厅打工。但突如其来的新冠疫情令他失去了收入，"身无分文、尚有网贷"的许康无奈卖掉了自己在鹤岗的房子，最终成交价为2.2万元。他甚至已经没有路费回鹤岗交接，只是用快递寄去了那本鲜红的房本。

3万元买入、2.2万元卖出，这注定是一个要被炒房客、房产经纪人笑哭的故事。

但花费8 000元，让自己有房的梦想成真，哪怕只有3个月，对许康来说,或许也不枉来回8000多千米的奔波。毕竟,他太需要一个家了。

许康来自湖北荆州农村,4岁时父母离异,他自小便借住在奶奶家,小学毕业后辍学打工,自此开始"四处流浪"。

闯过上海滩、住过北京城、进过富士康、骑过川藏线,挣钱—旅行—打工—换个地方—挣钱—旅行—打工,便是许康全部的生活轨迹。

他如蒲公英一般,风起而行,风停则止,但从不扎根——不是不想扎根,而是城市的钢铁森林致密坚硬、天衣无缝。

对极少感受亲情眷顾的许康来说,还有什么比一串真正属于自己家的钥匙,更让人心安的呢? 无论行至何地,他都像是一只不断线的风筝;听到其中金属碰撞的声音,也好像是远方家中的来电。

在这3个月的"有房生涯"中,许康的生活不只有眼前的苟且,还有4000千米外的顶楼一居室。

所以,我并不把他看作一个失败的购房者,他曾经短暂地走进梦里、走进一座向往已久的乌托邦,并向他"鹤岗贴吧"的网友们炫耀过他的房。

8000块钱,我看不算贵。

当然,说到这,房产经纪人又举手发言了:他的情况应该选准城市,租房蜗居,省吃俭用,戒掉旅行,攒够首付,等待升值。

但在买房的问题上,"算回报率"和"圆有房梦"的人或许永远都不在一个频道上。

"许康们"来了又去,鹤岗不能永远只"卖白菜"

14亿人有14亿种不同的际遇、不同的生活、不同的选择,我们的想象力无力评判许康的得与失。

我甚至觉得我们远远没有他浪漫。我们或许与他共享同款"买房时的兴奋",却未必有他"失去房子时的坦然"。

对于我们绝大多数人来说，仍然要像时钟一样精准地踩着人生的钟点，须臾不敢放松。"宜早不宜迟、买涨不买跌、房子不嫌多、关键看位置"——依然是我们信奉的金科玉律。

许康的处境，有原生家庭的影响、有个人价值观念的差异，也有新冠疫情等偶发因素的作用。也或许，他会在西藏邂逅一个姑娘，从此真正成为不断线的风筝，踏实工作，专心买房。

无论如何，鹤岗为像许康一样的所谓"落魄者"提供了一个庇护所，丰俭由人、来去自由，用几万元钱换一个城市里的安居梦。

当然，从城市发展角度和房产投资的角度看，"房价洼地"并不是什么光彩的称号。深陷"资源困局"的鹤岗，因煤而兴、因煤而困。房价的低迷既源于严重的供需失衡，也由于城市活力的欠缺。

而这些为低房价而来的"许康们"又能否给小城带来活力，目前看很难。即便是走南闯北的许康，都因鹤岗缺少产业、工资低而宁愿远赴拉萨工作。其他买房的人，又有多少能够扎根鹤岗，成为这里的劳动力、创业者？

说到底，一个城市想要真正吸引八方客，仅靠低房价还远远不够，还需要有一种"不甘"的精神，用创新的思维突破困境，而不能眼看着自己生于斯、长于斯的城市垂垂老矣。

这些年，在白菜房价的"人设"下，鹤岗其实有着比东北其他同类城市更高的知名度、更充裕的流量。

利用房价的优势，去挖掘网络、旅游、对外贸易等领域中新的富矿。让千里而来的买房人能够安居于此，让过客变成主人，让主人撬动城市，让"许康们"既找到安身之所，又找到立命之本。这座城市才真正有希望。

（作者　思　凝）

指标到校，为何不能消除
家长对学区房的疯狂

上海的高中即将实行优质学位指标到校政策，反应最激烈的似乎不是学生家长而是房市。比较普遍的说法是，指标到校将让学区房降温，不会再出现老破小单价超过汤臣一品的现象了。

01

愿望是美好的，但是我所在的城市合肥，从 2012 年就开始实行指标到校，到如今已有八九年，学区房的温度不降反升。

以合肥单价最高的政务区板块为例，指标到校分数更高的学区房，能比附近差不多房龄品质的房子贵上一万块。而老城区的双学区，有些历史悠久的学区房单价甚至高达七八万元，要知道合肥楼市均价还没有超过两万元。

按说指标到校分更高，孩子想进入优质高中岂不是更难？当然也不是说指标到校分数越低越好，某些学校指标到校分数虽然能低到几十分乃至一百分，但孩子将来还要考大学，就算进了优质高中，跟不上也是白搭。

最优选择是那种跟名校指标到校只差几分的，我孩子的小学班主任也这么建议过。当时她孩子读初三，算是过来人的意见，听得我连连点头，但实际操作时，我眼睁睁地看着自己变成了一个非理性的人。

我儿子即将升初中时，我是考虑让他上我家附近的二档学校的，因为我看的几套学区房要么贵，要么破，要么又贵又破，还都是这几年才涨上来的,想想我成天"白头搔更短"地写稿,还是填不平这个大坑,就很不甘心。

这是其一,其二是我家附近的学校这几年蒸蒸日上,指标到校分比最耀眼的那几所学校就低 10 分左右,可上可下,很理想。

再说我家孩子小学成绩一般,我自己也很懒散,名校高手如林,除了原本的土著,还有很多为孩子上学特地搬过来的"孟母"——听同事说,上初中之后,她孩子小学同学有一半都搬走了,她家所在的学区一般。

我估计这些"孟母"个个都是"鸡娃"的"狠角色",我家教育方面综合实力显然不能跟人家比拼,倒不如呆在二档学区,"分母"的实力都跟我家差不多,说不定一不小心挤进了"分子"的行列里了呢。

02

于是,我问孩子愿不愿意上附近那所学校。我家孩子其实是偏幼稚的那一类,老师评价他的心智比他实际年龄起码小两岁,但是他大概是在网上或是在同学中看到、听到了什么,迟疑了一下,说:"会不会我的命运从此就被改变了?"

这句话犹如当头一棒,接下来每天早晨我都会醒得很早。是啊,万一孩子的命运被改变了呢?内心另一个声音冒出来,说,不至于吧?可为什么大家都削尖了脑袋进名校呢?

当然群体的选择不一定是正确的选择,但是孩子的事,绝不可以试错,寻常路不见得更对,但是更安全。

我先认个错,我内心不够强大,看人家姜文,就能给孩子休一年学,去新疆还是哪里进行体能训练。

但是姜文可以不走寻常路,我们不能,就像荣国府的鼎盛时期可以培养出一个为所欲为的贾宝玉,一旦衰败下来,作者抚今追昔,悔恨自己"背父兄教育之恩,负师友规训之德"导致"今日一技无成、半生潦倒"。

固然,我家孩子现在成绩中不溜,焉知他上初中就不会或是突然开窍,或是被周围的学习氛围感染,或是遇到点石成金的良师,奋起直追,实现逆袭呢?——我的想象力似乎太奔放了一点,但做父母的,不都是这样动不动就放飞想象的翅膀的?

03

后来我咬着牙,还是买了个学区房。

一个"鸡娃"非常成功的女士对我说,你这样做是对的。别说你娃成绩还好,不好的话就更要上好学校了。她告诉我 2020 年合肥普通高中升学率是 69% 左右,也就是说,大概 30% 的孩子上不了普通高中,只能上职业学校,传说以后想上高中更难。

以现在的就业形势看,上职业学校未必就不好,毕竟不断有本科生送快递应聘保安的传闻,这些工作的确只需要经过一定的职业训练就够了。但是做父母的,怎么接受孩子连高中都上不了呢?

面对孩子的事,为人父母者很难成为一个理性人,"也许""可能""万一呢",这样的词不断在心中闪烁。为了躲避百分之一的风险,家长愿意使出 100% 的气力,孤注一掷,不计其余。

即便平时很在乎性价比的人,到此时,也会变身价格不敏感人群。比如我的一个朋友,在贝壳网上看了几张图片,就让中介把房东约出来签了合同。

当然她也没吃亏,她的那套"老破小"学区房这两年翻了近一番。在非理性的世界里赚钱是最容易的,资本看到这一点,就会以疯狂带动疯狂,没有子女上学需求的投资者也在推波助澜。

学区房开始具有金融价值,拼尽全力买学区房更是一箭双雕的事,既对得起孩子,还是一项稳赚不赔的投资,何乐而不为呢?

04

所以,指标到校不能为学区房去魅,要想解决问题的还得坚持"房住不炒"。

前两年合肥出台重点学区限购政策，虽然被某些人视为利好："知道官方盖章的好学校是哪几所了吧?"但也看得出学区房明显在降温，某学区一向出一套卖一套的小户型房源目前明显增多，交易过程开始拉长。

再就是教育资源必须均衡，单是将普通学校变成名校分校是不够的，有名师才能有名校，全方位的资源投入，才能彻底改变学校的面貌。单靠指标到校，不能消除家长对学区房的疯狂。

（作者　燕　草）

中国的房子，还炒得动吗

2021年，一个朋友向我诉苦。

他在北京工作多年，七辛八苦买了一套"老破小"。2020年准备南下到苏州工作，想在苏州买房，主要是为了孩子读书。限购政策之下首付门槛大幅提高，于是他把北京的房子挂牌出售。可是，房子挂了多日无人问津，南下的事就卡那儿了，一次事业提升的机会也许就这么黄了。

听他唉声叹气，我也没有什么办法。

中国人真是为房子操碎了心，有房没房、买房卖房的都不容易。几年强调控，并没有让身边刚需购房的朋友买房更轻松，反而感觉难上加难。贷款难，贷到款买上了，人们又开始担心利率上升。像那个朋友那样刚需置换的，就更难了。

"房住不炒"是对的，但是当下楼市还有多少"炒家"？

银行上浮房贷利率合理吗

2021年，央行、银保监会联合召开房地产金融工作座谈会。会议要求，金融机构要按照法治化、市场化原则，配合相关部门和地方政府共同维护房地产市场的平稳健康发展，维护住房消费者合法权益。央行"两个维护"一出，立即引来市场热议。

这不能简单地理解为调控政策放松，而是金融管理部门释放了纠偏的信号。此前部分银行以调控为名，采取了一些损害住房消费者合法权益的过激举措。

比较典型的是，此前"两集中"制度要求银行控制房贷比例，造成了部分银行对合法合规、合情合理的住房按揭贷款"紧缩"。

媒体的调查和报道显示，包括北京、郑州等在内的多个城市二手房信贷额度不足，房贷时间延长，甚至有城市的部分银行直接对二手房"停贷"。这对刚需购房、刚需置换的打击无疑是沉重的。

如果说房贷"紧缩"是政策压力所致，尚能理解，那么房贷利率上浮的举措就有借调控为名、行增收之实的嫌疑了。

2021 年 1 月 27 日起，中国银行、中国农业银行、中国建设银行、中国工商银行等四大行的房贷利率将全部上调，此次上调包括首套房和二套房。

这难道符合"房住不炒"的调控定位吗？莫不是在四大行看来，买第一套房的住房消费者就是在"炒房"了？

这着实让人感到不可思议。

即便是二套房的利率上浮也难以让人接受，明显增加了刚需置换的成本。

刚需置换的卖出和买进之间存在时间差，这是刚需置换中的普遍现象。只要买进时还没有完成第一套房的交易，置换就成了"购买二套房"，刚需置换者就不得不因此承担更高的利率负担。而住房按揭短则 10 多年，长则 30 年，仅仅几个月的时间差竟造成了长期的家庭负担。

这样的措施对房价调控能起到多大作用存疑，银行增收倒是确凿无疑的。当然，这些措施都可以用"增加炒房成本""打击炒房"为理由。问题是，任何增加购房成本的措施，都是如此。

这真的合理吗？

拥有多套房就是"炒房"吗

把所有购房者都视为"炒房客"，显然是荒谬的。拥有多套房就是"炒房"，其实同样站不住脚。

由于特殊国情所致,中国家庭拥有多套房,却仍有合理购房需求的情况非常普遍。

例如,"新市民"的异地购房需求。经历了多年持续的人口迁徙,中国一、二线城市有很大比例的"新市民",其中有不少在原籍拥有住房,在落户城市依然有住房刚需。这不是合理的购房需求吗?

还有,人户分离的购房需求,在大城市中普遍存在。户籍上"三代同堂",实际生活需要分开居住,造成了统计上显示一家多房的情况。这不是合理的购房需求吗?

拆迁补偿造成的多房家庭仍需购房。伴随着大规模的城市改造和扩容,早年拆迁以住房补偿为主,动迁房又多在远郊。这类多房家庭仍有工作、学习而不得不购房的需要。这不是合理的购房需求吗?

还有,为未成年子女准备的储备性购房,尤其是实施全面两孩政策后,不少二孩家庭更倾向于未雨绸缪。这不是合理的购房需求吗?

这些合理的购房消费,基本上可以归类于大众认同的刚需购房,而不是"炒房"。但是,在统计上都属于"拥有多套房家庭",成了调控政策的主要限制对象。

这些完全正常合理的购房需求、置换需求被强行限制,对国计民生都没有任何益处。调控政策在实际执行中误伤刚需的情况远比想象中普遍,类似情形违背了打击炒房的良好初衷。

到底"炒房"该如何界定,迄今为止缺少准确的标准,是造成调控误伤刚需的直接原因。更为根本的问题是,我们对中国房地产市场的实际情况,缺少冷静客观的观察。

当前"炒房"的人多吗

政策打击炒房,却也不能因噎废食。目前的中国房地产市场发生的交易中,"炒房"不可能占很大的比例。

"炒房"不是自住消费,也不是正常的不动产投资行为,而是一种投机行为。和所有的市场投机行为一样,"炒房"只能发生在特定的市场条件之下。那就是标的物的市场波动大、价格变化频繁,才能"炒"。"炒股票""炒期货"莫不如此。

而房产作为不动产,流动性较差、资金门槛较高,正常情况下并不是理想的投机交易对象。中国一度炒房成风是转轨条件下的特殊现象,不应视为常态。

中国房地产市场经历了从无到有的急转过程,稀缺性井喷导致价格信息迅速释放,是"炒房"成风的根本原因。但是,经过20年的快速增长后,市场分化明确,价格信息基本清晰。投资价值高的热点城市房价高企,"炒房"收益降低、风险加大。

前几年"炒房"下沉到三线后,已经是强弩之末了。近些年来,除了一、二线热点城市外,很多三线及以下城市要么房价下跌,要么交易量锐减、有价无市。

整体而言,中国房地产的价格快速上涨阶段已经过去,已经不具备炒房的市场条件。

2019年,全国二手房成交量为426万套。2020年,央行发布的《2019年中国城镇居民家庭资产负债情况调查》显示,仅有10%左右的中国城镇居民家庭,拥有3套及以上的住房。这一比例与庞大的二手房交易量相比,显然不具备囤积抬价的能力。

热点城市的一手房交易更是天量,2019年一手房交易金额排名前十的城市,合计交易了28 424亿元。接近3万亿元之巨的庞大市场规模,怎么可能是投机性的"炒房"为主?于情于理都是讲不通的。

如此庞大的市场规模,"炒房客"在少数热点城市或许还有零星的存在,但绝不可能是住房交易的主流。

更何况,中国普通家庭也没有财力去"炒房"。

2020年上海以人均可支配收入7.22万元位居中国各省市首位,这意味着上海的普通三口之家年收入不超过15万元,不吃不喝不消费,一年能买个市区3平方米?不吃不喝不消费10年,能存出个首付?

不仅"炒房"已经和普通人无缘,长期持有、以抗通胀为目的的投资性购房,对大多数家庭而言也是可望而不可即的。

因此,可以作出判断:目前中国房地产交易中,刚需购房、改善型购房的合理需求是主流,但把打击炒房作为政策目标,限制住房消费,是矫枉过正了,只会伤害合理的住房消费需求。

限制交易是好办法吗

总有人试图论证"中国人不缺住房",把纸面上的统计数据当作了金科玉律,却忽视了市场实际需求的复杂性。

所谓"中国家庭户均 1.5 套住房""中国有 30 亿套住房够全国人民人均两套",就是这样出笼的。这些"数字信仰者"要么是对中国房产市场的实际情况一无所知,要么是对住房消费者的合理需求视而不见,一味在纸面上做"沙盘推演"。

当这种纸上谈兵与实际市场表现(住房供应不足)之间存在明显的冲突难以解释时,"数字信仰者"只能以夸大炒房的市场影响力,强作解人,从而造成了政策执行层面的矫枉过正。

年交易量 400 多万套、十大城市一年 3 万亿元交易金额都是在"炒房",这种荒谬结论就是这么出来的。不实事求是、不相信市场的纸上谈兵,再加上一些"利益驱动",导致一些部门在实际执行中,限制正常市场交易的措施大行其道。

即便从抑制炒房的角度讲,限制交易也不是良策。市场投机无非是利用短期价格异常波动牟利,限制交易只会人为制造市场稀缺的恐慌情绪,让下一轮价格异常波动更为剧烈。

这在二手房市场上的表现最为明显。限购政策并不能满足真实需求,而限售政策只会导致供应短缺,两者叠加后造成了波段性的价格大幅上扬,在多轮房地产调控中已经反复出现。

限制市场交易的做法,导致"涨了买不起、跌了买不到",显然无助于缓解合理的住房消费需求,更无助于抑制房价快速上涨,反而为投机炒作者创造价格窗口期,而倒霉的只会是合法合规的住房消费者。

要解决住房难的困境,最根本的办法是增加供给。一手房的供给取决于土地供给,先有足够的面粉才有足够的面包,这是经济学常识。但是,这又涉及财政政策、产业政策的复杂博弈,缓不济急。

那么,相关政策及措施至少应该在二手房交易环节上回归市场机制,降低交易成本,才能起到缓解住房压力的作用。这样也才有利于"维护房地产市场的平稳健康发展,维护住房消费者合法权益"。

(作者　关不羽)

我成了楼市调控的炮灰

自己开了公众号，才深深理解到，为什么个人号会让人更加投入。

不同于冰川思想库这样略有公共性的账号，个人号的关注者，多数是赞同作者的观点，或者欣赏作者本人，才会关注。

对自己的关注者，作者也会有一种奇妙的感觉。觉得每一个关注者，都是自己的倾诉和发言的对象。你会真切地想知道他们的想法，以及他们对你的文章的看法。

自从上次发文后，我就一直产生莫名的亢奋。一下子表达欲爆棚，但又不知道从何说起。这种感觉，好多年没有过了。

还有，我会不时去看后台的留言，几乎所有留言都会回复。原来冰川后台的留言，我只能挑着回复，或者让小编回复。但在个人号，总觉得自己不回复不礼貌。

包括给我打赏的朋友，我也尽量回复谢谢！对此，我是又感动，又有些压力，就怕辜负大家的期许。

01

跟我交往的，有人说我心细，其实我有时候心大得很。

比如我在杭州市富阳区有一套房子，是前几年卖了别的房子置换的。可自从交了钱之后，到现在都没再去看过……

不是因为我有钱，而是嫌麻烦。这房子是泰禾开发的，照道理是2019年年底要交付，可烂尾到现在都还没个准信。

当初买这房子，是因为觉得福建老家对面也有泰禾造的房子（泰禾是福建房企),莫名就产生了一种信任感。

谁料到,在这一轮房地产调控中,泰禾却成为最早倒下的房企。人家还没开始过冬,泰禾已经卧倒。股价经过一次次暴跌,加上地产股整体萎靡不振,现在也只剩下几十亿元的市值。

有一次想起来,有点着急,找到一个业主群。加入之后,偶尔看看进展。那天看到最新的说法是,杭州亚运会以后交付,也就是要等到2023年。

房子位于亚运会一个赛事的范围内。赶在亚运前,房子或许还有完工的希望。拖到亚运会以后交付,还有没有戏,真不知道了。

但是,又能怎么样呢?

02

说这个例子,是想聊聊政策与现实的关系。

房住不炒,这应该没什么人反对。房价经过多年来一轮又一轮上涨,也确实到了难以持续的地步。不踩刹车的话,后果不堪设想。

这跟股市的道理差不多,房价涨到一定程度,就会吸引热钱不断涌入,形成价格炒作。而一旦资金离场,来不及逃离的普通投资者,在价格回归过程中,就难免成为接盘侠,发生市场踩踏。

风险还不仅在这里。多年来,许多房地产开发商,都是通过高负债、高杠杆来扩张市场,然后在价格上涨和快速流通中获取利润。

以高风险博取高利润,这一套打法,在行业景气的时候是可控的;但到了调控周期,短板马上就暴露出来了。

监管层"三条红线"政策一出,数十家房企赫然在列,至少踩中一条红线。

至于泰禾、华夏幸福这种"三条红线"全中的,监管的拳头还没落下,企业已经自乱阵脚。

政策调整,肯定会有企业"中枪",成为"代价"。这本来没什么可说的。但是,房地产市场的调控,要真正做到精准调控又谈何容易!

这就像一个脑筋急转弯题目。

树上有 10 只鸟，猎人打死了一只，请问还剩多少只？

答案是，一只都不剩。为啥？其他鸟都被吓飞走了。

当下的房地产企业，都在喊要轻资产，要转型，有的不惜重金跨行业搞造车，无非都是想躲想跑而不能的状态。

像 SOHO 中国这种，计划打包卖掉，就是想上岸的表现。

恒大这种，是想转型，但时间有点着急。

万科呢，作为行业老大，船大难调头，选择的是"躺平"。

当一个曾经是暴利行业的领域，搞到净利润只剩几个点，还有多少吸引力？

从某种程度上讲，这也是监管目标之一。只有房企利润降低，市场降温，房地产行业才可能回归理性。

但是，为实现这个目标而产生的其他效果，却未必如监管部门所愿。

03

房企日子难过，会有什么后果？

第一个链条不是房价下降，而是债务爆雷。欠银行的钱，还不上了，到期的债券，也兑付还不起了。然后，房企越还不了钱，银行越紧张，越不敢再借钱。

事实上，即便有的房企没有问题，在调控加码的背景下，很多金融机构也不愿或不敢借钱给房企。包括房贷，也有一阵子放贷周期延长，甚至出现停贷现象。

如果再没有机构借钱给房企，多数房企是扛不住的。

而在另一个链条上，则牵扯到供应商、施工单位和购房者。

为什么在过去，房地产行业对经济贡献大？就在于房地产行业上游有众多供应商，下游又连接着建筑、装修、物业、中介等劳动就业人员。

房地产在光景好的时候，可以养活好多个行业。而它一旦进入寒冬，就会影响到很多行业的生意，以及相关行业的就业问题。

不过，最无辜的还是建筑工人和购房者。有些建筑工人辛苦好几个月，结不到工资，是会影响日常生活的。而购房者，钱交了，债欠了，却迟迟等不到交付，内心之苦闷可想而知。

我买泰禾那套房子，本来是想着养老的，虽然住不住还不一定。但以后小孩大了，总归是要分开住的。这其实也是一种刚需。

而我进的业主群，情况各有不同。有的人，两家人掏空了口袋，才买下这房子。一边在附近租房子，一边还着房贷，交付的时间一拖再拖，内心其实是崩溃的。

泰禾的楼盘烂尾的不止富阳这一处。杭州市区、上海、北京，我看到都有业主在网上讨说法。

这次恒大的问题爆发，人们又发现，还有一群人受波及，这就是买了恒大理财产品的投资者。这样，问题就不局限于上面讲的那些了，还涉及更大的层面，波及更多人。

这应该是监管部门不愿意看到的结果，但是它就这么真实地发生了。

04

2021年，央行高层乃至更高层，罕见地针对恒大的问题发话。大意是，恒大的问题只是个案，金融债比例不高，不会发生系统性风险。

"目前房地产市场出现个别问题，但风险总体可控，合理的资金需求正在得到满足，房地产市场健康发展的整体态势不会改变。"这句话，值得细品。

这意味着，针对房地产市场调控的一些具体做法，可能得到纠偏。比如，有一些房企，财务相对稳健，没有突破"三条红线"，也难以从金融机构那里获得贷款。

用央行一名副行长的话，这叫作"金融机构和金融市场风险偏好过度收缩的行为"。

在这之前,若干地方推出的集中供地,出现了无人问津的尴尬。不少房企已经没钱拿地,或者有钱也不敢拿地。而这对那些依赖土地财政的地方,无异于当头一棒。这方面可能衍生出的问题,也不会少。

当下的房地产市场,就是这么个情况。放得过头了,可能造成泡沫继续吹大;收缩过头了,行业一片哀鸣,进而影响社会民生。所以,既不能任由房地产市场一路狂飙,又不能将其生生闷杀。

就说央行等部门发话后吧,银行闻风出动,开始对房企正常放贷。可是问题又来了,哪些企业可以放贷,哪些需要严格把关呢?

对符合条件的房企正常放贷,这其实是原来就有的政策,但不少银行还是选择少放贷或干脆不放贷;现在开始纠偏,又会不会对存在风险的房企也一并"放"了?

但在这一收一放的过程中,有多少房企因为扛不住而倒下,又有多少购房者拿不回属于自己的房子?

调控,是为了稳定房地产市场,而不是为灭掉一个行业。稳定,是一个需要高超技艺的活儿。这意味着,房价不能大涨,也不能大跌。谈何容易!

偏偏在这节骨眼上,房地产税试点改革来了……

相比以往的调控手段,这恐怕才是真正的大杀招。

05

过去二十几年,搭上房地产这趟时代列车的,放在今天都可以称之为人生赢家。

我 2003 年到上海工作的时候,外环边(地铁 1 号线莘庄站以内)的房价只有几千块钱,没过一两年涨到快一万元,我那些买了房的朋友高兴坏了。再回过头看,这个价格算什么?

曾经对上海的朋友说,以我为例,如果当时在上海买一套 100 平方米的房子,接下来的日子里,我把所有工资收入都花掉,到现在也能大赚一笔了。

但如果你现在在上海买一套同样面积的房子,你可能要承受跟我一样的担心:还没交付的,到底能不能交付?交付了的,还有没有上涨空间?

身处这个时代,人们也被分成了两群,一群是有房子的人,一群是没房子的人。有房子的人,希望房价继续上涨,而没房子的人,则希望房价赶紧跌下来。

人性如此,可以理解。但别以为,房价上涨了或者下跌了,都只是影响到其中一群人。账不是这么算的。

房价上涨了,也许还没买房的人是个干房产中介或搞装修的,他能从中赚到钱;房价下跌了,也可能是没买房的人依然买不起房,而有房的人还可以多买几套房。

面对这样一个复杂的市场,以及不同利益诉求的人群,要做好调控,诚然并非易事。

而像我这样的,在错误的时间,错误的地点,向一家错误的开发商买房,可能只配成为调控的炮灰了。

（作者　魏英杰）

我在恒大暴雷前夜买的房，终于拿到手了

2022 年 7 月 31 日，让我煎熬了一年多的房子问题终于尘埃落定了，当我在最后一份交房手续上签完字，从物业工作人员手上接过钥匙的时候，我有一种释然的虚脱，甚至在心里默念了一句：感谢老天，终于结束了。要知道，我是从来不信鬼神之说的。

这段折磨开始于 2021 年的恒大风波，因为我买的正是恒大在湖州的一处房产。过去的一年多时间里，我常自责于自己的选择，这么多楼盘，这么多开发商，当初为什么就鬼使神差地选择了恒大的楼盘？

当然，这只是事后诸葛亮罢了。早在 2021 年 4 月初，我想像我这样的普通人，大概极少有人会意识到，当时的恒大已经处在一场巨大的危机之中。而我之所以选择恒大的楼盘，是因为我在杭州始终摇不到号，买不到合适的房子，经过几个月的奔波后，终于下决心放弃了。

后来，在亲友的劝解下，我便有了"农村包围城市"的想法，先在杭州的周边城市买一套，等房子升值了，然后再置换。当时，我正在湖州上班，便有了这次在湖州买恒大房子的决定。

01

2021 年 4 月初，我带着家人一起来看房，当时这个楼盘的一期已经交付，正在建的是二期，而且房子的主体也基本建成，就差几栋楼的外立面和内部的装修了。应该说，它也算是准现房了，所以看了之后，我的心里也放心了许多。

这也导致在付房款时，尽管销售说，不能马上开发票，不能马上签

合同,只能签一份认购书的时候,我也没有犹豫太多。现在回头想想,大概还是因为自己对恒大这块牌子的认可,毕竟它是国内地产业的"航母"。

另外,当时内心的一点小贪婪,也有点蒙蔽了我的心智。我打听了一下,这个楼盘周边的房子,当时的均价已经在1.3万元左右,而我所买的户型,成交价也只有1万元出头,这样一算,似乎只要买了就能挣,而且它又是准现房,当年就能交房,又是精装,即便不卖,也可以马上出租,投资回报的周期很短。

于是,2021年4月17日,在一种买到即挣到的兴奋感中,我怀揣着全家人凑齐的房款,全款买下了我人生中的第二套房子。

至此,我的噩梦也开始了。

02

说实话,就这样把一笔钱划出去,手上却只有一份认购书,这种情况还是让我心里有种不踏实感,尤其是当朋友听说我付完款之后既没有拿到发票也没有签订合同,给我分析了存在的巨大风险后,我内心就更加不安了。

我开始不断催促销售给我开发票和签合同,但直到一个多月后才拿到发票,但网签的日期始终没有定。

此时,心里虽然不安,却没有意识到有太大的问题。直到2021年6月份的某一天,朋友在微信里转给我一条新闻,是关于恒大资金链紧张、多地楼盘停工的消息。看完这则消息,我惊了一身汗,赶紧向当时在恒大工作的朋友求证,朋友回了一句:资金紧张是事实,但很快就能过去的,放心吧。

是啊,当时我其实也是这么认为的,说是心存侥幸也好,自我安慰也罢,我不仅在心里安慰自己说:"恒大这么大的公司,哪能那么容易出事?"而且也同样如此安慰家里人。

可是,到了7月份,情况急转直下,有关恒大的负面消息一波接着一波被曝出，甚至都惊动到了监管高层。此时，我再也无法淡定，担心自己的楼盘也出问题，成了烂尾楼，那岂不是呜呼哀哉了？

更为重要的是，我连合同都没签，如果真出事，那岂不是叫天天不应，叫地地不灵？而关于烂尾楼的故事，我听过太多了，最后能顺利解决的不多，即便最后能解决，时间上也是耗不起。我当时就觉得有些绝望，莫非这样的倒霉事也被自己碰上了？

说实话，这两年，在投资上我似乎有点陷进"墨菲定律"的怪圈，在此之前，先后两笔投资都因为各种各样的原因要么全军覆没，要么损失惨重，如这次再碰到烂尾楼，那么我自己会做出什么傻事，还真不敢想……

03

于是，那段时间，我顶着巨大的压力，开始走上自救之路。

我先后加入了由其他业主组建的交流群，才发现，这个楼盘的问题很大，许多业主跟我的情况类似，交了钱，但都没有网签，甚至有些人连发票都没拿到。

意识到问题的严重，大家开始自发组织向主管部门投诉，同时也组织业主去现场与恒大方面谈判。可是，由于那段时间恒大内部也很混乱，而地方政府介入也需要调查的时间，所以 8 月份前的这段时间，是我最煎熬的日子。

尽管我们不断讨说法，却没有人能给我们说法，未来会怎样，也得不到确切的消息。有那么一阵子，我甚至已经做好"血本无归"的准备了……

都说"柳暗花明又一村"，古人诚不我欺，正当我绝望之际，业主群里传来了好消息，说是湖州的主管部门已经受理我们的投诉，并成立了专班开始介入调查这个楼盘存在的问题。

大概一周时间，当地主管部门向我们通报了调查结果，该楼盘存在违规挪用房款的问题，也就是说，我们的房款没有进入指定的监管账户,而是被恒大挪用到其他地方去了。

对此,当地主管部门要求所有已经付款的业主将购房的相关材料提交,以便他们核实,届时再根据调查情况处理。2021 年 8 月 17 日,我把所有的材料都交给了主管部门,并一再与他们确认,这事能不能得到妥善解决,在得到肯定的答复后,我煎熬的心总算有了点安慰。

接下来又是漫长的等待,其间谣言满天飞,有说我们这个楼盘已经被恒大抵押出去了,所有的房子都被银行冻结,所以才不能网签,而现在恒大已经没有钱赎回,所以很有可能我们也拿不到房子了,等等。

中间还旁生了许多的枝节,比如主管部门要求贷款的业主必须在指定的银行贷款,但该银行的利率太高;又比如,主管部门要求贷款的业主先网签,全款的业主最后签,这些都让网签出现了许多的不确定性,甚至发生变故。

其间,我又反复给当地的主管部门打电话沟通,表达了自己对他们将全款业主放在最后签约的做法的不认同,对方也很客气,同时也很负责,说一定会将我的问题反映上去,一并研究解决。

2021 年 11 月 26 日,我终于接到了网签的通知。那一刻,我没有任何开心的情绪,只想哭。

2022 年 7 月 31 日,我终于拿到了房子的钥匙,比实际的交房时间晚了半年多。但正如我在当天朋友圈中所写的感慨:因为已经没有太高的预期,所有一切的问题都已经不是问题。能拿到房,我已经比很多人都幸运了。

(作者 西 木)

第六章

艺文

其实是在怀念 20 世纪 80 年代

在一个没有道德的年代，
你们动辄义愤填膺

很少关注娱乐圈的花边新闻，但有关女演员柳岩的一则新闻却让我感到惊怖，不是惊怖于事情本身，而是惊怖于许多局外人的反应。

事情的起因很简单，这是一个娱乐界人士的婚礼，伴娘柳岩在婚礼上被五个伴郎抬起来，要扔到水池里。这个恶作剧传到视频上，顿时引来舆论汹汹，许多人以公众的名义，一致谴责那几个男艺人是在性骚扰，侮辱了女性，必须向柳岩道歉，向公众道歉。

这几个男艺人吸毒了吗？没有。聚众淫乱了吗？没有。他们只是在亲朋好友的聚会上搞了一个恶作剧。他们并没有触犯法律，只是触犯了一些人的道德标准，引得他们站出来见义勇为，要讨个说法。你可以说这个恶作剧很低俗，可如果要上升到性骚扰的法律层面，就必须是当事人的感受和自诉。

果然，柳岩回应了，她没有站在维护自己贞洁的公众一边，而是向几个男艺人道歉，因为亲朋好友间的一个玩笑竟演变成公共事件，由于她在归途中没有及时回应，给他们带来了困扰。但是这已经由不得柳岩本人来解释了，在那些批评者心里，我们说你受到了性骚扰，那就是性骚扰。

道德批判的逻辑是异常强大的，它依靠的是猜测柳岩的真实想法，而猜测从来都是很难证实的。几个颇具影响力的公众号忿忿然指出，你柳岩当时喊了"救命"，受到了性骚扰，你心里一定委屈得很，我们为你愤怒，为你打抱不平，但你的觉悟太低，或者是你感到为难，由于你担心得罪了圈内人，以后不好混，居然还向那几个男艺人道歉，这是什么世界？

退一万步说，这件事已经成为公共事件，那就需要处理公关危机。首先应当由那几个男艺人当众向柳岩道歉，然后再由柳岩出面，说大家都是朋友，自己可以原谅他们，我们的愤怒也就平息了，但是他们却一声不吭，这是什么世界？

这是一个道德嘉年华的世界！这样的道德批判已经超出了批评对象应受批评的程度。显然，真正伤害柳岩的不是那几个男艺人，而是社会的道德审判。柳岩和那几个男艺人不要认为这是他们自己的私事，他们是公众人物，一举一动都是属于公共领域，没有私人领域可言。即使柳岩本人没有感到此事触犯自己的底线，但它却触犯了所谓公众的底线。

我本来以为，中国社会早已没有了底线，强制拆迁，城管打人，生产毒奶粉，贩卖假疫苗，食物里掺地沟油，讹诈助人为乐者，早已是司空见惯的事。现在看来，中国社会原来还有底线，那就是亲朋好友间相处也得遵守一些人认定的道德标准，即使是玩笑也得遵守男女之大防，否则有伤大雅。一个道德水平不高的社会在某些方面反而会表现得道德严苛，这并不足奇，中世纪的宗教社会就是如此。

如果这种玩笑发生在某个普通人身上，大概不会有多少人关注，因为这构不成新闻。也许有人会说，娱乐界人都是公众人物，所以对他们就得有更高的要求。然而，公众人物不等于公权力，尤其是演艺界人，他们尽管风光无限，腰缠万贯，却无权无势，不但不能伤害任何人，而且必须要讨好公众。在这个意义上，他们的地位甚至低于公众。正是由于这个原因，他们成了道德批判的靶子。批判他们不仅能获得优越感，而且绝对安全。

我不认为这几个艺人伴郎的玩闹就突破了道德底线，问题是允不允许有人在亲朋好友间开些低俗的玩笑。由此，我想到孔子的话："己所不欲，勿施于人。"人有所欲，也有所不欲，如果你一生中免不了也会开这样的玩笑,那你一定会反感别人对你的指责,除非你永远一本正经。按照以赛亚·伯林的说法,孔子这句话就是"消极自由",即免于他人干涉的自由。从法律上讲,就是人的基本权利。孔子还有一句话:"己欲立而立人,己欲达而达人。"这属于"积极自由",即要实现自我的自由。那些谴责艺人的人,奉行的正是这种自由。

"消极自由"与"积极自由"都是人类生活不可或缺的,同时我们也须认识到,"消极自由"是不完美的,但相比之下,"积极自由"则更容易遭到滥用。在我看来,儒家奠定了中国几千年的道德基础,可以说它给予社会的一切益处都是来自"己所不欲,勿施于人",而它所造成的一切问题则是来自"己欲立而立人,己欲达而达人",尽管它同时体现了知识分子的社会责任感。

我相信那些批评者都是出于良好的道德责任感,但不分不同的道德层次、群体和范围,要求每个人时时刻刻都必须一本正经、不苟言笑的社会是一个无趣的社会,它也预示着许多人其实想要回到从前的那种一元的、绝对的社会。你说,这会是什么世界?

（作者　景凯旋）

电视剧《大秦帝国》：现代国师们的家国意淫

好勇斗狠的秦国国君秦武王跑到周王室去举鼎，结果绝膑而死（大腿骨断了），留下遗诏说，让在赵国充当人质的同父异母弟弟嬴稷继承王位。但是家里的母后惠文后有自己宠爱的宗室子弟，怎肯就如此善罢甘休？于是，孤儿寡母在权臣舅舅魏冉的保护之下，一路上逃过谋杀，逃过了惠文后设下的种种陷阱，逃过了王公重臣的猜忌和怀疑，历史上著名的宣太后和昭襄王呼之欲出。

这一幕是曾经发生过的历史，惊心动魄，刀光剑影，充满血腥杀戮，充满同室操戈，充满骨肉相残，充满人伦惨剧。在戏里，情节环环相扣，语言极具张力，道具与布景美轮美奂。宁静、张博和邢佳栋渐次登场，表演可圈可点。金牌老编剧、《走向共和》操刀手张建伟的手笔依旧老辣。

这就是央视一套黄金时间上演了四集的电视剧《大秦帝国之崛起》。在豆瓣上，已经狂飙到 9 分的高位，延续了它的前两部《大秦帝国之裂变》和《大秦帝国之纵横》的口碑。

相比其他粗制滥造或者生吞活剥或者胡说八道的历史剧比如《芈月传》《大唐荣耀》《锦绣未央》之流的东西来，《大秦帝国》系列实在可谓良心之作。

虽然其中的历史细节颇有些出入之处，比如关于商鞅在秦的作为，比如魏惠王形象的脸谱化，比如对许多其间人物的任意臧否。但总体而言，这部系列连续剧无论对于历史真实性的考究，还是对于其间的器具礼仪，又或者对于王侯将相的背景考察，都可谓精细考究，一丝不苟。

尤其是第二部中,富大龙的秦惠文王、喻恩泰的张仪、宁静的芈八子、李立群的魏惠王、杨新鸣的惠施等一系列人物的塑造,可谓入木三分,演员功底着实了得。若论起整体的水平,实在比《琅琊榜》不知"要高到哪里去"。

《大秦帝国》崛起的秘密

在讨论选题的时候,我提起《大秦帝国》,冰川思想库研究员任大刚脱口而出:二世而亡。这个议题确实很有意思:120年崛起之道,二世而亡。这算怎么回事?

我们姑且把真实的历史及其细节稍微放一放。这部剧开始之时,乃是秦孝公。此时的秦国在战国诸雄之中,早已衰弱,偏居荒蛮之地,国贫民弱,在魏、楚、齐的威慑之下,苟延残喘,眼见就要被人蚕食殆尽。

《大秦帝国之裂变》就是以商鞅变法作为主题而开展的。简单地讲,"裂变"讲的是秦国开始奋发图强的道路,商鞅为秦国制定了一套"法治"道路,在秦国国内建立了法律秩序,人民由此安居乐业,国力自此强盛。

《大秦帝国之纵横》讲的是,秦惠文王重用纵横家张仪,利用了一系列"邦交伐战"并举的措施,远交近攻,削弱了秦国的大敌魏国,打破了魏、韩、赵、燕、楚五国合围,东出函谷关,成为有能力统一诸国的力量之一。

现下开始的崛起,是在嬴政统一中国之前的最后一个重要君王——昭襄王,和他"垂帘听政"了45年的母亲宣太后,如何逐渐削弱了其他战国力量,包括坑杀20万赵军的长平之战,成为唯一力量的故事。

历史的脉络是大致不差的。不过中国人写历史都有一个十分明显的倾向,也就是"借古讽今"或"借古喻今"。电视剧也不例外,之前轰动一时的《康熙王朝》也颇有这种倾向。当年社会腐败形势严峻，《康熙王朝》中每出现一次痛杀贪官污吏的行为，便引得屏幕前的观众们欢声雷动。

那么，我想《大秦帝国》在历经 5 年的制作，经过了前期的冷遭遇，如今突然一跃成为大 IP，可能也是正好戳中了当下中国社会的一根敏感神经，也就是"大国崛起"。

中国在 1978 年之前也可谓积贫积弱，到了今天突然间可以与美国、英国、欧洲大陆等平视，国人全世界扫货，中国大妈能够撬动世界金价，买房团走出中国震慑欧、澳，国企、民企全球买资产，这与当年大秦走出蛮荒、一统天下，有什么差别？

不过电视剧的创作者们尚非如此浅薄，他们其实有着更大的志向：为中国的"大国崛起"出谋献策，从历史中寻找脉络。用他们的话说：大争之世，血性崛起。用这部剧的原著孙皓晖的话说，叫强势生存。

对于大秦历史的认知，结合着对中国崛起的当下认知，使整部剧看起来，远远不是流行的戏说，也不是试图讲一个道理的正剧，而其间浓浓透出的，是以历史映照当下的建言。按我说，就是指点江山的国师范。

这三部剧有两个共同的特点，其一是人物的二元结构，一君一臣："裂变"中的秦孝公与商鞅，"纵横"中的秦惠文王与张仪，"崛起"中的秦昭襄王与白起。其二是破局，孝公破的是贫局，惠王破的是困局，昭王破的是强局。

总体来讲，秦与现今中国的状态是一样的，也就是"敌军围困万千重"，所以当然要强势生存，强势崛起。所以，需要有一个雷霆万钧的人物，扮演中流砥柱的角色，挽狂澜于既倒，"屹立于世界民族之林"。

所以，你现在大致看明白了。《大秦帝国》借古讽今的意思是：中华文明在 2000 多年前已经与今日世界之形势大致相同，处在文明竞争的时代之中，议题或许有点不同，那个时候是从生存到统一，今天是从生存到崛起。所以，无论是原作者的目的，还是剧作者的目的，都要给中国寻找到一条崛起于世界民族之林的道路，复兴伟大中华。

现代国师们的药方开对了没有

中国的知识分子到了现在这个时间，都开始有点僭妄起来了，动不动就想当国师。学哲学的想当哲人王，学文学的想当天子师，学历史的当然也就是想从借古讽今中找到一条"史谏"的道路。

这个倾向实在是有点意思，和西方知识分子发展的历史不太一样。从马基雅维利之后，西方的知识分子逐渐学会了和政治剥离开来，成为独立的一门职业。

尤其在现代高等教育崛起之后，知识分子多数情况下是设法远离现实政治的，就连最想当哲人王的海德格尔弟子、芝加哥大学的列奥·施特劳斯，也大声声明说自己是从来不屑于介入现实政治的，虽然他的不肖徒孙保罗·沃尔福威茨还是去当了布什的国防部副部长，并且被当成了战略设计家。写了《知识分子论》的萨义德更加清楚明白地说，知识分子是那种既要独立于政府又要独立于人民的"边缘人"。

但是，当国师看起来像是中国知识分子永恒不变的主题："学成文武艺，货与帝王家"。不惟当教授院士的如此，连小说家、剧作家都如此生起欲念来，委实有点反动。

这样的心态大约也埋入了《大秦帝国》的作品中。原作者、原西北大学的法律系教授孙皓晖在谈到大秦系列的时候，每每谈到的就是"重新思考秦帝国成败与中华文明"这样的话题。

在三部曲之中，显然，每一个帝王的身边，都有一个至关重要的谋臣。这位谋臣的存在，几乎关系着帝国生死存亡。你当然可以讲这是剧本发展的需要，没有主要人物，这戏还怎么看？不过要知道的是，剧组谈到这部戏的创举就在于二元结构——一般来说一部戏就是一个主角。

不过没关系，关键的问题是：国师们的药方到底开对了没有？

价值观依旧停留在大秦帝国

在我看来,这出戏好看是真好看,但是从价值观上来讲真的也就停留在了大秦帝国。如果总结来讲,这就是一部充分阐释了"民可使由之,不可使知之"这样一个用了 2 000 年的道理的制作。

我前面说过了,这部戏重点在大争之世。所以,它看待世界的方法基本上是竞争的、地缘战略型的,或者更粗暴一点,叫你死我活型的。所以,要想自己崛起,要么通过战争把敌人打趴下,要么通过阴谋诡计削弱敌人。

这基本上就是忠实地反映了当时大秦帝国针对列国的态度。秦国征服列国,其非常重要的原因就是两点:酷政,伐战。所以,山东诸国说起秦国的时候,称之为"虎狼之国",并不是没有道理的。为了征服和统一,秦倾全国之力,御全国之民。

春秋战国可以说是中华历史最为辉煌的时代之一,诸子百家,百花齐放。在许多诸侯国中,采用的是宽仁、惜才、重商等政策,其中所产出的哲学家、文学家、政治家、思想家不计其数,在今天,仍然是消化不完的民族瑰宝。

这样的诸侯各国,最终被一个实行苛政,全民皆兵的蛮荒之国打败,真的值得如此骄傲吗?好了,如果你要说,成王败寇呀!那么这就是议题了:120 年的努力,缘何二世而亡?紧接着出现的相对宽松、休养生息和厚待文明的西汉王朝,生产出多少令人艳羡的中华伟业来?

国师们念兹在兹的崛起之道,原本就是伤民残民愚民的暴虐政权而已,这何其与今天全球一体化,通过资源、资本和人才的全球化流通,通过竞争、对话与协商,通过国际机构和法律机制安排渐次达到国际政治与贸易秩序的潮流,成为悖逆的力量?

今天的国师们大约与晚晴时期的李鸿章、康有为一脉相承,都是强烈的民族主义者。他们总是痛感于我中华民族之泱泱大国,一定要在世界上振臂一呼,应者云集。

"神女应无恙,当惊世界殊。"这句话的意思是,我们得看看这个世界的真正走向,并且把家国的命运,与世界同轨同步。食古不化,或者硬要从中意淫出一点家国理想来,大约命运就会和剧中的国师一样,商鞅车裂,张仪郁郁而终,而白起引剑自尽。

　　知识分子要负责的,是整个历史,乃至整个人类的共同命运。在战国的历史上,就有了墨子、惠子(剧中的人物惠施)、庄子这样,只对整个人类和知识负责的伟大人物。原著或编剧的国师们,若能够抬头望天,倒也不太至于像如今那样,又堕入原始的困境之中。

　　现在都是 21 世纪了,拜托,能现代一点吗?

（作者　连清川）

我花了 30 年学说普通话，才看懂央视春晚

2018 年除夕，在深圳家中准备年夜饭的时候，老婆突然说了句："哎呀，今年的春晚怎么看呀？"因为自从有了网络，长期不看电视，2017 年我把家里的有线电视停了。

跟很多人一样，老婆认为，除夕团年除了吃年夜饭，其中还有的一个例牌节目就应该是一家人一起围着电视机看央视春晚，否则就太不像过春节了。

后来，发现家里的网络盒子，也能收看央视春晚直播（网络所谓的直播，其实是延播，因为晚了差不多 11 分钟），她心里头的大石才总算是落了地。

但是，说实话，对于除夕看不看央视春晚，我倒无所谓，又或者说，我对央视春晚基本是无感的。

01

为什么？因为我在家里从小就没有看央视春晚的习惯。

早几年，AC 尼尔森媒介研究曾公布过一个央视春晚的地区收视排行榜，数据显示，在我国北方地区，央视春晚的收视率要明显高于南方，其中东三省位列前三名（辽宁 88.8%、吉林 87.7%、黑龙江 85.3%），而广东 5.3%、广西 2.6%、海南 1.6%排名最后三位，央视春晚收视率南北相差达 50 多倍。这也和我多年已经形成的第一印象比较相符。

为什么没有收看央视春晚的习惯？我想很大的一个原因可能就

是因为看不懂、听不明白。

我出生在粤西地区，当地的语言属于广府白话方言中的一个分支，平时很少说普通话。

打小开始，我们那里的人说的话都是当地方言，包括老师上课，基本也是用当地方言教学。一般从小学三年级开始，语文老师就要开始用双语（方言＋普通话）进行认字教学。至今我仍然清晰记得，当年高中班上有个来自黑龙江佳木斯的同学上课时的那个痛苦表情，因为除了英语课，老师课上说的话，他一句也听不懂。

那个时候，大家日常看的也都是讲粤语方言（广东白话）的电视节目——要么是广东电视的珠江台，要么是香港的亚洲电视本港台（现已倒闭）或无线电视翡翠台，中央电视台的节目基本不看。

大学有一天，同学在宿舍里看鞠萍的一个节目，我问："这个女的是谁呀？"同学非常惊讶："这是'鞠萍姐姐'呀，我们从小看她的节目长大的，你怎么会不认识？"我当时想，那可是你们的童年，之前我可从来都没看过她主持的电视节目。

至今我仍然印象深刻的是，小时候村里放电影，放映员在一边放电影的时候，还得一边用方言讲解甚至一个人就给电影里讲普通话对白的演员配音，否则，大部分的观众可能听不懂电影里的人到底在说什么。

02

我真正开始学讲普通话，还是等我到上海上大学的时候。

刚进大学，我们班上有三个同学说的"普通话"老师和同学是根本听不懂的。这三个人当中，一个是我，另外两个人其中一个来自福建，另一个来自山东的沂蒙革命老区。

当然，很多时候，我也听不懂某些口音很重的老师或者同学说的普通话。尤其是班上有一个来自赵本山家乡——辽宁铁岭的同学，他说话时就像机关枪一样快，经常是他和我说了一大通，结果我一句话也没听懂。

　　幸亏，那个时候香港的粤语歌曲比较流行，宿舍里的同学对学唱Beyond、张学友、刘德华等明星的歌曲兴趣很大，于是我们便相互交换学习语言。晚上他们一伙人在宿舍教我讲普通话，纠正我的发音，而我则教他们几句不咸不淡的广东白话。

　　我在这里之所以会用"不咸不淡"这个词，是因为我们那里的方言虽然是属于粤方言广府白话里的一个分支，但不算是正宗的广府白话——当然，凭借多年看广东台或香港电视的耳濡目染，教他们一点三脚猫的广东白话也是绰绰有余。

　　其实，像我这种老广，讲普通话最大的问题，估计就是不会发翘舌音的字。

　　刚开始，我常常就将"质量"读成"剂量"，班上的同学总是哈哈大笑。为了纠正我的发音，有一个上海同学，还拿"四是四，十是十，十四是十四，四十是四十"这个绕口令，给我示范如何发音、卷舌、吐气。按照他教的方法练习了一段时间，居然能顺利读下来，虽然说得不是很溜，但我的普通话也算是大有长进。

　　当时大学里有一门课程叫"公关语言艺术"，老师在讲到某个概念时，会突然不说，而是叫大家翻开教材，然后再请某个同学站起来读一下，而我总是那个被他点到名的同学。一开始，我对老师上课的这个习惯非常反感，心想："我普通话这么差，你叫我当着大家的面朗读，不是在羞辱我吗？"

　　多年以后，当我在用普通话和别人交流，对方夸我说听口音分不出我是老广时，我才慢慢明白当年老师的良苦用心：也许他当时在课堂上那么做，就是为了帮助我增加开口的自信，鼓励我多讲普通话呢。

03

　　再回头说一下像我这样的南方人对央视春晚不感冒的现象。

　　有人指出，东北话是央视春晚舞台方言元素中的"第一势力"，像在过去，"赵本山和黄宏的小品中东北方言的表现元素出现得最为频繁"。除了东北方言，央视春晚出现频率较多的还有陕西方言、唐山方言、河南方言、山东方言，而南方方言则相对弱势。

中山大学传播与设计学院的吴丹在《央视春晚南北收视悬殊的成因分析》一文中指出，"听不懂东北话，理解不了北方的习俗，找不到自己身边的明星"，这些都只是南方观众对春晚淡漠的助推器，根本的症结还在于南方观众"（对春晚）在文化和情感上缺乏认同感和归属感"。

在广东（深圳地区外来人口多，可能例外一点），像我这种接受过大学教育、算是有点文化的人，都花了差不多30年的时间才慢慢看得懂央视春晚的节目。但是，即便如此，现在我在看春晚小品或相声节目时，偶尔也会断断续续听不懂，理解不了笑点，以至于有人笑我反射弧太长。

曾有媒体调查显示，福建、两广和海南地区的观众表示，央视春晚的语言类节目有10%完全听不懂（而这些讲得又快又含糊的地方往往是节目的笑点），有30%需要靠猜测，超过70%的观众表示希望能够看到中文字幕或大年初一再看有字幕的春晚重播。

为什么南方人不看春晚？"知乎"上有个回答："给你打个不太恰当的比喻吧，学了几年标准普通话的（非北方方言区）南方人看东北二人转，就像你学了几年英语去听印度人用印度口音的英语讲笑话。"虽然答主很谦虚地说这个比喻不太恰当，但是我认为他的比喻还是很直观、很恰当的。

由此也可以想象，我们父辈的那一代人他们在看央视春晚时的感受：对他们来说，也许那不但不是一种享受，反而是一种折磨。

如果这个时候，再有点其他的娱乐消遣活动，或去逛花市，或者约到三五好友搓麻将、唱K，那一家人除夕围坐在电视机前看央视春晚的直播就绝对不会是首选。更何况，本地电视台或香港电视台同一时段还有以粤语方言播出的地方春晚呢。

04

如今我定居在深圳。除夕夜,我发现女儿在观看央视春晚时会时不时地发出笑声,我想她也许是看懂了其中节目里的某个笑点。

女儿现在快 7 岁了,普通话说得非常标准,但是我们家乡的方言又或者是本地的广东白话,她一句都不会讲,看到此景,我心中有种说不出的感觉。

以前我们因为严重的地方主义观念,只讲方言,虽然学了汉语拼音,但还是不会讲普通话,看不懂春晚,甚至因此而受人耻笑。

现在的情况则恰好相反,身边很多小朋友要么"识听唔识讲"(广东白话:会听不会讲),要么干脆连一句广东话都不会说。

我估计,现在这种方言的衰落不止出现在粤语地区,即便是在江浙沪一带的吴语地区,以福建为主的闽方言区,湖南的湘方言区,以及各地的客家方言地区,也都在或多或少地发生着,有的地方甚至还可能是有过之而无不及。

对于这种方言文化的式微,从语言文化保护的多样性角度来看,这不能不说是一种遗憾。

听我家乡当老师的同学讲,现在我们老家那个原来方言很强势的地方,因为学校推广普通话,除了个别年长的老师,当地学校课堂上用普通话教学的情况也开始变得越来越普遍了。

(作者　赵周贤)

稿酬问题，事关社稷

文人的生计，虽然由文人自己操心，但也事关社稷。

这个话前半段容易理解，后半段略微费解。

李世民和他爸爸一起造反，见识过"十八路反王，六十四路烟尘"的厉害。李家据有天下后，这大概成了他的心腹大患。

怎样收拾这些厉害角色呢？

有一次，他"私幸端门，见新进士缀行而出，喜曰：'天下英雄入吾彀中矣！'"也就是说，既然有了一个办法，让天下英雄十分愿意领他李家的工资，何愁辖制不了他们呢？

在古代，天下文武人士的饭碗和收入，皇帝竟操心若此。

01

文武人士高自标持，对收入不满意，也会找其他理由搪塞。他们若听不出内里玄机，往往犯错。

文学作品里记载了不少穷酸文人的窘境，譬如范进、孔乙己之类。这些人畜无害的文人并不足虑，他们不像洪秀全那样有奇理斯玛（具有非凡魅力和能力），实际上穷困如此也是极少数。

有篇专论"清末民国初的文人与稿费"的文章称，即便终生考场失意的读书人，也可通过科举制度衍生出的职业——塾师，维持生计，年收入在白银 30 两到 150 两不等。而当时中农一年收入仅在 33～50 两白银之间（19 世纪下半叶）。

也就是说，即便到科举制晚期，文人的物质经济生活，大体上也是相当于小地主的水准。

清末新政一声炮响，历经千年的科举制废了。出身贫苦的山西塾师刘大鹏一个月后才听到这个消息，他在日记中直言"心若死灰"，称："科考一废，吾辈生路已绝，欲图他业以谋生，则又无业可托，将如之何？"

人皆认为，废科举加速了清王朝的灭亡，因为天下英雄不入你的彀中了嘛；他们造反去了，加入"十八路反王，六十四路烟尘"了嘛。

但实际上，社会巨变，洋务给文人提供了大量就业机会：新式学堂，工程技术人员，科学研究，新式买办，等等。哪怕是传统文人，也可以依附于现代新闻出版养家糊口。

1910年，《大清著作权律》颁布，这相当于朝廷以律法的形式，向文人指明了一条谋生的出路，而相当一部分文人也的确不再向庙堂要出路了。

所以，文人的出路问题，说白了就是生计。

02

裴毅然教授在《稿费初始——推动现代文学勃兴的经济基础》一文中提到，1880—1890年，凡是能用文字换钱的职岗，必然竞争者众。如粮道衙门要抄一种粮册，千字3分钱，一般学子一天可抄5千字，不过得1.5角。

但是到清朝灭亡前的10年左右，工商业愈加发达，新式出版传媒渐成气候，内容需求大增。1907年小说期刊《小说林》创刊，公开"募集小说"，酬资标准为：甲等千字5元，乙等千字3元，丙等千字2元。书店报馆给名家开出的稿酬更高。商务印书馆给林纾的是千字6元，给梁启超则高达千字20元，专著可抽版税40%。

稿费高，使很多文人已经不乐于听从朝廷的使唤。

裴毅然先生举例称，李伯元谢绝荐举仕进，宁愿在报馆当编辑。于右任说："报馆中人，鄙官而不为者，不知多少也。"

林纾译《巴黎茶花女遗事》大获成功，亦算"闻达"，尝到甜头后放弃十余年对进士及第的执着，绝意仕途一心译述。此后，礼部右侍郎郭曾炘、邮传部尚书陈璧先后向清廷郑重推荐林纾，林纾力辞不就。

裴毅然先生认为，由于文人不再受朝廷或官僚豢养，有了直接来自社会的经济收入，成了所谓自由职业者，从人生道路上，入仕也就不再是文化人的唯一之途，有了多种择业可能。

于是，中国文人便渐渐生出那种叫独立性的骨头来，形成中国第一代自由知识分子，对中国现代化进程产生了巨大作用。

可以说，一个社会，稿费高低曲折地反映出社会自由度的大小。

03

从 20 世纪 50 年代开始，稿费标准越来越低，从 1966 年 6 月起，各出版单位自动取消稿酬。文章在报刊发表，或图书出版，一律不付报酬。稿酬制度实际上被废止。

1977 年，恢复了基本稿酬。1980 年，恢复了印数稿酬。1981 年，开始对超过 800 元的单笔稿费征收个人所得税。

对稿酬征税，一开始就有不同意见。1985 年 4 月 25 日，全国政协文化组召集部分委员，座谈稿费所得税问题。

在这次座谈会上，北师大教授陶大镛说，国家每年征收稿费所得税不过 70 万元，这笔收入与国家财政收入相比，数量极少，对国家财政无补。相反，因为要收这笔税，得罪了广大知识分子，消极作用比积极作用大，得不偿失。

作家姚雪垠说，作家写一部作品有些是要付一生的心血，他写《李自成》用了二十几年时间，但所得的稿费按一个月劳动所得抽税，很不合理。

书法家启功说，对于那些粗制滥造、对读者无益的东西，他赞成收重税，收 80% 也没意见，但对于那些好的作品不能这样。

总的意见是反对对稿酬征收个税。这个意见一直持续提了 30 多年，并未奏效，到现在仍是一个热门话题。

04

但也不得不说，这 30 多年来，写字界的稿酬收入爆发性增长。

2017 年 4 月 12 日，《华西都市报》等刊登了"第十一届作家富豪榜"。网络作家排名第一的唐家三少，收入 12 200 万元，排名 20 位的雨魔，收入 1 000 万元。编剧作家榜排名第一的周梅森，获得 1 400 万元的收入，排名第 30 位的编剧作家王宇民，收入也有 300 万元。

在另一份明星作家榜上，排名第一的白岩松，收入 400 万元，排名 20 位的何炅，收入 30 万元。

从这份作家排行榜上看，各类顶级作家中，网络作家的收入，是编剧作家的好几倍，是明星作家的二三十倍。

高度商业化的创作也得到股市的认可。以网络文学为主打的阅文集团，2017 年在香港上市时，估值高达 400 亿港币。

这一波高稿酬与 20 世纪初延续三四十年的高稿酬的共同背景，是中国近代以来两次工商业的蓬勃发展。有所不同的是，上一次是科举被废，工商业社会带动新闻出版，制造了大量的内容需求。这一波高稿酬，除了由工商业的发达所带动，还有劳动生产率大幅提高后，更多的人需要打发无聊时间的刚性精神需求。

就像曾经出现过全民搞饭吃一样，今后，搞饭吃的人，从事物质生产的人，只会越来越少；越来越多的人，会投入精神产品的生产和消费中。

稿酬，包括但不限于文字稿酬，将不只是文章家的收入，普通人兴许只是拍了一张有趣的照片，一段爆款视频，也完全可能会有一笔稿酬。而人为设定不合理限制，使人无法取得稿酬，无异于夺人口食，制造精神李自成。

从这层意义上，稿酬问题，事关社稷。

（作者　任大刚）

大师归矣，只留下我们，作青春的遗民

陌上花开蝴蝶飞，

江山犹是昔人非。

遗民几度垂垂老，

游女长歌缓缓归。

——金庸先生也走了，带走了很多人的青春王国。

01

1985 年，古龙去世，享年 48 岁。过了很多年以后，我才知道。那一年，我还是懵懂少年，和大侠们初会。

一位世伯经常出入海外，带回来一套挺括精美的《射雕英雄传》。父亲郑重地借回来，反复嘱咐我不要动它。其实，那书很厚，我是望而生畏的。这是和金大侠第一次相遇，擦肩而过。

我真正拜见金大侠，是在气味呛人的录像厅。票价不贵，早饭少吃一点，再加上零花省一些也就够了。但是，我要壮着胆子，拉上伙伴们才敢去。

一则里面确实很乱，为了一点小事就会打起来。二则更要紧的是，录像厅风评糟糕，让家长知道了，挨训也就罢了，"竹笋拷肉"才是顶可怕的。有一次，伙伴们才看到一半，同学家长怒气冲冲进来，揪着他耳朵拎出去，吓得我两股颤颤。

第二天，他一瘸一拐来学校，大义凛然地对我们说，他没有把我们供出去。我们表示佩服之余，立奉大白兔奶糖两颗以示慰问。

很多年后，我父亲告诉我，其实那个同学家长当天就告诉他录像厅的事了，他觉得看看武侠片也不算什么事，也就没声张。有个开明的老爸真好，但我还是很惋惜那两颗大白兔奶糖。

录像厅的规矩是，正常时段就是主打武侠片。整部《神雕侠侣》是在录像厅看完的，连场可以看四集，付出的代价是忍受呛人的烟味，走出录像厅的一刹那，会觉得空气甜如蜜糖。

好几次想一直连到神秘的午夜场，奈何肺活量和胆子都太小，皆以悻悻作罢告终。那个大义凛然的同学曾经试过，被卖票的怒斥"小孩子搞什么，滚、滚、滚"，铩羽而滚。我辈闻之，众皆欣然。

与午夜场无缘总是遗憾，好在连看四集《神雕侠侣》还是很过瘾的。刘德华还是古灵精怪的过儿，陈玉莲演的小龙女有一点美丽。

当年的片子，特效连五毛钱都不到，那只神雕一出场，赵忠祥老师浑厚的声音就在耳畔响起"在冰天雪地的南极，一群企鹅艰难前行"。好在五颜六色的剑气、掌气、脚气横飞，还是很过瘾的。

最重要的是，故事精彩，总有看下去的动力。不像《地雷战》之类的电影，才放开头就知道结尾了。好故事很重要，这是金老师给我上的第一课。

02

很快我就知道了，《神雕侠侣》之前的故事是《射雕英雄传》，就是那套在书架上郑重摆着的厚书。这是家里的东西，还是正式申请为好。

父母还是认真地讨论了一番。父亲觉得看看无妨，"和《三国演义》也差不多嘛"。母亲有点担心："《三国演义》里哪有谈恋爱啊？""多大的孩子，有什么关系？"父亲还是很淡然的。最后结论是书可以看，但是必须小心，不要把书弄脏弄坏，对不起世伯。

还是男人理解男人，父亲的估计是准确的，靖哥哥和蓉妹妹的唧唧歪歪，绝不是我的兴趣所在。九阴白骨爪、降龙十八掌、欧阳锋死磕洪七公，才是吸引人的地方。最重要的是，一起看"神雕"的小伙伴们，我是唯一有资格讲"射雕"的，这可是非常珍贵的自豪感。

当然，添油加醋也是免不了的，诸如"神雕是双雕生蛋孵出来的"，难免迅速穿帮的尴尬。至于男女之事，反正都不怎么懂，就很好糊弄了。"周伯通和瑛姑生个娃，为啥段王爷生这么大气？大家都是好人嘛。"我理直气壮地告诉他们："都是好人，那也得先说一下，太没礼貌了嘛。"灵感来源是，上次谁拿了我的糖去换了毽子踢。

父亲也会来问问我看书的心得，我说比《三国演义》有意思，打起来精彩，不像关老爷就有名马宝刀，招式却不知道是什么。"郭靖武功好，还是吕布厉害？"这类无厘头问题，父亲也答不上来，却也不生气。儿子可以读下那么厚的书，他还是有点小得意的，免不了在亲戚中小小炫耀一下。其实，我也是跳篇看的。

可是，闯祸还是免不了的。终于，我把书借了出去，而结果被个冒失鬼弄丢了。后果当然很严重，惨痛回忆不提也罢。父母也很可怜，急着到处问有没有配的，但是进口书很难找，找得到也不拆开卖。

无奈之下，父亲带着我去找世伯赔罪，世伯倒是吃了一惊说："啊，我都忘了那套书在你家呢。没关系的，我搞了更全的。"他指指书架，摆了很多。世伯又说："那套就送你啦，我想办法搞一本补全。"在那个年代，"搞"是个意味深长的字。

后来，在语文课本里读到了莫泊桑的《项链》，我就想到了那场风波。丢书风波之后，母亲觉得既然要读书，还是要有个稳定、低廉的来源，她在单位谋了个工会图书馆管理员的兼职差事。虽然没有什么油水，但是读书是很方便的。不仅单位图书馆的书可以随便借，还可以在订购新书时照顾自家的趣味。读书就很方便了。

武侠是可以看的，言情则绝对不可以——"不准早恋"，是她给我立下的铁律。显然，她太高估自己的儿子。情窦初开，还要到女神林青霞降临到我的世界——青霞最美，此处不容反驳。

而看武侠也是搭配着来，"五角丛书"和另一套古籍选译的丛书是要读的。这并不难,和"射雕"比起来,都很薄。阅读的兴趣和耐心,是金老师给我的第二课。

<h2 style="text-align:center">03</h2>

书的来源多了,我也在长大。武侠的世界也有了比较。我不太喜欢梁羽生,读起来没有金庸带劲。父亲倒是挺喜欢梁羽生的,和他笃实的性格相契。

陈青云和卧龙生味道更差,情节太过离奇,动不动遇到高人传了某甲子的功力,然后扫平六合之类的。尽管"不可描述"的细节多一些,但故事雷同,我和父亲都嗤之以鼻,金庸一直是我们共同的最爱。

忽然,古龙来了,这很重要。母亲带回了《多情剑客无情剑》,书名并不精彩,有点俗气。照例,老爸先看,没几天就扔那儿了。我拿过来看,发现了另一个世界。

古龙的武侠,既不太武,也不太侠——按照金庸的标准去衡量的话。大侠们的师承何来,怎么一点点"打怪升级",在金庸的故事里是很重要的,贯穿始终。这也是金庸的看点,郭靖怎么从一个诚实憨厚的少年一点点成长起来,很励志、很热血。

但是,李寻欢们不是。小李飞刀怎么来的、怎么练的? 不知道,也不重要。李寻欢这个人物,那么颓丧,既没有武学上的追求,也没有为国为民的想法。

最受不了的是古龙写的武打场面,没有体育直播式的见招拆招,前面铺陈了很多,后面三两下就完了。最后大决战,索性连正面描写也没有了。两个人进去,一个人出来,收工。哪有这么写武侠的?

可是,他有他的精彩。故事很别致,查"梅花盗"查得百曲千折,勾连出一串事件。人物的结局出乎意料,兵器榜的排名反复证明似命运一般逃不掉,但是三克二、二克一,却和武功高低没有关系。

最让人耳目一新的是古龙的语言,变着法子"抖机灵"、造气氛,让我目不暇接。金庸的语言精确、严密,每句话都在很勤勉地推动故事发展。古龙的语言跳脱,有时是大段的铺陈,有时是电光石火的一念灵光,与情节若即若离。看金庸,你总在期待下一个场景。看古龙,你却是好奇下一个场景。

看完《多情剑客无情剑》,我没有热血澎湃的感觉,却是很闷。正义战胜了邪恶,却没有什么光明的气氛,每一个人物都在沉疴难愈中挣扎,只不过有几个先死了。那不是一个好世界,而且无人逃离。

古龙来了,争论也来了。《多情剑客无情剑》之后,《绝代双骄》《楚留香传奇》《七种武器》《欢乐英雄》都流行起来。"古龙党"和"金庸党"之争,也颇为隆重。"古龙党"自视较高而人数较少,但是女孩子的比例较"金庸党"要多些,这是一个不小的优势。而我,只是向往着陆小凤漂亮的胡子、令狐冲的帅气,可是青春痘不依不饶地霸屏,好不烦恼。

那时,媒体上不再抨击"武侠小说毒害青少年",而青少年早就被普遍"毒害"了。

04

大学时代,彻底放飞,人生最爽的假期。有大把的时间挥霍,周一到周四,书亭借书——国企改革后,母亲的单位像金钱帮一样灰飞烟灭。周五下午开始,学校剧场、小剧场、地下室俱乐部赶场。周六回家,还可以和父亲一起看看 VCD。录像带时代的《射雕英雄传》《神雕侠侣》实在太模糊,翻录了 N 次的带子,时常自带黑白默片模式。有了 VCD 这样的神器,温习一遍圆了梦想。

书,就更多了。良莠不齐的版本,鱼目混珠的"全庸""金庸新作"——其实,知假借假的也不在少数,因为"李鬼"会附赠一些独特的福利,但是周转几次后"福利章节"就会被撕去、挖走,无人问津。

闲得发慌是促进读书的最佳动力,同龄人的全时间段陪伴也增进了读书的乐趣。学校文学社已经是八〇时代的遗迹,偶尔有些朦胧但不美丽的诗作外,主要就是聊聊小说的地方。武侠是聊不完的主题,金庸和古龙确保不会冷场。

这时,我们要谈谈爱情。蓉儿和靖哥哥,总是让人羡慕。任盈盈的人气,也很高涨。张无忌那厮,简直是混蛋透顶——有一个文学愤青同学,专门写了檄文声讨教主的无良胜过了贾宝玉的花心。集"矮穷矬"①于一身的他,确实有愤慨的理由。金庸写的爱情,算不上浪漫,却像邻家孩子的事迹,总能引起共鸣。

古龙的爱情依旧曲高和寡,李寻欢的牺牲,我觉得是自私到了极致——你可以牺牲自己,怎么可以负了所爱。但是,兄弟们觉得我的想法不够仗义,"兄弟如手足,妻子如衣服",掷地有声。可是,多年后"手足"们各自依偎着"衣服",倒也不大联系。

苏樱对江鱼儿的痴心,"女人为爱而生"——至少男人们有这个梦想。最奇特的是林仙儿,谁负了她,她又负了谁? 美丽、淫荡而又狠毒的女人,且怜且畏,还有些许憧憬。金庸描写的爱情饱满而丰富,古龙就显得不那么走心,但是浪子笔下的爱多了一分色欲迷离的真实。

在荷尔蒙丰饶的年龄,我们在侠与情的世界中幻想。徐老怪的经典《东方不败》让幻想上升到了极致,他用金庸的皮壳装上了古龙的灵魂。父亲和我一起看了,一脸迷惑地问我:"'东方不败'应该是个太监吧?"我也不知道该怎么回答。——再次强调,青霞最美,此处不容反驳。

05

大学毕业,渐渐告别了武侠。除了读过温瑞安的几部外,再没读过武侠。温大侠也很好,却是挖坑积极填坑懒,尤胜古龙。

更有一人的积极表演,摧毁了我最后的武侠性味,那就是李亚鹏先生。李先生在演令狐冲时已经展现出民工气质的潜力,而出演郭靖时更是进化为十足的蠢钝——想念黄日华。

---

① "矮穷矬":网络用语,指一个人身材矮小、经济拮据且容貌平凡,多指男性。

古龙热潮退得更为干净。他的作品很难影视化,在这个娱乐时代就很吃亏了。而且,英年早逝的古龙没有机会像高寿的金庸先生那样对作品细细打磨——其实第一版的《神雕侠侣》也是神神叨叨的,杨过玩起印度耍蛇人的技术真是天雷滚滚。

不过,这样也好。浪子,就应该像流星一样划过天际,就像烈酒的辛辣沿着食道瞬间爆发。古龙不适合做大师,也不适合进入教科书,只适合成为一代传奇——忍不住说一句,他最好的作品应该是那部不太流行的《英雄无泪》,而不是《多情剑客无情剑》。

关于武侠的话题,只是和父亲聊天时才会提及,却也说不出什么新的东西。这只是一种习惯,或者说仪式。他渐渐老去,我也忙于生计,父子之间共同的话题越来越少了。直到他车祸突然去世,我才想起很多话还没有说,留下了无限的憾恨。

人到中年,才会理解李寻欢的颓丧。我们经历的一切成就了我们,而成就我们的一切都会逝去,最后只剩下我们,和回忆。当回忆也无人分享,人就老了。

我想,金庸先生的晚年也许很辛苦吧。就像张三丰老神仙那样,别人说玄冥二老时,他想到的却是铁冠道人。每个人都崇敬他,他却远离了所有人。一代宗师,很多寂寞。

如今他走了,春华秋实,夏种冬藏。在这世间的旅程已经结束,去寻找彼岸的春风了吧。

陌上花开,大师归矣。留下了我们,作青春的遗民。

(作者　关不羽)

103 部金庸剧，
为什么就不能有一部用吴方言拍摄

在网上看到有人统计，截至 2018 年 10 月，金庸小说已经被改编成 103 部影视剧。金庸只有 15 部小说，平均下来每部小说差不多拍了 7 遍。一杯茶如果泡了 7 遍，无论喝茶的人还是泡茶的人，我都深表敬佩。

不过，令人遗憾的是，这一百来部影视剧，有粤语的，也有国语的，就是没有吴语的。要知道金庸小说的内核语言是吴语啊！

01

我 13 岁开始读金庸小说，当我看到金庸写杨过"贼忒嘻嘻"时，感到非常惊奇。这个词从没出现在此前我读过的书上，但我奶奶经常说。我奶奶是浙江平湖人，这是标准的吴语。那时候我的惊奇在于，我一直以为方言属于日常生活，讲起来很土，是上不得台面的，更不可能出现在高大上的书本上，但居然有人把它写进了书里！

过了很久，我才知道金庸是浙江海宁人。多年以后，我在电视上看到金庸接受采访，他不擅言辞，加上他的普通话带着浓浓的口音，几乎听不懂他在说什么。这更加深了我的看法——他写书时脑海中响动着的语言一定是吴语。我无法想象一个人能用自己不擅长的语言写出数百万字的佳作。

我想有人会拿《鹿鼎记》反驳我，因为《鹿鼎记》的主人公韦小宝操一口扬州话，扬州话属于江淮官话，不是吴语。但我认为，《鹿鼎记》恰恰能佐证我的说法。

金庸在《鹿鼎记》里刻意强调韦小宝的语言,时不时来一句"辣块妈妈""乖乖龙地东",我问过扬州的朋友和专门研究江淮官话的老师,他们都说,扬州话有"辣块",但没听过"辣块妈妈"的说法,"乖乖龙地东"倒是有的,表惊叹,不过没有"乖乖么得命"常见。这说明什么呢?这说明韦小宝说的话,与其说是江淮官话,毋宁说是吴语人群想象中的"江淮官话"。

金庸的青年时代大半在上海、杭州等地度过,那时对吴语人群来说,江淮官话有符号意义,略似大阪话在东京。东京的电视节目里出现关西口音的人(《柯南》里服部平次的口音),往往意味着他是一个喜剧角色。

关于江淮官话的符号意义,我可以举个例子。20 世纪 50 年代上海拍过一部喜剧片《三毛学生意》,原作中并未强调人物讲什么语言,但拍成电影就成了江淮官话。60 年代后,随着语言融合,这种现象就消失了,但那时金庸早已去了香港。韦小宝是一个带有浓厚喜剧意味的角色,金庸为他选择的语言也与其角色属性相匹配,恰恰折射出作者本人属于吴语人群。

02

比起《何典》《海上花列传》乃至近年金宇澄的《繁花》等强调吴语特色的作品,金庸小说的吴语色彩当然是淡的,所以我称之为"内核吴语小说",以与"吴语小说"区分。

金庸的这种写法,其实是我国古代小说的主流,即把官话与方言结合,使其既能普及,又显特色。据研究,《水浒传》中就有很多吴语词汇,《金瓶梅》则极具山东方言特点。王朔批金庸,说江浙广东人的语言不好,写不好小说。他认为北京人言文一致,江浙一带的人用国语则与方言不合,所以写作上稍逊一筹。王朔的逻辑是正确的,但金庸的内核恰恰是吴语。

还有一点要注意,王朔的北京话其实不是老北京话,而是中华人民共和国成立后流行的带一点京味的普通话。老北京话应是《红楼梦》《儿女英雄传》、子弟书里的语言,所以称呼王朔的小说有京味可以,称之为"老北京风味"就有点尴尬了。我有一支亲戚,明末就定居在北京,我少时住在他们家里,那老辈人讲的话才叫一个难懂,舌头卷的跟说俄语似的。

我一向认为,小说也好,诗歌也好,优秀的文学作品中普世的成分只是一小部分,大部分的"暗物质"藏在语言当中。所以一部作品,如果你无法掌握它的语言,便无法解锁其中的重要信息。王朔的文学鉴赏力很高,但他不能欣赏金庸,我认为其中一个重要原因,就是他不懂吴语,所以不能感受金庸小说中的韵律和风情。

我记得王小波说过一句话,大意是现在我们已经有很成熟的书面语言了,不必再用难懂的方言写作了。我觉得这话有其合理性,我也不太喜欢刻意强调方言的作品,那反而是一种迎合。但方言在现代文艺中仍有意义,何则?因为普通话很现代、很正式,而方言,我们可以说很土,但另一方面,它很生活,很接地气;前者是盛装,后者是睡衣。一个人不大可能永远盛装(当然我也见过有些人睡觉都不卸妆),休息时总要穿上宽松的睡衣。

日本有个系列电影,中文名《寅次郎的故事》,主人公寅次郎一口关西腔。我总觉得用普通话配音,似乎缺了点什么,最好用方言配音。近年各种方言配音视频火爆,正是方言生命力的体现。

03

再回到金庸小说身上,因其自带的古典属性,我认为已有的影视剧中粤语更适合一些,国语版则太现代。对比一下 1995 年版(粤语)和 2006 年版(国语)的《神雕侠侣》中杨过向郭襄揭开面具的段落:

粤语版中的杨过(古天乐饰),像个平平无奇的乡村青年,郭襄(李绮红饰)则宛然邻家小妹,两人一开口,都带着点土气,显得很古典。

国语版满屏现代气息，杨过（黄晓明饰）揭开面具，邪魅酷炫，仿佛刚从郭敬明的小说里走出来。郭襄（杨幂饰）一派大蜜风范，听到杨过答应了自己，嘴角微翘，那是酒托锁定猎物的表情。

　　最后我想再说两句以结此文。现在有很多倡导保护方言的活动，但在公共生活中保留方言显然越来越困难。我认为保护方言最好的方法，是拍摄优秀的方言影视作品。这也是方言在现代社会的真正用武之地。

（作者　程羽黑）

90 岁钟叔河先生新作十四言白话诗一首

2020 年,郑州松社创始人刘磊老总邀请我到松社做一场讲座。

可我当年没有出新书。他说没关系,只要是新近出的都可以。

大侠出主意,谈钟叔河先生。

正好我在 2019 年出版的书人系列第六本《书人陆离》,有整整一辑共三篇文章是写钟叔河先生:《"走向世界丛书"的前世今生》《〈儿童杂事诗笺释〉,26 年一部历史》和《野记偏多言外意——由 2017 版〈知堂谈吃〉说开》。

记得当时新书发布时,黄子平老师、薛冰老师到场,他俩对书中谈及钟叔河先生的文章大为赞赏。黄子平老师在序中写道:

> "姚峥华只眼独具,多年来为书人们作'文学特写'(依太史公的体例可称为'书痴列传'),对'编书的书痴'尤其不吝深情投入的笔墨。钟叔河,这位开除公职拖板车的右派,在茶陵农场就跟好友朱正讨论'中国与世界文明同步的问题',琢磨晚清第一代走出国门的人是怎么看世界的,这是煌煌一百册《走向世界丛书》三十年编辑史的最初起点。'一出牢门,走向世界',钟叔河卓具胆识,孜孜兀兀,成就了中国当代出版史'里程碑式'的工作。
>
> 《周作人散文全集》的钩稽出版,更是非有胆识不能为之,经历了现当代政经风云的人,方能深味此中甘苦。而周作人的《儿童杂事诗》(丰子恺配图),钟叔河为之'笺释',阐明其中的民俗学意义和思想意义,26 年由不同出版社出了五版,反复修订,遂'已

臻不朽’，可以珍藏。”

薛冰老师同意这番观点，他认为："第二辑三篇长文，都以钟叔河先生为主角……表达了对钟先生的无上崇敬。而'能让钟老活到八十六七的耄耋之年还念兹在兹的人，当属知堂老人了'，又分明呈现着一种文化的传承。"

01

不单第六本，其实从书人系列第一本《书人·书事》开始，钟叔河先生几乎成了我每本书的重要写作对象。

如《书人·书事》中，我写了《我们的钟老爷子》，当时并不知什么时候还能见到钟叔河先生，结果书出版后，钟老来到深圳，于是我有了一个补记，将之前所记述的内容做了一些更新补充。

隔年第二本《书人小记》里，我收入了《2014 年在深圳与钟叔河先生聊天》。至今还清晰地记得，那次与钟老见面时，我很不好意思地将书呈上，并检讨自己写得不好，请钟老批评。

钟老说："有专业写作的人，也不一定能写好；有的一辈子只当编辑，却不愿意动笔；有的既当编辑又愿写作的；有的只写作不当编辑的……各式各样。你愿意写，很好。"他真心鼓励我做自己爱做的事情，写下去。

我的第三本小书《书人依旧》，请钟老题写书名。他欣然应允，并认真地写了两个书名《书人依旧》《书人小记》，横竖各一，让我选用。他自己还谦虚地说，字写得不好。

后来出版社世纪文景的编辑选用了《书人依旧》这个书名，绿色精装封面上，烫金的书名很是醒目。这本书至今在很多书店还能看到。

《书人陆离》之后，将迎来第七本《书人有七》，其中又有一篇谈及钟老与吴学昭关于杨绛先生信件各执观点的文章。

这些年，对钟老，我总是写也写不完，写了之后还有话写。究其原因,有两个,一是他一直没有停步,每年都有新动向,比如"走向世界丛书"65 种与前 35 种完美收官;二是我对他无比敬重。

当年他复出后,回到湖南人民出版社,最先的想法是出版知堂先生的书。他说,一位"五四"时代的重要作家,居然认为一个板车夫还能懂得他的文章,"我又怎能不怀着知己之感,编印周氏著作,算是对所得布施的一点回报"。

可以说,钟老对知堂先生的知遇之感,就像我对他的感觉。他对我这位寂寂无名的小作者的热忱鼓励,让我内心充满了感激。

所以,有了这些铺垫,我心里就有了底气,这讲座确实有话讲了。大侠意犹未尽,说,起好讲座题目了,就叫"书有独钟钟叔河"。妙哉。

02

开始准备 PPT。理了一下时间路线图——

2003 年,钟叔河先生和夫人朱纯到深圳,大侠在皇岗路福青龙酒楼设局,在场有天涯"闲闲书话"一帮书友。

2007 年在新闻路姜威家聚。这一年年初,朱纯阿姨已患病去世。钟老在外孙女陪同下前来。我携第一版李圭的《环游地球新录》请钟老签名。

2014 年春节,钟老到深圳外孙女家过节。说来有趣,外孙女从海外归来,到深圳后受聘就职于华为,最先购买的住宅与我们同一个小区,属芳邻。

2015 年 11 月,大侠和我到长沙为钟老祝寿。当年排场巨大,钟老与朱正先生一起过生日。谭伯牛主持生日会。赶赴长沙的还有俞晓群社长等一众出版界的佼佼者。

2016 年 9 月,我到长沙梅溪书院做新书活动,大侠和我到念楼畅聊。

······

可以说，从 2003 年开始与钟叔河先生在深圳接触后，这么多年来，不管是见面、请益、约稿、采访、书信往来，还是吃饭聊天，钟老确实是我说不完的话题。钟老本身就是一部大书，值得大书特书。

松社的讲座，我大致分了四个方面的主题，准备以钟老夫人朱纯阿姨、"走向世界丛书"和钱锺书、知堂先生、杨绛及吴学昭四个故事来呈现钟老的出版人生。这个几起沉浮的出版人生，贯穿了钟老几十年来的经历、追求、理想、信念和坚持。

从以一己之力率先策划、编辑、出版"走向世界丛书"；到冲破禁锢"冒天下之大不韪"出版周作人作品，令周作人这个本名自 1949 年后首次出现在书封上，从而开启了出版知堂作品之先河；再到编辑出版当时同样微妙并敏感的《曾国藩全集》……

说破冰之旅也行，说开风气之先也行，说打开门窗防止大伙伤风感冒也行。他从"反右"获罪，到"文革"被判了十年，复出后又在民主选举中被"落选"，还差两年被"提前"退休……

我们一直以来都说钟叔河先生的学识令人佩服，他的胆识和勇气更令人敬重。

但要想全面客观地评价他，我还真不具备资格，也没有这个能力。有人曾问钟老，为何重在"编"而不重在"著"（尽管钟老著作数量不少，如《学其短》《念楼学短》《青灯集》《小西门集》《念楼小抄》等，均读之有味，令人爱不能释）？

钟老引用缪塞的话回答："我的杯很小，但我以我的杯喝水。"他还说，"前人说出了我想说的话，比我说得好，所以我才编""我觉得周作人的文章印出来比钟叔河的价值大""凡是署名钟叔河编的书没有一本不会重印的，不然我原来就不会署这个名"。

是书生气，有底气，又很硬气，故字里行间自有一番冲天的傲气。你还不能不说，这是一位有独立思想的学者型出版家，至今，相当牛气。

03

松社讲座的主角是钟叔河先生,我便希望钟老能为现场的读者说点什么。

于是写信到长沙,告知钟老,我准备到郑州松社做一个关于他的讲座。收到信后,钟老打来电话,说他很惭愧,其实没有做什么事情。不过这个讲座的名称"书有独钟钟叔河"起得很妙。他说他会写几句话寄我。

钟老说到做到。2020 年 12 月 14 日,我收到来自长沙的快件,信是钟老寄出来的,他在一页信笺纸上,用硬笔工整地写了一首十四言的白话诗:

> 赫胥黎著天演论为著名演讲大师
> 他说过演讲时最好设想听众无知
> 但小姚去郑州千万不要相信这话
> 因为我知道的郑州朋友个个不痴
> 如曹亚瑟如胡竹峰如李韬马国兴
> 都很有知识很有思想很值得敬重
> 我相信郑州的听众绝对是高水平
> 在那里你将会有一场高质量互动

> 十四言白话诗一首送姚峥华
> 庚子大雪钟叔河于念楼

令人感动。

这得劳烦 90 岁的老人家多少精力时间,才能完成我这么一个"不近人情"的任务。高兴之余,我心里颇为不忍。用手机拍了图发给大侠,他也有同感。后来大侠说,他在办公室打电话给钟老,他们聊了 40 多分钟,很开心。

原来信寄出后,钟老又觉得在韵律上不够工整,尤其"兴"和"重"

上，想重新调整。他请大侠在电话里念一遍，越发觉得不对。就跟大侠说，还有一个人，也在河南，叫张国栋。把马国兴换成张国栋就押韵了。

我记了下来，准备到松社现场再作更正。

大侠又说，钟老接电话时，正躺在床上吸氧呢。我心里咯噔一下，这样的雪天，长沙是很冷的。

04

12月20日，我又意外地收到长沙寄来的快件，打开，是钟老更正后的十四言白话诗：

> 赫胥黎作天演论为著名演讲大师
> 有名言演讲时应设想听众为无知
> 小姚你去郑州可千万别信他这话
> 因为我所有河南朋友个个都不痴
> 如曹亚瑟如马国兴如李韬黄冀舜
> 都很有知识很有思想很值得尊重
> 故我说郑州广大听众绝对高水平
> 你和他们定会有一场难忘的互动
>
> 十四言白话诗一首送姚峥华往郑州
> 钟叔河时年九十

对比前后两首，发现他对里边多处进行了调整，有些表述更为精炼，比如"他说过演讲时"改为"有名言演讲时"，"但小姚去郑州"改为"小姚你去郑州"。人名上也作了增减，如"如曹亚瑟如胡竹峰如李韬马国兴"改作"如曹亚瑟如马国兴如李韬黄冀舜"，确实如此，原先所写的"胡竹峰"，据我所知，他并不是河南人。钟老如此调整，完全是为了韵律上更合拍。还有"高质量互动"改为"难忘的互动"。

既要凑足十四言，又要言之有物，还要有趣好玩，同时是为松社的听众所写……真的没想到,我一个小小的要求,竟让钟老如此地"折腾"。而对这么一件完全可以几句话"解决"的小事,钟老竟一而再地修改、调整、再完成。

翻过信封背面,发现钟老还写了一行字:"小姚,字在里边!!钟。"

大侠说,这个讲座你可要好好准备啊。

是的,好好讲。

(作者 姚峥华)

那些纪念李泽厚的人，
其实大多是在怀念 20 世纪 80 年代

2021 年 11 月 3 日上午，李泽厚先生逝世的消息传到国内后不久，澎湃新闻的评论编辑李勤余约我写一篇纪念文章。

我沉吟片刻后拒绝了他，我坦率地告诉勤余，李泽厚的著作我年轻时读过不少，他的学术思想我还是了解一个大概的，也有一些我自己的看法。正因为这样，我担心自己写着写着就把李先生写低了。这样的悼念时刻，这种文章显然是不合适的。

半个月之后，加之耳际不时飘过几片关于此事的纷扰，我想要说些什么的念头反而越来越强烈了。

这些天有好几个"80 后"朋友在网上与我交流到李泽厚及其学问，他们大多不是很能理解，为什么会有那么多像我这样的所谓"前辈"对李先生之逝反应这么强烈。

看得出来，他们都是好学青年，也是有独立思想的人。他们的疑问折射出来的其实是这样一个恒久的问题：人与他所处的时代究竟是怎样的关系？

01

即使是那些一时公认的杰出人物，能够超越自身的时代而进阶永恒的，也是寥若晨星。因此，我们今天纪念或讨论李泽厚，显然无法脱离 20 世纪 80 年代这个特定时期。而李泽厚，就是那个时代最耀眼的明星之一。

我生于 20 世纪 60 年代末,80 年代正好覆盖了我从 10 岁出头到 20 出头的全部青春期,而我的大学本科又恰好从 1986 年到 1990 年。因此我常常有些自得地对许多年轻人吹嘘说,我的大学生涯是 1949 年以后独一无二的。

从某种程度上说,我这一代大学生大概也是 1949 年以后最幸运的一代。像我这样典型的"80 年代新一辈"至今对当时李泽厚们在社会大众、特别是青年一代中掀起的"美学热""尼采热""精神分析热""存在主义热""朦胧诗热"……至今记忆犹新。

笼统地说,20 世纪 80 年代是一个"文化热"的时代。今天也有人说,那是"五四"以后现代中国经历的一次"再启蒙"。而这群星光熠熠的思想明星中,除了李泽厚,还有刘再复,还有金观涛……说起他们,今天的年轻一代或许就更加陌生了。

今天回头看,他们的最大意义显然并不在于思想洞见、理论深度和学术水平,而在于时隔一个甲子后的"重新启蒙"。

对于那个时代已经习惯了僵化和一维思维、思想观念上不敢越雷池半步,甚至仍动辄见识到"大批判"的人们来说,李泽厚们就像在一间漆黑的铁屋子里为自己打开了一扇心灵的窗户,让他们看到了以前连闭上眼睛想都不敢想一下的东西——甚至还有那些来自隔绝了几十年的遥远西方的"异端邪说"……令他们的整个人生为之改变。

对于我文章开头提到的那些"80 后"年轻人而言,他们当中悟性好一点的,也许能够勉强理解那个已经逝去的 20 世纪 80 年代。但即便如此,也不可能与我们这代人有一样的感性体悟。我之前不是已经说过了吗?绝大多数人不可能超越自己的时代。他们对李泽厚之逝所引发的缅怀感到不解,正是这种时代错位的体现。

但对我们完全不一样,我的一个好友,也就是冰川思想库最初的五位创始人之一,他笔名"龙树",20 世纪 70 年代生人,比我小了近 10 岁,他在 90 年代中叶高考时报的正是美学专业。

由此可见，李泽厚的巨大影响在那时余波犹在。

02

当然，大多数像我这样最典型的"80年代人"，因为此后30多年又经历的许许多多，特别是如果依然在不断学习和思考的话，李泽厚们曾经说过些什么，说得对不对，其实已经并不重要。

重要的只是，他们曾经在黑夜中为我们擦亮过一双寻找光明的眼睛。

这就好像，今天几乎不会有多少人会认为，那篇40多年前发表在《光明日报》上的《实践是检验真理的唯一标准》蕴含了多少哲学上的真知和创见。若要从认识论的学理层面较真起来，"实践是检验真理的唯一标准"这个观点甚至可以说是相当偏颇和不全面的。

因此，如果你想要去理解为什么这样一篇理论学术上"见识平平"的文章能够在当时引起如此举国轰动，你就要设身处地回到那个万马齐喑、思想禁锢的"两个凡是"的年代——所谓"真理标准"问题的讨论，根本就不是一场哲学专业对话嘛！要不然怎么可能会是一场全民参与的大讨论呢？

其意并不是厘清一个哲学问题，而在于打破束缚人们行动的思想枷锁。

所以，那天听闻李先生去世的消息，我的思绪在第一秒钟就回到了20世纪80年代。

我当时想，李泽厚是一个身上刻满了80年代"新启蒙"印记的符号性人物。今天有许多人经常回忆起80年代，他们呈现的多是一些个体的、感性的、具体的片段。如果能够借纪念李泽厚的契机全面地梳理一下80年代的精神遗产，倒是一项善莫大焉的有益之事。

这将是一个相当庞杂的工程，也必然会触碰到现实政治方面许多绕不过去的障碍，但并非完全不可为。

若以李泽厚的学术思想为例，如我对澎湃新闻编辑所说，作为一个当时"文化热"的追随者,我读过李先生的不少著述。他的思想史系列,无论是 20 世纪 80 年代的《中国古代思想史论》《中国近代思想史论》《中国现代思想史论》,还是 90 年代的《世纪新梦》《论语今读》《己卯五说》,我都认真读过。

实际上,那本当年洛阳纸贵的《美的历程》我也读过,只是我对美学专业兴趣有限,因而印象不深而已。

站在今日已有的视野和高度,我可能不会对李先生的学术给出特别高的评价。

我后来曾读到过一篇林毓生先生的文章,里面写到过李泽厚。李泽厚刚到美国时,林毓生曾与他有过谋面,还一起吃过饭。

林先生评论李泽厚的那些说法,比如"吃饭哲学""西体中用"之类"相当粗糙""没多少道理"……语气间似乎有些奇怪为什么李泽厚在中国有那么大名声?

这其实也是我前文里讲到的"时代错位",林先生也像今日"80 后"年轻人一样,无法体认中国 20 世纪 80 年代时的那种思想氛围。当然对林先生而言,更准确地说,这是一种"空间错位"。

已故的另一位学术大师余英时先生也曾有过文章评论到 20 世纪 80 年代中国的思想状况,比如《河殇》热与所谓"影射史学"的问题等。李泽厚到美国后与余先生也有过不少交往互动。总体上说,余英时对 20 世纪 80 年代中国新启蒙的评价不高。

我个人认为,余英时不仅是"当代中国学术第一人"(见《余英时留下的薪火,后继无人相传》),对中国古代思想史的研究水准当世首屈一指,他对于中国现当代的思想文化状况的认识和剖析也是难有人望其项背的。

林、余诸先生远在海外隔岸观火,他们对梳理 20 世纪 80 年代"新启蒙"的精神遗产已经做出了一些开创性工作,尽管他们是无意识的、零星的。

吾辈中应该有人接过这个课题,把它系统地做下去,做完整。

03

对八卦的兴趣是人性的永恒，李先生之逝引发了坊间一些当年他及他的同代人的"狂狷"故事的再度热传，诸如他为自己某个学生所作的那篇奇怪而不负责任的书序之类。近来，似乎学术圈子里还由此泛起了一些令人掩鼻的大言不惭和口水之争。

这在一定程度上的确也是 20 世纪 80 年代遗风，也有人赞美它是"魏晋风骨"。

当然，以我的个性，是不会欣赏这些"行为艺术"的。尽管我基于对当时精神风气的认知，也是能够理解这种所谓"魏晋风度"的。不过，我这几天读到的几篇记载李泽厚赴美后一些私人生活细节的文章显示，李泽厚在现实中远不如我过去印象中那么狂狷，晚年的他是一个随和、易相处的人。

一年多前友人张力奋君告诉我的一件趣事倒是大大增加了我对李先生的好感，当时李先生还健在。力奋说，他曾在北京采访过李泽厚，具体的采访内容不太记得了，但访谈间李先生对他说的一番话令他印象深刻。

李先生自述，他已经过了 80 岁，无法再投入很多精力于读书写作了。自己平生的最大物质财富也就是满屋子的书了，他已决定在离世之前把这些书全都"处理"掉，不带一本书，空手去见上帝。因此，凡是他邀请上门的客人，走的时候可以随意拿走他家里的任何书，不需要征得他的同意……

这桩故事让我看到了李先生真性情和真豁达的一面，放到大处说，这或许也是构成 20 世纪 80 年代复杂面向的一个真实侧面。

04

今天有人问起我关于 20 世纪 80 年代，我最经常的回答是这样：那肯定不是我们中一些人美化出来的"黄金时代"，那是一个大学教授有可能比电影明星更走红的奇怪年代,那甚至是一个"不太正常"的时代;但,那是一个充满可能性的朝气蓬勃的时代……

如今很多人怀念 20 世纪 80 年代那种"思想解放"的舆论氛围和政治环境,他们今天纪念李泽厚,说到底无非也是在缅怀他们心目中的 20 世纪 80 年代。我很理解他们的这种情绪,然而我觉得,这里面也是存在一些令人担忧的倾向的。

我希望,这种怀念最后不至于变成一种空洞的牢骚,一种推卸自己这一代人责任的托词。

我大学毕业后的第一份工作在文汇报社,在那里一呆就是 10 年。因为这段特殊的工作经历,我的"80 年代文化记忆"比很多人更加丰满。我今天最想说的是,20 世纪 80 年代与今天的空气的确不一样,然而当年《文汇报》发表关于话剧《于无声处》的报道、发表卢新华的小说《伤痕》、拒绝发表批判"精神污染"的文章……周遭的氛围也不是一片祥和欢快、莺歌燕舞,面临的压力也不会比今天人们经常抱怨的那些轻。

未来人写历史时最有可能的结论是:与李泽厚那一代"再启蒙者"相比,我们这一代知识分子更不如。囿于历史原因和现实条件,他们在学术领域没有取得什么拿得出手的成就。而我们这代人,不仅没有什么拿得手的学术成绩,连他们曾经有过的热情和勇气也丢失了。

（作者　陈季冰）

质疑《隐入尘烟》真实性？
我们村有更多卑微黯淡的人生

上初中的女儿也知道，最近《隐入尘烟》这部新电影火了。但陪我看了几分钟后，她就没啥兴趣，懒洋洋地走了。

我静静地坐在那里，不急不慢，波澜不惊地看着，直到看完最后的字幕补丁——"2011 年冬，老四马有铁在政府和热心村民的帮助下，乔迁新居，过上了新生活"。

我没有办法评价这部片子"好"还是"不好"。

这些年来，充斥影院的各种浮夸、胡扯和言不及义之余，忽然来这么一出熟视无睹的平淡如水，人们兴许回过神来，发现我们这个传统的、古老的土地上，卑微的人要有一点点爱情故事，其实是蛮艰难的。而更多卑微的人生，恐怕连爱情的滋味，都闻不到一丁点气息。如若不信，看看那数千万找不到老婆的男人，就什么都明白了。

01

在传统的中国社会，几乎只有不肯嫁的女人，没有不肯娶的男人，因此，光棍特指男性。我老家把光棍叫作"独棒子"，这个称呼，应该比"光棍"更为直观、贴切。

人口比例总体上的男多女少，导致有一部分男人娶不上老婆。但具体到每一个光棍，情况却又千差万别。

拖到 40 岁还未婚配的马有铁，如果没有遇上一身是病，到处遭人嫌弃的曹贵英，只能做一辈子光棍。

马有铁这个具体的光棍,为什么娶不到老婆? 一是憨厚老实,木讷迟钝;二是家境贫困。前者往往直接导致后者。

农村的普遍贫困,使得资源争夺更为激烈,"憨厚老实,木讷迟钝"的性格特征,往往使马有铁这样的人在资源争夺,包括取悦女人方面,都处在下风。马有铁似乎不识字,这更加使"憨厚老实,木讷迟钝"成为致命缺陷。

我们村(自然村,近 200 人)40 岁以上的光棍,大约有 9 个,他们的共同特点,也是"憨厚老实,木讷迟钝"。

他们在光棍岁月中,大多有过像曹贵英这样有缺陷的女人被介绍来做老婆。但往往相处(同居)一段时间,女方总是忍受不了他们的"憨厚老实,木讷迟钝",一有更好的机会,就义无反顾,逃之夭夭。

"憨厚老实,木讷迟钝"有时候是智商和情商的欠缺,有时候是性格缺陷。导致婚姻失败的,多是前者。譬如我们村的光棍们,除了 3 个人,其他人都不识字。

不识字不是没有识字机会。他们也进过学堂,但短的只有三五天,长的半年,不知所云,辍学了事,家庭也是不管不问,不读就不读了。

他们像马有铁一样,不敢出远门去佛山、深圳之类的地方,只能在附近打工,或者在家干农活。他们自己是算不清工钱的,要不是家里人出面帮忙结账,多半会被老板坑蒙。他们的"女朋友"如果遇上另一个能算清工钱的男人,就会立马闪人。

02

我们村的几个光棍,虽然"憨厚老实,木讷迟钝",但有一般人所没有的力气,至少在他们的青壮年时期,基本上不生病,因此,不少人雇用他们干活。即便无人雇用,他们也可使用简单工具,在河滩上挖河砂和石头挣钱。

光棍甲,是我所见的最年长的光棍。他比较木讷,几乎没有人听见过他说过一句完整的话；即便他连续说话，也是含糊不清。甲一辈子干农活，一直跟着弟弟一家生活，为家庭奉献不少。弟弟一家也待他不薄，奉养到老，直到去世，也算老有所依了。

光棍乙和丙是两兄弟，兄弟两人有个聋哑哥哥，他已在30多年前意外去世，即便活着，多半也是光棍一生。

三兄弟是同父异母，中华人民共和国成立前父亲年轻时候以当国民党兵的兵油子为生。方法就是主动应征之后，得一大笔钱，等部队开拔到远方，再想方设法逃回家，等着下一次主动应征，如是反复。

兄弟二人完全不如他们的父亲那样懂得"机智灵活，随机应变"，反而智力较低，不识字，老实巴交，干活卖力。不过，因此他们不缺雇主。

光棍丁，祖父是个无权无势的地主，到他父亲这一辈，家境破败，丁的母亲把邋遢和癞头疮的恶疾带进来，结果丁和哥哥二人小时候都被传染上满头的癞头疮，天气一热，满头患处流脓流水，总有很多苍蝇在头上飞舞，让人作呕。

苦于无钱医治，其父便用土办法，用刷子强制给兄弟二人刷洗头颅，然后抹上石灰，如是反复，兄弟二人痛得哭爹喊娘，死去活来。幸而治愈，二人都长出满头黑发。

但因此可能损伤智力，哥哥幸而娶妻生子。弟弟丁，无人管束，养成诸种恶习，加之智力有限，言行可笑，娶妻是不可能的了。

光棍戊，小学毕业，身材精瘦短小，从小养成好吃懒做的习惯，一事无成，以打零工为生，健全女子无人敢嫁，他又不甘心娶进有缺陷女子。于是高不成低不就，随着年龄增长，婚姻之事，再无人过问了。

光棍己和庚，是兄弟姐妹六人中的两个男士，居于老大和老五的位置，都是比较典型的"憨厚老实，木讷迟钝"，无文化，不识数，一身蛮力，颇受雇主好评。

己和庚中间，还有一个兄弟，与他们一样，文盲不识数，也符合"憨厚老实，木讷迟钝"的特点，但他因缘际会，掌握了开手扶式拖拉机的技能,能够在周边跑短途运输,颇能挣钱,他因此娶到了老婆。特别是,老婆身体健全,文化程度达到高一、高二的水平,能够辅导孩子的初中英文。

说起来无人相信,他们的父亲十分精明,能说会道,账也算得很精。母亲是地主家的女儿,勤俭持家。可很不幸的是她生下3个智力欠奉的儿子。

光棍辛,小时候上树掏鸟窝,一不小心从树上掉下来,摔断了背脊骨,由于父亲过于严厉,不敢告知,遂落下终身残疾,成为驼背,幸好并不影响生活和干活。虽然后来他学得一身手艺,但介绍来的女人非残即傻,反而会成为累赘,遂打定主意,终身未娶。

光棍壬,已经过世多年,他被人记住,是因为他是我们村第一个参加高考的人。壬年轻时候上的是农业高中,两年制的那种,动荡年代其实是学不了啥的,恰逢恢复高考,他报名参加考试,轰动一时,但据说成绩公布,总分只考了几十分吧,他因此成了村民们讥笑的对象。

大概在理想和现实之间过于分裂,搞得壬的精神有些不大正常,娶妻的事情就耽误下了。后来一场重病,无钱医治,于是乎早早魂归道山。

03

所以你看,在《隐入尘烟》这样的文艺作品和我所见识的现实之间,是可以无缝切换的。我们村的9个光棍,娶上老婆,就是"马有铁";娶不上老婆,就是"小武",就是"树先生",甚至还不如。

即便在农村社会,他们也是边缘人,是最容易被"视而不见,听而不闻"的人。他们不受农村社会待见,更不受"主流舆论"待见。以他们为主题的各部电影,都叫作"文艺片",言下之意,他们的故事没有多大商业价值。

但是他们又是一个庞大到让人无法回避的群体,单是以人数论,也有超过3 000万之巨。须知,人口达到3 000万,已经有资格排进世界人口 50 强了,这难道不是一个值得关注的社会问题吗?

那么,以何种方式来关注这个社会问题呢?

首先,这是一个无可奈何的现实。

以我们村的 9 个光棍来说,即便不存在男女比例失调,甚至女多于男,他们也很难娶到老婆,但不能说,他们就不该有"快乐的单身汉"的生活。单身与否,都是他们的自主选择。如果他们找不到合适的人,一辈子打光棍也没什么大不了。

其次,我们要想一想,在他们用尽毕生精力都无法娶到老婆之时,社会能够为他们的单身生活提供哪些力所能及的帮助?

比如看病,比如养老。除此之外,社会还能做什么?

毕竟,我们是个"人"的社会。

(作者　李忠悋)

第七章

国际

本来就是露水夫妻

英国和欧盟，本来就是一对露水夫妻

在很长一段时间里，欧洲联盟（以下简称"欧盟"）、《申根协定》和欧元都被视为 20 世纪人类政治文明的重大成就。即使对现代政治极为挑剔的人，也很难否定欧洲一体化的正面意义。

尽管欧洲一体化的本质是区域集团化，在某种意义上与全球化有所冲突，但仍可算是全球化的一部分，二者亦相互推进。而且因为先于全球化推行的缘故，欧洲一体化为全球化进程提供了诸多借鉴。

欧洲一体化似乎进入了死胡同

我们如今所熟知的欧盟，于 1993 年伴随《马斯特里赫特条约》的正式生效而问世。

它最早源于 1951 年成立的欧洲煤钢共同体，1967 年，欧洲煤钢共同体与欧洲原子能共同体、欧洲经济共同体合并成为欧洲共同体，20 多年后又发展为欧盟。

当欧元于 20 世纪 90 年代正式启用时，许多欧洲人激动万分，认为自己见证了人类历史上的伟大一刻。

但在这一连串的进程中，英国始终与之保持距离。其实自 19 世纪晚期以来，英国就一直奉行对欧洲大陆事务不干预政策，被称为"光荣的孤立"。

尽管早在 1946 年，时任英国首相的丘吉尔就曾提出"欧罗巴合众国"概念，英国亦于 1948 年参与签署《布鲁塞尔条约》这一共同防御协定，但在欧洲一体化正式启动后，英国曾长期缺位。

1951 年的"欧洲煤钢共同体"、1957 年的"欧洲经济共同体"和"欧洲原子能共同体",英国均未加入。直到 1973 年,英国才在时任首相希斯力主下加入欧洲共同体。

此后 40 多年里,英国一直上演"身在曹营心在汉"的戏码。

就在加入欧共体的那一年,中东战争爆发,随即引发的石油危机严重冲击了欧洲经济,许多英国人立即产生脱欧想法。1975 年,时任英国首相威尔森发起脱欧公投,但 67% 的投票者选择留下,脱欧未成。

这次公投的结果并未缩窄英国与欧洲一体化的距离,英国始终未加入欧元区和《申根协定》,坚守自己的英镑与国界。英国这种近乎固执的"疑欧"情结,显然与盎格鲁-撒克逊人的过往辉煌与自治传统有关。

曾经掌控大半个世界的盎格鲁-撒克逊人,创造了维系现代社会的各种基础架构。深信"能力越大、责任越大"的他们,似乎从不甘心在任何一个系统或组织里失去掌控权,就像当年罗斯福所言:"英国在任何一个自己不占据领导地位的俱乐部里,永远都是不舒服的。"也正因此,英国始终与早早被法国和德国掌握话语权的欧盟若即若离。

但这也许并非主要原因,我始终深信一点,正因为盎格鲁-撒克逊人有着这个地球上首屈一指的自治能力(曾经的辉煌与对现代社会文明的贡献均基于这种能力),他们往往有着更好的预判。而脱欧公投也许基于这样一个预判:无论是欧洲一体化还是全球化,似乎都进入了死胡同。

在这种思潮之下,脱欧公投的结果似乎并不重要。1975 年的公投结果便是脱欧思潮妥协于实用主义,这次也许依然如此。

"疑欧"的英国人

20 世纪 80 年代以来,全球化就已成为一种时代特征,并逐步超越经济,深入政治、法治、文化和科技等领域。它是那般深入人心,几乎如吃饭喝水般让人习以为常。

仅举一例,在中国各级政府官员的讲话和报告中,这个词的出现频率极高,即使是乡镇官员也可以将本地经济发展与全球化挂上钩。

但一个词沦为官方话语的"背景板",必然意味着它遭遇了很大程度上的曲解或误判。全球化带来的并非只有进步和繁荣,当它的负面效应显现时,人们往往会无所适从,它隐含的煽动性更是一种文化侵蚀。

20世纪90年代以来,全球化进程便与反全球化现象并行。具体到欧盟,则是许多欧洲人对于超国家机构存在不信任,欧盟如此,所谓全球化亦如此。

欧洲一体化的最初动因,是因为二战后欧洲地位的急剧下降,使得各国产生了共同利益,人们希望告别那个分裂的欧洲。但也恰恰是一路高歌猛进、被视为人类政治文明史上巨大成就的欧洲一体化,在全球化日益加深的过程中出现了种种逆反。

无论是如今的难民危机、恐袭危机还是此前的欧债危机,本质上都是全球化进程中无可避免的危机。倾向留在欧盟的卡梅伦之所以甘冒风险推动全民公决,其用意除了为英国争取利益,也希望促使欧盟改革。

2015年11月,卡梅伦曾就英国留在欧盟开出四大条件,其中包括维护非欧元国家的利益,允许英国不参与欧盟政治一体化进程等,此外,维护欧洲单一市场的完整性,限制进入英国的移民,限制欧盟移民在英国领取就业者福利的权益等,其指向也不言而喻。

欧元作为欧洲一体化最重要的两大成果之一,从诞生之初似乎就带有强制色彩。根据《里斯本条约》,只有丹麦和英国拥有永久不加入欧元区的权利,其他尚未加入欧元区的国家均有义务在未来使用欧元代替本国货币。英国一方面希望与欧洲大陆保持距离,不被欧元所绑架,另一方面又担心经济一体化导致英国利益受损,因此强调欧盟货币的多样性应该得到保护。

但从英国当年选择永久不加入欧元区，并以法律形式将之固化时，就已与欧洲一体化的终极目标相悖。欧盟的另外两个大国——法国与德国均曾表示不能容忍英国对欧盟条约挑肥拣瘦，指出英国不能期望在拥有 20 多个成员国的组织里"随意挑选自己想要的规则"，也基于对这一终极目标的维护。

　　从这一点来说，自撒切尔夫人执政以来基本坚持新自由主义经济政策、对市场监管程度极低的英国，似乎与欧盟确实存在着分歧。

　　在许多英国人（尤其是保守党阵营）看来，欧盟若想一改停滞不前的局面，重整欧债危机后的涣散人心，唯一办法是重振经济，而重振经济的法宝则是更深入的经济自由化。

　　而在自由的单一市场之外，欧盟不应对各国政治、社会事务有过多插手。

　　这种强烈的自由主义色彩，在欧盟内部不乏认同，近年来更因形势所迫，以财政紧缩和量化宽松为代表的新自由主义经济政策已在欧盟通行。

　　但主张"社会欧洲"，希望欧洲一体化不仅涵盖经济领域，也要涵盖社会福利、劳工保护、环境保护等社会层面的德国与法国，显然不会赞同英国的思路。

　　这种分歧同样有着深刻的历史渊源。早在 20 世纪 90 年代初，欧洲一体化迎来大跨越，标志欧盟诞生的《马斯特里赫特条约》便已含有以附件形式确立的"社会宪章"，确立社会联盟为欧盟三大支柱之一。

　　当时的英国保守党政府已然强烈反对，并以保留不参与社会联盟的权利为条件之一批准了《马斯特里赫特条约》，直到布莱尔领导的工党政府上台执政，才签署修订后的"社会宪章"并将其纳入英国国内法。

　　另一个曾受英国人质疑的条约是《罗马条约》，它提出了欧洲一体化的终极目标，涵盖经济、政治、社会、司法、外交和防卫等领域。这一终极目标的实现，无可避免要涉及国家主权的让渡，超国家机构权力的增强,最终甚至会诞生"欧罗巴合众国"。但这种在欧洲大陆不乏认同的理念,在英国却备受质疑。

反对英国,就像"五十步笑百步"

到底应不应该脱欧,英国内部已经打了无数嘴仗。

如今再从经济角度探讨英国脱欧可能带来的利益和风险,已是老生常谈,这里仅列几个数据:一旦脱欧,英国可以省去每年接近 100 亿英镑的欧盟预算摊派费,加上健全的金融和法律体系,比多数欧洲国家更低的企业税、灵活的就业市场,均可称优势,但英国对欧盟出口占总出口额的一半,为 500 万英国人提供就业机会。各种利弊,实在难以平衡。

相比之下,政治问题和社会问题或许更为迫切。例如移民问题,英国人的所有举措似乎都与欧盟引以为傲的成果相悖,欧元如此,申根如此,移民问题同样如此。英国人所希望的限制移民,恰恰威胁了欧洲一体化的另一巨大成就——人口自由流动。

在支持自由流动的人看来,欧洲能够在两次世界大战后痛定思痛,进行一体化实践,堪称欧洲精神的复归,默克尔就曾说过"自由流动原则没有可协商的余地"。

可是,在难民危机日益凸显,恐怖袭击持续不断的当下,自由流动已被视为对欧盟安全的巨大考验,更加大了欧盟内部的离心力。即使是在难民问题上最为开放的德国,也被迫重启边境管制。各国陆续启动的边境管制,被视为对《申根协定》的极大破坏。

在这种情况下,反对英国就如"五十步笑百步"。有英国网友称"欧盟已经变成一个巨大的难民营,我们不该留在那里",这话在欧洲大陆同样会有共鸣。

2016 年 3 月 25 日至 4 月 8 日,一次针对英国以外的欧洲各国的民调显示,如果有机会投票,45% 的受访者希望能像英国那样就是否留在欧盟进行公投,而三分之一的受访者表示如果获得这样的机会,将选择脱离欧盟。其中,意大利和法国受访者倾向脱欧的比例较高。

同时,伴随着欧债危机、难民危机和恐袭危机,极端民族主义已经进入欧洲主流政治舞台,以民意为武器,反对欧洲一体化。如德国反欧元、反移民的右翼政党德国选择党已进入八个州的议会,意大利"五星运动"已成为该国第二大政治力量,并表示希望退出欧元区,法国极右翼政党"国民阵线"更是反欧元的先锋。

当然,在欧洲大陆的欧盟国家里,脱欧思潮并非主流,人们更多只是对欧盟近年来的拙劣表现表示不满。也正因此,即使是脱欧情绪高涨的英国,也有许多呼声,认为英国应该站出来力挽狂澜于既倒。

英国前首相戈登·布朗就在《金融时报》上撰稿,称英国应该领导欧洲而不是离开欧洲。他的观点同样源于全球化,认为"在一个越来越互相依赖的世界里,英国必须在我们渴望的自治和我们需要的合作之间找到平衡"。但这个愿望的实现谈何容易!

"留欧派"也非一块铁板

有意思的是,公投前夕的英国已被分为脱欧和留欧两大派别,脱欧派当然与欧洲一体化乃至全球化背道而驰,但留欧派却也并非铁板一块。

这其中的变数是苏格兰人和北爱尔兰人。2014 年 9 月,苏格兰举行独立公投,最终以 45％赞成、55％反对的投票结果未能过关。但苏格兰民族党在这一过程中凝聚了强大人气,在 2015 年 5 月的英国大选中,苏格兰民族党一举拿下了苏格兰地区 59 个国会议员席位中的 56 个席位,成为英国国会第三大党。

2014 年苏格兰独立公投的领导者亚历克斯·萨尔蒙德已经放言,如果英国不顾苏格兰反对而强行退出欧盟,将重新推动苏格兰成为独立国家,继续留在欧盟。苏格兰政府首席大臣、苏格兰民族党领袖尼古拉·斯特金也表示苏格兰民族党将再发起谋求苏格兰独立的运动。

从历史来看,苏格兰一直亲欧,甚至曾联合法国进攻英格兰。但苏格兰提出加入欧盟,其前提是独立。换言之,苏格兰人最想拥抱的并非欧洲一体化，而是能够以独立国家面貌存在的自己，加入欧盟更多是一种利益行为，而非主观驱动。

北爱尔兰同样如此，民调显示北爱尔兰人大多同意留在欧盟。北爱尔兰地区天主教领导人也声称，如果英国选择退出欧盟，北爱尔兰便会就爱尔兰统一问题进行公投。

也就是说，以爱尔兰民族主义者为主的天主教人群更加亲欧，支持大不列颠联合王国统一的新教人群则立场分化。一旦英国脱欧，其与爱尔兰多年来在民族问题上的努力或许将毁于一旦，毕竟，北爱尔兰地区近年来的繁荣，根基在于与爱尔兰的边境开放。同时，民族主义者要求与爱尔兰统一的情绪也将再次高涨。

也就是说，无论是苏格兰还是北爱尔兰，他们对英国脱欧的反对、对留欧的支持，其本质仍是国家独立与民族主义，与欧洲一体化的"政治正确"恰恰相反。

2016 年 6 月英国"脱欧"公投结果出炉前夕，欧洲理事会主席图斯克表示："作为历史学家，我担心英国退欧可能不仅是欧盟解体的开始，也是整体西方政治文明瓦解的开始。"我并不赞同这句话，因为危机早已开启。

欧盟所面临的最大问题，在于其僵化的管理无法应对各种危机，同时，欧洲一体化与国家主权、福利政策等之间长期存在拉锯。而且，任何一种解决办法，都意味着欧盟这一超国家机构权力的增强，以及随之而来的反弹。比如欧债危机的持续发酵，原本被许多痛定思痛者视为在欧元区实行统一财政政策的良机，但这注定与自由主义经济政策相悖。

多年来，英国的"欧洲怀疑主义"从未消失。1975 年公投时，英国人选择了实用主义，但在欧盟渐渐力不从心的今天，英国人会怎样选择？即使一切依旧，下一次，英国人又会如何选择？

（作者　叶克飞）

特朗普 20 分钟就职演说，
为什么把很多人吓到了

2017 年 1 月 20 日，特朗普在美国国会大厦宣誓就职并发表就职演说。

依然是美轮美奂的场景，依然是秩序井然的仪式，依然是宗教警言式的话语。唯一不和谐的，就是特朗普那 20 分钟的就职演讲。

在英国《卫报》的文字直播中，记者们都说，这是特朗普升级版的竞选演讲。我以为不是，我以为这就是特朗普的"锁国宣言"。概括说来，一共三句话：美国快完蛋了，我来拯救它；从现在开始，美国第一；外面怎么样，我们不管它。

从美国的历史演进历程中，我们并不是不曾看见过封闭的美国：建国初期时，华盛顿与麦迪逊联手反对施援法国大革命；西奥多·罗斯福和门罗时期推行门罗主义，以及两次世界大战前期奉行美国独立主义。

但是，我在历史中和现实里，从来没有见过如此自私、粗俗和封闭的美国。

特朗普在就职演讲中说了什么

就像他在竞选整个过程中一样，特朗普在"威胁"他的选民和他的国民。在布什当选之后，我曾经评价说，这是一个现任总统，但是他表现得像一个反对派；而现在的特朗普，他是一个现任总统，但是他表现得像一个造反派，或者说，像一个叛乱者。

任何一个当选总统,尤其是一个原本的在野党,都必须和上任总统切割,说一些上届的坏话。这是套路,因为只有这样,他才能够稳固自己的民意基础,从而也为自己未来的政策备好道路:他必须改革前任的措施,制造自己的遗产。

但是同样的,在以往几乎所有的就职仪式上,更加重要的是:弥合党派,寻找共识。这也几乎是美国政治的标准化操作。从大陆会议制定宪法开始,美国政治最强大的力量都从来不是变革,而是妥协,从行政到立法到司法,三权彼此之间是妥协,三权内部也是妥协。选举从来制造分裂,而就职从来企图修补。

但是特朗普在说什么呢?

"长久以来,华盛顿的一小群人攫取了利益果实,代价却要由人民来承受。华盛顿欣欣向荣,人民却没有分享到财富。政客们塞满了腰包,工作机会却越来越少,无数工厂关门。"

从来没有一个总统宣称自己是建制派,但是也从来没有一个总统要代表民众如此向建制派宣战。

"在内城区,母亲和孩子正陷于贫困之中,生锈的工厂像墓碑一样布满我们国家的土地,教育系统充斥着黑暗的权钱交易,我们年轻又俊俏的学生们因此被剥夺了本该习得的知识。犯罪团体和毒品夺走了许多生命,阻碍了我们国家未开发潜力的释放。"

这就是特朗普眼中的美国,一个堕落的、失败的、贫困的美国。

可是事实真的如此吗?

我们不必去看那些非常枯燥的数据。在奥巴马总统任期结束的时间,美国的失业率大大低于布什任期结束的时候,美国的经济已经基本复苏。美国的技术创新能力不断提升,科技公司的市值不断翻番,仍旧走在世界的前列;来自印度、中国、整个拉美地区和中东的高级知识分子和技术人才,源源不绝地涌进美国……

"如果认为他赢了是因为人们相信他,那是错误的。……人们投票给他因为他们不相信他。他们想要改变但是他们坚信美国政治的周期性和体面能够保护他们免于变化所带来的最坏影响。他们希望特朗普能够撼动体制但同时期望这个体制能够庇护他们，哪怕是最无耻的人如同特朗普。"剑桥大学的大卫·朗西曼教授在《伦敦书评》上如此写道。

也就是说，任何一个总统，他在冀图改变的时候，都需要建制派的帮助。现实的政治从不曾完美，而建制派的自私、官僚与世故，是所有新进政客所深恶痛绝的。但是为什么美国政治总是只能在缓慢的、进两步退一步的政治华尔兹中螺旋前行？因为到最后，人们发现，恰恰因为建制派的妥协、争吵与精明，达到了美国利益的最优方案。

看看奥巴马吧，那个从青丝到白发的理想主义政客。他几乎是所有人的期盼，但是他却变成了最长袖善舞的人物。他所闻名天下的段子，恰恰证明他是一个聪明的政客：藏锋，而直达未来。

特朗普是华盛顿的独狼，不为两党所认可。他没有任何的行政经验，组织了一个土豪内阁，政治诉求直接下放底层，以民意裹挟建制派，以造反替代妥协，以恐吓替代弥合。

美国人真的相信，经这样一个人所撼动之后的体制，还是能够保护他们的体制吗？

特朗普正在与全球化为敌

"我们以美国工业的衰落为代价向别国的工业输送营养，向别国军队施以援助，但对我国军力的耗损视而不见。我们曾经致力于保卫其他国家的领地，却忽略了我们自己的领土。

"我们曾经将成千上万亿美元转移到海外，我们自己的基础设施却年久失修、长年荒废。我们帮助其他国家走上了富裕之路，我们自己的财富、力量和自信却逐渐消失在地平线上。我们的工厂一个接一个倒闭，而我们成千上万被落在后面的工人被长久忽视。我们中产阶级的财富被剥削，再被分配给世界其他国家。

"但这些都是过去了，我们现在要看向未来。

"我们今天聚集于此,是为了颁布新的命令,让它在每个城市、每个国家的首都、每座权力的殿堂回响。从今天开始,我们的国家将拥有新的远景。从今天开始,只有美国第一——美国第一。"

　　这就是特朗普所有的外交政策。用来归纳的,只有两个字:"锁国"。

　　欧洲盟友在哪里? 崛起中的亚洲在哪里? 强大的犹太之国在哪里? 充满了风险的伊朗和朝鲜在哪里? 让人民痛楚不已的叙利亚和中东在哪里? 急剧左转的拉丁美洲在哪里?

　　当华盛顿拒绝向法国派兵的时候,杰斐逊怒不可遏,可是美国利益说服了他;当西奥多·罗斯福决定锁国的时候,他处在整个拉丁美洲的威胁之中;当富兰克林·罗斯福决定对欧洲战争视而不见的时候,整个世界都在向轴心国献媚。

　　可现在是全球化时代。

　　这当然是一个仓促的、千疮百孔的、不公正的全球化。全球的贸易秩序还完全建立在弱肉强食的状态之中;资源、资本与人才的流动依旧是不公平的;在全球利益再分配的体系中,损不足补有余是一个普遍性的灾难。

　　但是,真的有一个"完美"的全球化方案吗?

　　在全球的利益链重新建立的过程中,美国部分制造业的确衰弱了,一部分原本、尤其是资源和人力密集型的产业工人边缘化了,贫穷了。

　　可是难道不是美国在整个全球化的利益链中获得了最大的收益吗? 最彻底网络化的美国占据了全球互联网技术的顶层,几乎所有的高科技领域——新能源、新材料、生物科学、医药科学、自动化技术、空间技术的最大出口国,不都是美国吗? 这其中创造了多少财富和职位?

　　在贫富分化方面,难道除了欧洲和美国之外,不是几乎所有的第三世界国家,都在基尼系数上不断下滑吗? 在所有的产业衰亡方面,难道不是第三世界国家的手工业被美国资本的机械化产业迅速地挤压破产了吗？难道不是第三世界的所有廉价劳动力，降低了美国的平均物价水平，使美国享受了更加空前的"丰裕社会"吗？

但这不是特朗普要给他的选民看到的东西。他要制造一个破败的、凋敝的、贫穷的美国。或者换句话说，他要让所有破败的、凋敝的、贫穷的美国浮在上面，让人们看见。

新自由派和建制派最愚蠢的事情，就是让整个世界看起来欣欣向荣，让整个美国都沐浴在全球化、网络化和"历史终结"的浮华之家中。

他们用网络新贵、同性恋婚姻、大麻合法化等这些话题，试图掩盖全球化给每个国家所带来的贫富分化、产业转型和分配不公所带来的阵痛，他们仍然试图用效率来磨平公平，试图用速度来替代正义。他们的粉饰太平迎来了最沉痛的打击：反全球化主义者终于联合起来，选举了一个造反派，来堵塞全球化的气管。

特朗普可不是一个全球化的问题解决者。他使用更加极端的手段，窒息全球化以解决全球化的问题。让美国锁国，反对全球气候谈判，反对资本和工作外流，反对移民，反对价值输出，反对技术交流……对全球化视而不见，就是对全球化的打击。

与全球化为敌，与全球为敌，与世界的方向为敌。接下来是什么？是暴政的狂欢，是恐怖主义的滥觞，是全球产业的凋敝，是美国技术的下坠，是世界分工体系的崩塌。

你还能期待什么？

美国的政治道德行将终结

在特朗普之前，我们对美国的政治一直存在着一种粉红色的幻想。典型的句式就是：美国就算是一条狗当选总统也没有关系。

因为我们假设那个制度是大体接近于完美的。他们有三权分立，他们有权力制衡，他们有宪法和宪法修正案。

大体整个世界就是这么看的。我在文集《彷徨的帝国》中曾经这样写道：纽约的自由港精神，就是整个世界的明灯。无论你由于什么原因来到这里，你总归能得到庇护。站在世界看美国，大约也是如此。

但特朗普的美国不是如此。纵观美国200多年的政治历史，有愚蠢的总统，有狡诈的总统，有暴虐的总统，有糊涂的总统，但是，它从来没有这么败坏过。

特朗普的性格是睚眦必报的，而且又快又无耻。他对于梅丽尔·斯特里普的反击，对于众议员约翰·刘易斯的轻蔑，对于CNN采访要求的粗暴拒绝……

这些都是对所有美国优秀政治传统的反动。

美国是一个由贵族起兵反对英国王权从而取得独立的国家。因此，在它的所有政治历史中，修养和道德从来都不是一件可有可无的事情，而任何一个公共职位的候选人，都必须努力克制保持自己的修养，培育哪怕是性格上的体面。

对，"体面"这个词在美国政治中非常重要。

要维持一个信用的国家，维持一个市场理性的国家，维持一个自由竞争的国家，必要的体面，是社会公共秩序、政治温良严谨、法律与秩序井然从容的保证。而作为一个95%以上人口拥有信仰，80%以上人口信奉基督教的国家，在社会中保持体面，都是一个必要前提。

但是特朗普的破口大骂，他的睚眦必报，他的粗鲁放肆，打破了这一切的传统。他几乎是盎格鲁－萨克逊底层白种男性的典型形象，而他的选民基础也大抵如此。

《芝加哥论坛报》在特朗普内阁名单出来以后做了一个标题：特朗普的内阁是想运行内阁，还是想拆了内阁？

环保部长斯科特·普鲁伊特以威胁要"废除环保部"著名；住建部长、脑科医生本·卡森是坚定的"反福利主义者"；劳工部长安德鲁·普策说他喜欢机器人多过于劳工；教育部长贝奇·德沃斯对公共教育充满敌意；能源部长（管理核武器）里克·贝瑞在提名当天，还一直以为能源部是管理石油和天然气的……

英国《新政治家》杂志在列举了这些内阁成员之后得出了一个结论：这是一个恶人政治的时代，由最坏的人管理的政府。

　　一个良好的政府结构，从来无力阻止恶人出现在政治之中：因为政治从来是野心家热爱的领域。但是政治之所以不会堕落的原因之一，恰恰是因为公众对政客的道德约束，能够使政客至少在表面上维持体面的制度：保持公平，推行正义，倡导宽容，扶持弱势。

　　而当一个欺压、暴躁、粗鲁的总统出现的时候，整体社会的政治道德也会随之败坏。

　　毋庸置疑，这令人深感忧虑。

（作者　连清川）

为什么民粹主义能够大行其道

在今日西方,各种民粹主义之所以有市场,显然是因为它们所利用的许多不满情绪是真实的,不满背后的社会现实在很大程度上也是真实的。如我在之前的文章中已经指出过的,民粹主义者敏锐地抓住了问题。

01

本轮民粹主义思潮在西方兴起的时间与 2008 年爆发于美国的全球金融危机和 2010 年以后蔓延开来的欧元区主权债务危机高度吻合,这构成了大多数人对它进行解释的第一种普遍视角,即:民粹主义说到底是一个经济问题,经济危机伴随着失业率的提高,导致民众收入增长停滞,甚至生活水平下降,这是民粹主义思潮兴起的社会土壤。

这是一种典型的社会民主主义的视角,它很容易将目前的西方同 20 世纪 30 年代相类比。从这一视角出发得出的补救建议自然也是"罗斯福新政"式的:刺激经济增长、改善就业状况、构建更完善的社会福利网,同时提高税收以减轻经济不平等程度。

然而,将此次民粹主义浪潮的社会背景与 20 世纪 30 年代相提并论,显然过于夸张了。当时的欧洲许多国家经济陷于极度凋敝。1929 年大萧条之后,德国的 GDP 骤然缩水 30%,失业人口高达 600 万;在西班牙,南方农业区遭遇大规模饥荒、北方工业区工人成群结队地失业。

而在今天,西方国家的总体经济表现虽然不如人意,但比起70多年前却是好得太多了。今日美国经济正在稳步复苏,失业率仅有4%多一点,已接近实现充分就业;2010年以来,英国的新增就业人口超过了200万,失业率也低于5%;在另一个民粹主义抬头的国家荷兰,经济增幅也超过2%,失业率只有5%略高一点。

　　而且,得益于各国央行的支持,西方的金融市场稳定攀升,屡创新高;信贷流动性充足,企业不仅根本不存在70多年前的那种大批倒闭的危险,整体利润还在上升。

　　此外,上述这种"经济决定论"最无法解释的一个现象是,民粹主义势头正健的国家不一定是经济状况最糟糕的国家。除了经济繁荣的德国之外,美国和英国是经济复苏最好的两个西方国家,它们恰是民粹主义浪潮最汹涌的国家。

　　与之相反,自2007年以来,西班牙的GDP累计下滑8%,同期失业率超过20%,年轻人群体的失业率高达40%以上,但它并没有产生一个民粹主义政府;法国的经济和就业状况也比美国和英国糟糕得多,但法国选民在2017年5月初拒绝了民粹主义。

02

　　于是便顺理成章地产生了第二种解释民粹主义的视角:这一轮全球化带来的增长并没有惠及所有人群,相反它加剧了贫富分化,那些能够在全球市场竞争中如鱼得水的"赢家"获得了经济增长的大部分好处,那些不能适应变革、落在时代后面的全球化"输家"没有能够分享到经济增长的成果。

　　而当旧的体系失败、危机来临时,后者却又承担了大部分成本,全球精英们则继续从各国政府的救助刺激政策中捞钱自肥。这种状况使得当今的西方社会处于高度分裂状态,愤怒的选民们接受了民粹主义的愤怒口号。

　　相比于关注总量的笼统的"经济决定论",这种更加关注经济中结构性问题的"贫富分化论"的确更有说服力。

看一看投票地图,我们便可以发现,希拉里的支持者集中于沿海城市,而美国内陆农村和小城镇地区坚定地投票支持特朗普;在英国,支持退欧的投票同样集中于农村地区、小城镇以及伦敦以外的其他城市;在法国,父辈和祖父辈曾投票给共产党或社会党的工人阶级选民,不少人投票支持马丽娜·勒庞的国民阵线(2018年6月,更名为"国民联盟")。

西方以外的情况也大致类似。

弗拉基米尔·普京在圣彼得堡、莫斯科等俄罗斯大城市受教育程度较高的选民中仍旧不受欢迎,但在其他地区却拥有众多支持者。对土耳其总统雷杰普·塔伊普·埃尔多安或者匈牙利总理欧尔班·维克托来说也是如此,前者在土耳其保守的中产阶级下层中受到狂热支持,而后者在除了布达佩斯的整个匈牙利都受到欢迎。

然而,这种全球化之下的贫富差距扩大的视角在很大程度上已被近来的一些实证研究所否定。英国一家智库——"决议基金会"(Resolution Foundation)——不久前的一份研究报告令人信服地指出,富裕国家中产阶层收入受到全球化的冲击远不如人们通常想象得那么严重。

尤其令人信服的一个事实是:贫富差距的情况在不同国家之间存在显著不同,美国是西方国家中贫富差距最大的,然而美国恰恰也是西方主要国家中经济对外开放程度最低的。这至少表明,民粹主义者找错了怪罪的对象。研究表明,国内政策——例如财政政策和货币政策——或许是比"全球市场"对于财富和收入不平等更有力的影响力量。

此外,"贫富分化论"难以解释以下两个现象:

第一,那些在大选中把选票投给民粹主义政客的选民往往也不是该国中经济状况最糟糕的群体。在美国,特朗普的支持者鲜有最贫困的黑人或少数族裔,他们大多是白人,其中亦不乏中产阶级。

第二,如果问题是贫富差距拉大造成的,那么,应运而生的应该是呼吁"社会公正""平等主义"的左翼民粹主义才对。事实正好相反,美国的例子最为典型。特朗普竞选招牌中,国内经济政策的主要内容是减税、放松管制和取消全民医保,它们全都是右翼的主张。

03

这促使一些人引入了第三个视角,他们认为,最近十多年间发生的翻天覆地的技术变革才是引起社会剧烈动荡的主因。这不仅构成了对经济和就业方面的冲击,也对政治、社会和文化产生了意义深远的影响。

例如,智能手机和社交网络的兴起赋予了过去"沉默的大众"以极大的发言权,这颠覆了传统的舆论秩序。精英"引导"大众思想观念的力量大大减弱,社会变得更加分裂和原子化。

在这个视角下,所谓全球化赢家与输家之间的经济差距只是民粹主义兴起的因素之一。当下的状况还显示了两种人之间的文化分歧:少数精英对各种变革(从新技术变革到大规模移民,直至同性婚姻,甚至应对气候变化等等)的节奏安之若素;大多数普通民众则希望放慢脚步,重新寻找他们在宗教和民族文化方面的根。

……

我认为,上述这些研究民粹主义兴起原因的分析框架都含有一定的合理成分,也都有明显的缺陷。眼下最令人印象深刻的是这样一种普遍弥漫于西方的情绪:似乎现行治理体制和主流政治话语在面对飞速变化的社会时显得日益捉襟见肘。这既有真实的成分,也是民粹主义鼓动家渲染的结果。

但不管怎么说,人们对这一体制以及维护它们并寄生其上的建制派精英日益失去信心和信任。

一个世纪之前的全球革命中有一句响亮的口号:"无产者在这个革命中失去的只是锁链,他们获得的将是整个世界。"今天的许多中产阶级造反派并不见得多么仇视现行体制,但他们越来越不耐烦,进而愿意冒险让民粹主义政客尝试一下改变。

你当然可以说,这是主流政治失败的结果。然而面对这种后现代式的"革命",过去的那套社会民主主义旧药方恐怕已经远远不管用了。在一定程度上说,今日的民粹主义不是反对某一种政治体制,而是反对政治本身。

我相信,这是反思和研究这一轮民粹主义思潮时需要特别关注的重点。当然,不管这一轮新的民粹主义浪潮的兴起是由哪种或哪几种因素造成的,有两点可以肯定:

第一,西方民众普遍存在着不满情绪,他们不仅对制度和权威失去了信心,他们还认为自己被忽视和羞辱了,他们希望重大的改变;第二,民粹主义提供的解决方案是虚假的,一旦付诸实施,它们不仅无效,而且有害。

精英建制派必须尽快拿出真实有效的药方,否则他们就会被民粹主义的假药取代。因此,马克龙当选法国总统意义重大,而他未来的改革使命更加重大。如果他的改革取得了看得见的显著成效,民粹主义就会渐渐偃旗息鼓;如果他的改革失败了,民粹主义很快会卷土重来,而且势头可能会更加猛烈。

历史会重演,但历史不会给予同一件事情两次机会。

(作者　陈季冰)

行纳粹礼为什么在德国是高危动作

　　2017 年 8 月 6 日,两名中国男子因为在德国国会大厦前拍照摆出了纳粹的手势,被德国警方逮捕。他们缴纳 500 欧元保证金后获释,但是他们仍然可能面临着刑事指控。这事给我们很好地上了一课。

　　如果再做一个调查,德国可能是中国人最尊重的国家之一。因为历史原因,中国人不喜欢日本;因为现实原因,很多中国人也不喜欢美国。但是,德国却是那个强大而又与我们没有冲突的国家,它不但让我们感到"友好",而且有很多值得我们学习的地方。

　　一方面,我们钦佩德国的工程师思维以及德国人严谨的工作态度,"德国造"在中国广有口碑。当我们说"德国车"的时候,这往往意味着它比"日本车"更靠谱,质量更好,更结实、更耐用。

　　在夏天,中国人喜欢吹嘘青岛的下水道,因为当初德国人的设计,至今仍让青岛受益。每个人都可能从身边找到例证,比如,我家就有一个德国造的烧水壶,已经用了 10 年。

　　另一方面,中国人又喜欢传播一个德国总理下跪道歉的故事。1970 年 12 月 7 日,西德与波兰签订了《华沙条约》,西德总理威利·勃兰特在华沙犹太隔离区起义纪念碑前敬献花圈后,突然自发下跪,并且为在纳粹德国侵略期间被杀害的死难者默哀。

　　中国人对"华沙之跪"非常喜欢,其实是用来反衬日本至今没有为南京大屠杀做过让中国人满意的道歉。每当日本领导人参拜靖国神社之后,中国人就喜欢拿勃兰特下跪,来批评日本的不知反省。

　　这些理解当然也有道理,却仍旧停留在比较肤浅的层次。德国人的科技以及严谨工作态度,当然是值得学习的,但是,就像齐格蒙·鲍曼在《现代性与大屠杀》一书中所指出的,这种"工程师"思维和追求高效以及精密的态度,其实恰恰是大屠杀发生的原因。相信二战后的德国人,不会再为这种工程师思维而自豪。

勃兰特下跪,并不是代表一个战败国向战胜国道歉,也不是德国向波兰道歉。二战后德国的反思,并不是战败国不得不做的姿态,也不是屈服,而是一种深刻反省的结果。

二战后,欧洲国际军事法庭对德国有纽伦堡审判,远东国际军事法庭对日本有东京审判。这是战胜国对战败国的审判,因为德国和日本是挑起战争的一方,是不义的,战犯必须受到惩处。

纽伦堡审判的被告共计 22 名,均为纳粹德国的军政首领。另外包括德国内阁在内的 6 个组织也被调查和判决,其中 3 个判决为犯罪组织,另外 3 个则无罪。

纽伦堡审判的一个难题在于,纳粹残害 600 万犹太人,与德国在战场上打死美英联军,是一回事儿吗?奥斯维辛集中营的罪恶和战争中的杀人,是一回儿事吗?这是汉娜·阿伦特在《耶路撒冷的艾希曼》一书中所处理的问题。

如果按照战争罪来考虑,那个处级干部艾希曼,没有亲手杀过一个犹太人,相反,他还帮过几个犹太人的忙,以色列有什么理由来判他死刑?

因此,对德国来说,战后需要偿还的"债务",就分为两个部分。德国作为发动侵略战争的一方,作为战败国,需要承诺以后保证和平,不再发起战争。作为惩罚,盟国最先做的是剥夺德国的"国防权"。所以,德国和日本,最初都不能有自己的正规军队,只能拥有自卫性质的军事力量。在这方面,德国与日本的义务是相同的。

德国的不同在于第二部分:如何看待对犹太人的大屠杀?相当一部分犹太人本身就是德国人或者德语区的奥地利人,如何面对这种种族屠杀行为?对德国来说,这就是一个内部问题,而不是外部问题。

不是国与国的问题,而是一个民族的自我反省问题。

这个问题是战后德国重建的核心。对德国人来说,物质意义上的重建,以及处理与战胜国的关系,都是相对容易的,最难的就是如何面对自己的历史。换一个说法,就是如何面对希特勒与纳粹的价值观,这个民族为何会出现种族主义思想,只有清算了希特勒和纳粹的思想根源,这个民族才能面对明天。

这就是德国对纳粹问题为何如此敏感的原因,最终这些反省通过宪法和法律的形式确定下来。可以说,这种自我反省,是二战后德国的立法基础,经过一代又一代的国民教育,已经深入每一个德国人的灵魂。

德国对那些模仿纳粹的行为,持一种绝对零容忍的态度,这也是战后德国人共同的底线,因为认同纳粹的人,在二战后就应该像艾希曼一样,被判为"反人类罪",剥夺作为人的资格。

这种反省,是一种深刻的自我反省,最终成为德国人情感的一部分,一个德国人看到纳粹那一套仪式,甚至会感到身体上的不适。这种自我反省甚至影响到整个欧洲,二战前欧洲普遍存在反犹情绪,只有像德国人一样反省,才能克服纳粹这种人类自我毁灭的倾向。

所以,反对种族主义成为战后欧洲文化最重要的部分,在公共场所,任何种族主义行为都是不允许的,体育赛场上的种族主义倾向都会受到严惩。

我们欣赏德国人的工程师思维,欣赏勃兰特道歉,但都没有触及真正的价值观层面。因为在我们自己的历史中,也有值得自我反思的内容,但是似乎有些人并不具备"自我反省"的品质。

（作者　张　丰）

纵横也门政坛近半世纪的萨利赫，
为何步上了卡扎菲的后尘

2017 年 12 月 4 日，有"中东变色龙"之称的也门前总统萨利赫，在与胡塞武装的内讧中被杀害。

据阿拉伯媒体报道，当日，在返回老家途中，在距离萨那（也门首都）以南 40 千米处，萨利赫的车队被胡塞武装拦截，他本人被抓后被就地处决。

至此，这个在也门政坛纵横近半个世纪的一代枭雄，步上了利比亚前最高领导人卡扎菲的后尘。

01

自几年前的"中东乱局"开始，也门就一直没有消停过。

在南方，瓦哈比极端分子早在"ISIS"（指极端恐怖组织"伊斯兰国"）之前就成立过一个"伊斯兰酋长国"，并"收集"了一堆在美国情报部门"标名挂号"的著名恐怖主义分子。任凭美国佬出钱出枪出无人机出巡航导弹，却总也无法将其斩草除根。

在北方，自 1978 年起就统治北也门，1990 年起就任统一的也门共和国总统的萨利赫遭遇权力挑战，并最终在 2012 年被迫下台。

自 2014 年起，北方萨达省的民兵胡塞武装异军突起，并在 2014 年 9 月占领首都萨那，将原本就是南方瓦哈比派代表人物的总统哈迪赶到了南方。

2015 年，历史上就曾两度（1962 年和 1971 年）武装干预也门事务的沙特,纠集一些"小伙伴",以"受到也门合法政府(指哈迪)邀请"为由,对也门实行武装干预和海陆封锁,双方展开了持久、残酷,却几乎不为国际社会所关注的战争。

由于胡塞派士气高涨,又得到另一个地区大国——和胡塞派同属什叶派的伊朗幕后支持,看似强弱分明的双方竟杀了个难分难解,迄今都分不出胜败来。

沙特的武装干预有着鲜明的王室背景。现任国王萨勒曼2015年继位后力推干预政策。

之所以要如此,是因为自称"两圣地(麦加、麦地那)守护者"的沙特国王父子以逊尼派瓦哈比主义为国教,对什叶派的挑战异常敏感。

"卧榻之侧岂容他人鼾睡?"沙特自不能容忍也门成为什叶派控制的国家,对教派、民族和地缘政治死敌伊朗(伊朗的主体民族是波斯人,而沙特和也门主要是阿拉伯人)的坐大,更是不能接受。

但也正因如此,也门战事的不利等于直接给这对父子"打脸"。在这种情况下,他们打算转而使用一点谋略,从内部攻破可恶的敌人。

于是他们相中了"老伙计"萨利赫。

02

萨利赫是一生多次改换门庭,自称"会在几个蛇头上跳舞的人"——这句话和中国旧军阀阎锡山酷似,阎在抗战期间曾说过"在三个鸡蛋(蒋、共、日)上跳舞"的名言。

也门历史上长期分裂为南、北两部分,直到1990年才南北合并,成立以萨利赫为首的也门共和国。

萨利赫本人属于北方最大部族之一——阿赫玛尔部落,是什叶派,但他在该部落系旁支,地位不高,威信也不大。

因此,萨利赫在北也门时期一直不顾教派之别,亲近瓦哈比派的"盟主"沙特,并依靠沙特的力量打压国内反对者。

萨利赫表现出高超的"蛇头驾驭能力"。

1991 年海湾战争爆发，也门是仅有的公开支持伊拉克总统萨达姆的主权国家，甚至还派出了"志愿军"参战。

但战后萨利赫居然丝毫未被追究，相反还成了美国的"反恐亲密盟友"，萨利赫的"舞技"可见一斑。

1995 年，原也门南北方关系破裂，南方重新独立。萨利赫为压倒南方，再次求助沙特，利用南方瓦哈比派人数众多、沙特对瓦哈比派有极高影响力，和出身南方瓦哈比派的哈迪联手，彻底消灭了南方左翼割据势力。

当然，萨利赫也为此付出了的代价，就是南方的瓦哈比化，和哈迪派在也门政府中占据半壁江山。

此时的胡塞武装以萨利赫反对者面目出现，并遭到残酷镇压，创始人侯赛因·巴德莱丁·胡塞 2004 年被萨利赫的军队打死。

03

2011 年发生的那场"中东乱局"，沙特转而支持和自己同派同宗、时任也门副总统的哈迪，并软硬兼施地逼迫萨利赫在 2011 年 11 月 23 日同意下台，翌年 2 月 27 日交权。

个中奥妙不难看破，原是什叶派且态度油滑的萨利赫充其量只是沙特的"干儿子"，又怎比得上哈迪这个"亲儿子"？

理论上，在"倒萨"期间，哈迪和胡塞派算是不成文的"战友"，当时胡塞派也并未表现出和伊朗有何特殊关系。

哈迪就职后一度试图拉拢胡塞派，于 2012 年 12 月 28 日将侯赛因·巴德莱丁·胡塞的遗体送至其家乡安葬，哈迪还亲自在萨那为巴德莱丁举行葬礼。

而萨利赫却被边缘化，本人虽仍掌握着也门国民大会党（GPC）武装，尤其是美国帮助训练的反恐特种部队，但他最得意也是最没人缘的儿子阿里却被放逐到阿联酋。

此时素来对什叶派高度敏感的沙特再度插手了。沙特向哈迪施压,迫使其不允许巴德莱丁家族的几个兄弟去萨那参加葬礼。

随后沙特又迫使哈迪推行一系列政策,试图同时清洗萨利赫派和胡塞派,最终将这两家昔日的死敌逼进了同一战壕。

对于习惯于"蛇头跳舞"的萨利赫而言,改换门庭好不为难——只要大谈"我也是什叶派"不就行了?

曾经对胡塞派有"杀兄之恨"(胡塞派现在的领导人是侯赛因·巴德莱丁的三个弟弟)的萨利赫"秒变"盟友,双方携手将哈迪赶出首都,若非沙特插手,哈迪能否在南方站住脚跟都不好说。

萨利赫之所以倒戈,是希望借胡塞派之手东山再起。但得势后的胡塞派并未满足其愿望,宁可维持一个松散的"革命委员会",也不肯给他一个类似总统的名号。

04

随着战事因沙特介入而旷日持久,这位前总统不免又对别的"蛇头"跃跃欲试。在这种情况下,现在沙特国王父子想出策反萨利赫的"高招",也就不足为奇了。

2017 年 12 月 1 日,萨利赫突然发表声明,称"只要沙特停止对也门轰炸和封锁,就可以与之对话",对此沙特和哈迪一方立即作出"支持""接受"的反应。据称,部分沙特阵营的飞机也开始连夜向萨利赫武装空投军火和补给,静待胡塞一方阵线崩溃。

然而,他们高估了自己,低估了伊朗和胡塞派的政治成熟度。

尽管萨利赫的倒戈动作并不明显,伊朗还是迅速嗅到了苗头,并作出"调解"姿态,掩护胡塞武装采取了"定点清除"的断然手段。

早在萨利赫声明发出前的 11 月 29 日,胡塞派民兵就开始对萨利赫武装展开包围和零星军事行动,12 月 1 日到 4 日更是大打出手。

尽管 12 月 3 日晚见势不妙的萨利赫改口宣布"我们和胡塞派还是盟友""我们会坚定不移地与之合作",但次日胡塞派还是对萨利赫实施了"定点清除"。

萨利赫被胡塞武装抓后，立即被就地处决。

和沙特、哈迪派所期待的相反，萨利赫派显现出"脆败"的态势。据埃及方面的消息，截至2017年12月6日所有萨利赫派在萨那及周边的据点都已易手，到了12月8日，胡塞派几乎已在也门北方一统江山。

沙特的豪赌至少暂时得到了事与愿违的后果。也门北方非但未因萨利赫被策反而呈现有机可乘的混乱，相反，胡塞派借此良机整合了原本松散的什叶派阵营，如今的北方，反倒出现了沙特最不愿见到的"什叶派国家"。

更让沙特哭笑不得的是，因为萨利赫名声在外，他的突然倒戈并死亡，让原本被国际社会有意无意遗忘的也门局势重新回到国际视线中。法国、埃及等许多全球或地区性大国已纷纷表态，"不能容忍导致大量无辜平民被殃及的封锁禁运"。

无心中可能为本国平民"办了最后一件好事"的萨利赫，当然是最大的输家。这个在几个蛇头上秀了数十年舞步的"中东变色龙"平生最后一次"献演"，却从蛇头上一头栽下，再也不能爬起。

这正应了一句古老的西班牙谚语：总拿瓦罐去汲水，瓦罐最终会碎的。

（作者　陶短房）

一部手机，要了伊朗将军苏莱曼尼的命

2020 年 1 月 3 日，美军空袭杀死了伊朗伊斯兰革命卫队特种部队"圣城旅"指挥官卡西姆·苏莱曼尼。

01

当时，美军出动了"收割者"MQ－9 无人机、阿帕奇武装直升机，由 MQ－9 无人机上的 AGM－114"地狱火"两枚导弹袭击苏莱曼尼等人的座车，两辆车上的人员无一幸免。

这次行动在军事上称为定点清除，在战争史上可以算作一个节点，即从冷兵器到热兵器，再到智能武器，世界进入新的战争模式。

但是，定点清除首先要找到目标。苏莱曼尼既是"圣城旅"的指挥官，也是伊朗最有影响力的人之一，负责伊拉克、黎巴嫩、叙利亚、也门的区域军事政策。同时，苏莱曼尼也是伊朗情报中心指挥官，对于谍报、通信、保密等比一般人更为通晓和谨慎，但为何其行踪仍然被追踪到呢？

首先，是他的大意和行动的半公开。其次，美国媒体称，这一袭击是利用线人、电子截击机、侦察机和其他监视技术等高度机密信息的结合的产物。

然而，没有公开的一个信息是，手机追踪和定位。

据称，为了避免暴露自己，苏莱曼尼使用的是一款老式的诺基亚手机，里面没有植入任何 App，并且还经过高级加密，不可能被跟踪以及窃听。

但是，人们熟知的在国际上曝光"棱镜计划"的美国中情局技术分析员斯诺登指出，苏莱曼尼被精确追踪完全是美国"棱镜计划"的功劳。

原理是，通过监听通信公司与互联网公司信息和监控苏莱曼尼的诺基亚手机移动设备识别码等，从而定位到其具体位置，完成对其击杀。

这说明，美国可能已经入侵了伊朗通信公司，并完全掌控运营商基站核心网，可以追踪到任何想要监控的伊朗方面的人，以及与伊朗方面有重要联系的人。

可以推演的事实是，苏莱曼尼登上前往巴格达客机时，美国就已经获取到其行踪了，无人机也飞往巴格达国际机场上空等候，待伊朗重要人物聚齐后，获得特朗普授权的美国军方立刻下令发射"地狱火"导弹，一举击灭所有目标人员。

02

既然苏莱曼尼能被追踪，美国总统特朗普可否被追踪呢？

完全可能！

美国媒体 2019 年 12 月 19 日报道了该报隐私项目（Times Privacy Project）获得的一份令人震惊的定位追踪文件。该文件透露的每一条信息，都代表了 2016 年和 2017 年某几个月期间一部智能手机的精确位置，从华盛顿到纽约，再到旧金山，数据涵盖超过 500 亿个定位信号，来自 1 200 多万美国人。

可能很多人认为，这些数据与己无关。但是，在今天人人都有一部智能手机的情况下，每个人都可能被精确地定位追踪。

从技术上来讲，从美国总统特朗普，到美国很多名人、政要的行踪都可能暴露无遗，包括情报人员、五角大楼官员等的行踪，都可以被精确地追踪。

只要你拥有并使用手机，如上网浏览、购物、通信等，每时每刻都有几十家公司基本上不受监管、不受审查地通过手机定位记录你的个人活动和行踪,并将信息存储在巨大的数据库中。

你早晨外出是否上班、上班经过的什么路线、上班后外出去了诊所还是超市或按摩院,都能通过定位手机移动的亮点进行追踪。提供电信服务的信息公司会根据这些数据,以及分享这些数据的其他人,轻而易举地知道每个人干了什么事。

尽管信息服务商称,这些手机没有姓名或电子邮件地址等可识别身份的信息,但是,找到手机亮点的主人,是很简单的事情。

2019 年 12 月 20 日,美国媒体刊登的《如何追踪特朗普》一文就描绘了特朗普某一天的准确行踪:

> 从早晨 7 点 10 分起,特朗普的手机亮点在佛罗里达州棕榈滩海湖庄园里出现,9 点 24 分,手机亮点出现在特朗普在当地的高尔夫俱乐部,特朗普在此地和日本首相安倍晋三打高尔夫球,一直待到下午 1 点 12 分。
>
> 中午特朗普回来和其他人一起享用了一顿私人午餐。下午 5 点 08 分,手机亮点又回到海湖庄园,当晚,特朗普又和安倍共进工作晚餐。

03

无论是收集总统还是个人的手机信息,电信服务商现在都有理由证明它们是正当的:人们同意被跟踪,数据是匿名的,数据是安全的。

然而,每个人是否同意被追踪是含糊的,因为手机隐私条款要么没有这个告知,要么很含糊,要么就是如果不同意追踪,就无法使用手机,或者不同意被追踪,也有技术手段追踪到用户。

至于数据是匿名和安全的,就更是妄言之语。

问题还不只是每个人的手机可以被追踪,还有其他深度追踪和应用。如果你用手机上网到谷歌或无论哪一个网站,别以为只是接入了谷歌,而是同时也接入了其他几十个域(网站)。

因为,现在网络普遍应用广告技术,专业术语是"监视资本家"(Surveillance Capitalists)。当你访问某个域名(网站)时,与你密切相关的隐私数据会立即播散至几十家甚至上百家广告商,这些广告商又会再次将其获得的数据信息传输至上千家广告商。

于是,无数的公司可以有针对性地向手机用户投放广告。不仅如此,你使用的手机都是经过实名登记和注册的,所以,你的个人隐私数据,包括姓名、收入、性别、年龄、职业、地理位置、健康状况,乃至性取向等,都将一览无遗,而且你所在位置可以精准到具体的经纬度。

实际上,你在手机上浏览最喜欢的网页或者使用最喜欢的软件时,你的个人 ID 账号就已经把你的一切告诉了信息服务公司和其他商业公司,它们完全可以基于你的用户行为习惯建立一份长时间有效的用户画像。

这也是为什么会有如此多的广告频频出现在你手机上的原因。

04

或许,有人认为,2018 年 5 月 25 日欧盟就颁布和实施了世界上最重要和最严厉的数据隐私法律《一般数据保护条例》(GDPR),难道所有被监控的手机或电脑用户不能根据这个法律反制信息服务商吗?

GDPR 规定,无论直接或间接识别到的个人资料,都属于个人数据范围。收集到个人数据的组织和公司必须依法建立一套系统化的管理机制,不得让个人数据泄露。即便数据泄露,必须 72 小时通知监管当局,并根据情况通知到数据泄露的用户。如果违反,则会处以极高的罚款,罚款范围是 1 000 万~2 000 万欧元,或者企业全球年营业额的 2%到 4%,并且以较大数额为准。

然而,事实上情况非常复杂。

仅在 2018 年就有超过 14.4 万起针对隐私问题的投诉,其中大多数没有真正得到解决。这些投诉涉及众多美国互联网巨头,包括谷歌、苹果、Facebook、WhatsApp、Instagram、Twitter、LinkedIn 以及 Quantcast 等多家公司。

首先，对于个人数据泄露投诉事件需要时间调查，现在仅仅一年多的时间，针对这 14.4 万起隐私问题的投诉还只是在调查中。

其次，被投诉的公司有各种理由辩解，如谷歌因故意隐瞒关于用户数据的披露信息，法国监管机构对其开出了 5 700 万美元巨额罚款。但是，谷歌表示不满，认为他们是按规定行事，决定上诉法国监管机构。

另一方面，现在的许多罚款对于众多大公司不过是九牛一毛，并不能有效促使大公司慎重处理个人数据和保密。例如，法国对谷歌的罚款只是其年收入的 0.04%。这也说明，在执行 GDPR 上，并没有动真格。但是，还是有较大的进展，如 Facebook 在欧洲因为密码安全问题面临着 20 亿美元的罚款，而在美国 Facebook 也有可能因为违反相关隐私法律而面临 50 亿美元的罚款。

更重要的是，除了欧盟的 GDPR，其他国家尚无类似的严格的个人数据保护的法律条款，就连美国都还没有，以至于硅谷的一些科技巨头负责人，如 Facebook 创始人马克·扎克伯格、谷歌 CEO 桑达尔·皮查伊以及苹果 CEO 蒂姆·库克，都在呼吁美国政府尽快出台类似 GDPR 的隐私法律。

在亚太地区，许多企业都不清楚欧盟 GDPR 数据保护条例，也就谈不上如何让自己所提供的产品或服务符合 GDPR 中的个人数据保护规则。没有法律的监管，信息和互联网行业在很大程度上只能依赖伦理自我监督。即使一些公司按照最健全的伦理准则行事，也难以不漏露用户信息，更何况把用户个人信息分享到其他公司不只是有利可图，而且是行业内部的潜规则。

现在，公众和社会要想有效抵制和限制信息公司对个人隐私的泄漏，还只能是依靠和健全法律。现在可以看到的一种积极的动态是，世界许多国家已经在仿照 GDPR 制定类似的隐私法律，如巴西、日本等都通过并颁布了与之类似的隐私法律。美国加利福尼亚州也制定了与 GDPR 相似的隐私法律,并在 2020 年生效。

由于监管的滞后,今天个人隐私的泄露可能是一种普遍现象,但愿随着法律的健全和执行的到位,未来也许每个人不必担心自己一天的行踪被监控,也不会收到无数的广告消息。

(作者　张田勘)

要么被弹劾，要么坐牢，
这个南美国家一周出了三个总统

　　秘鲁，如此遥远的一个国度，除了马丘比丘——南美旅游排名第一的名片，国人估计很难有别的什么印象。

　　是的，即便在南美，很久以来秘鲁已经不是一个响亮的名字了。无论政治经济话语权，还是音乐足球影响力，甚至贩毒游击队等老大难问题，秘鲁都不如其邻居们那样经常博得世人眼球。

　　在这里可以稍作一些常识的普及。秘鲁地处南美洲的中西部，沿海低地、山地和雨林并存的地理环境，带来了全球数一数二的生物多样性和丰富的矿产、农林资源。

　　洪堡寒流，也称为秘鲁寒流，沿着南美西海岸向北流动，造就了全球最大的渔场之一——智利-秘鲁渔场。

　　但伴随而来的也有着永不消停的自然灾害。秘鲁国土在环太平洋地震带上，平均每年有记录的地震超过两百多次。厄尔尼诺，每隔几年就光顾秘鲁一次，带来洪水和泥石流，所到之处，农作物减产，海洋捕捞受影响。

　　这里有着南美洲最古老而悠久的文明和历史，当 1532 年来自西班牙小城特鲁希略的小混混皮萨罗以卑劣的手段征服土著居民之前，印加国王在这里建立了地域广阔的帝国。

　　两百年前，秘鲁从西班牙殖民统治中获得独立，然后先是累年的内战，各路枭雄你方唱罢我登场。1845 年起秘鲁刚刚因为鸟粪和硝石有可能发一笔小财，又不幸在南美太平洋战争中惨败于智利，从此一蹶不振。之后的秘鲁就在各种政治军事的力量中沉沦,党派相争,军事独裁,"光辉道路",再无宁日,延续至今。

如果说摆脱殖民统治后秘鲁就失去了辉煌,显然不符合现代文明的基本理念,但是潮起潮落,历史车轮滚动的步伐在不同的地域不同的民族中呈现着不一样的节奏。

01

2020 年,在这个当代人类历史上最重要之一的年份中,秘鲁的消息也频频出现在国人的视野里。先是在 8—9 月期间以区区 3 200 万人口的体量,感染新冠病毒总人数曾高居全球第 5 名。然后,自然灾害尚未缓和,人患开始频出。

11 月 9 日晚间,秘鲁国会以 105 票赞成,19 票反对,4 票弃权弹劾了时任总统比斯卡拉。

此次为比斯卡拉近两个月内第二次被弹劾,理由为比斯卡拉涉嫌在担任莫克瓜(Moquegua)大区州长时收受贿赂,存在"道德缺陷"。而实际的原因普遍认为是秘鲁长期以来存在的"府院之争"矛盾激化。

按照秘鲁宪法,现任总统被罢免后,继任总统候选人顺序为第一副总统、第二副总统、国会主席。由于秘鲁的副总统早在年初就因为与比斯卡拉不和而辞职,按照秘鲁政治现状,时任国会主席曼努埃尔·梅里诺继任秘鲁临时总统。

孰料,由于比斯卡拉在民间一直保持了很高的支持率。在被弹劾后,秘鲁全国立即爆发大规模抗议示威活动,数以万计的民众走上街头表达对国会罢免比斯卡拉的不满。抗议活动天天持续发生,不但在首都利马,而且在各大区都发生了连续的骚乱,遍及沿海城市、山区和雨林地区。

11 月 14 日是周六,各地的抗议活动愈加猛烈,示威群众与警察发生了严重的冲突,结果在利马市中心参加抗议活动的 2 名年轻人中弹身亡,还有九十几人受伤。

消息传来,群情激愤,大批民众在总统府、国会前聚集,表达愤怒的情绪。社会舆论和公众人物也纷纷在社交媒体上要求梅里诺辞职。刚刚上任的包括卫生部长、内政部长及经济部长等在内的 12 名部长递交辞呈。

02

2020 年 11 月 15 日上午,大势已去的梅里诺在总统府发表讲话,称已经向国会提交了辞呈。下午,国会召开全体会议,接受了梅里诺的辞职请求。随后,新内阁全体辞职。

11 月 16 日,经过艰难的二轮选举,紫党国会议员弗朗西斯科·萨加斯蒂获得了国会通过(紫色即由代表左右两派的蓝红二色混合而成),宣誓就任新国会主席,并依照宪法出任临时总统,直至 2021 年 7 月 28 日正式大选选出新的一任总统。

于是网上各种评论纷纷,有说"秘鲁四年出了四个总统"的,也有戏称:"一周仨总统!"总统宝座如此频繁更迭,应了 2015 年一句流行语叫"活久见"①。

但也有人立即翻出黄历,说见多不怪,这种情况在秘鲁历史上是屡见不鲜的。在 1862—1865 年间,1874—1884 年间,1930—1933 年间秘鲁都曾分别经历了 4 位总统,其中总统古希斯沃·希门尼斯在位的时间为 1931 年 3 月 5 日—3 月 11 日,也仅一周。

和有些国家一样,在秘鲁,总统也是个高危职业。1985 年之后的秘鲁总统们,要么被弹劾,如比斯卡拉和库琴斯基;要么在坐牢,如著名的藤森;要么处于犯罪调查之中,如乌马拉夫妇。

唯一的土著出身的总统托莱多至今躲在美国,就怕有朝一日被引渡回国接受审判。2019 年,前总统加西亚在警察上门抓捕前选择了饮

---

① "活久见":网络用语,就是"活得久果然什么都能见到"的缩写。

弹自尽。

03

其实南美国家有很多共同点，比如政局频繁动荡，腐败现象普遍，但秘鲁近年来尤甚。人们不禁要问，为什么会这样？

纷争不断，根源在于利益冲突。不同利益集团的矛盾日益激化、公开化。长期以来，腐败已经成为拉美社会的一个寄生现象。

尤其是 2014 年巴西启动反腐调查"洗车行动"（Lava Jato）后，巴西建筑公司 Odebrecht 被揭露出通过大规模贿赂各阶层官员获得参与工程项目的真相，涉案金额之高，涉及面之广，令人瞠目。

可以毫不夸张地说，整个拉美均告陷落，秘鲁也不例外，目前秘鲁有 4 个前总统被牵涉其中。

在秘鲁，腐败现象遍及社会各个阶层、各个领域。国会与政府之间不断摩擦，据说缘由之一是部分国会议员参与投资"野鸡大学"，靠出售毕业证书赚钱，名声很臭。

政府设立了专门监管大学的机构"国家高校监管委员会"（SUNEDU），负责认证大学资质，对大学进行管理和整顿，不能达标的必须关闭，这直接触动了相当一部分议员大人们的利益。

弹劾表决前，比斯卡拉慷慨陈词，指出议员中有 60 多人处于这样或那样的调查之中，屁股不干净得很。

诠释官僚阶层腐败程度的最新案例是，媒体曝光梅里诺政府短命内阁中的交通通信部长奥古斯托·瓦尔基在位时间虽仅 5 天，却极其"利索"地为一家刚刚于 4 个月前成立的公司提供了一份 20 年的电信特许经营权。

如此猴急且全然无所顾忌，令人喟叹不已。

04

秘鲁政坛的混乱，还与其政治体制格局密切相关。秘鲁的民主框架在拉丁美洲是独一无二的总统—议会混合框架制,这种体制更加容易导致政治冲突制度化。

总统直接民选产生,国会中的多数党往往是反对党。比如 2016 年上任的库琴斯基所在的"秘鲁变革"党在 130 席的国会议员中只有 15 席。他的继任者比斯卡拉则不属于任何一个党派。

议会可以对政府提出不信任案而迫使其辞职,还可以以总统违宪为理由对总统提出弹劾。总统作为国家元首也可以在特定情况下解散议会,要求重新选举。

这些情形近年来在秘鲁频频上演,愈演愈烈。

比斯卡拉并非民选总统。2018 年 3 月,他以副总统的身份接替因贿赂选票丑闻而辞职的库琴斯基总统。他立场居中偏左。上任后,他把工作重心放在老百姓普遍关心的民生、经济发展方面,期望获得民众的支持。

针对深为百姓切齿痛恨的腐败等社会顽疾,2018 年 12 月,他强行推出四项改革措施付诸全民公投,包括:改革国家司法委员会,规范政党筹资,取消议员连选连任和恢复议会两院制。除最后一项,其余三项均获高票通过。

他所领导的政府不断向国会提交改革方案,如禁止有犯罪前科或处于司法调查中的议员参加竞选,限制议员的司法豁免权等。

这一系列的动议,触碰了一大批国会议员中的既得利益者,导致矛盾激化。2019 年 9 月,他采取有争议的手段强行解散国会,国会则反制罢免了他的总统职位。

经过极富戏剧性的几天争斗,比斯卡拉取得了最后的胜利,国会被解散,直到 2020 年的 1 月才重新选举出新一届的临时国会。在此期间,比斯卡拉的政府在没有国会制约的情形下行事,打破了以往的平衡。

05

秘鲁目前注册政党二十几个,政党虽多,却普遍缺乏稳定明确的政治纲领,难以被认为是真正意义上的政党。这些党派时而结盟,时而反目,更多的是沦为个别政客利用的工具。

2020 年 1 月国会重新选举后,议会席位更加分散,9 个代表了左、中、右不同倾向的政党分别获得 9 至 25 个席位。议会席位过于分散,以至于在政治角力中各方经常无从作出准确的判断,一片混乱。

这次比斯卡拉被弹劾就是明显的一个案例。2020 年 11 月 2 日,国会中有议员提出再次弹劾的动议,比斯卡拉完全没有当回事,因为他在该年 9 月成功挫败了国会的一次弹劾,所以他向国会隔空喊话,要求提前表决,理由是需要尽快让国家恢复正常,言下之意是你们赶紧完事,哪儿凉快哪儿躺着去。

11 月 9 日表决当日的上午,大家仍然认为比斯卡拉将有惊无险地再次涉险过关。不料,下午 3 点,风云突变,对总统不利的信息开始四处传播。

结果,当晚 7 点,国会投票的结果一边倒,128 票中 105 票对弹劾动议给出的意见是同意。很多之前表示反对的议员临阵倒戈,令人大跌眼镜,但其中的奥妙似乎又是不言而喻的。

06

作为解决府院矛盾的唯一途径似乎只有宪法法院一条途径,在宪法下行事,遵守宪法,成了解释一切合法性的“救命稻草”。

但是秘鲁的宪法法院的作为也令人尴尬不已。2019 年 9 月,比斯卡拉解散国会,遭到了很多非议,认为其有违宪之嫌。被解散的国会将比斯卡拉告上宪法法院,结果宪法法院 7 人中以 3 票对 4 票宣布诉讼无效,支持了比斯卡拉。

2020 年遭受二次弹劾,比斯卡拉也如法炮制,先后两次向宪法法院提出起诉,要求判定弹劾违宪。9月份的诉状尚未获得回应,紧接着11月的诉讼又来了。人们纷纷质疑法官们怎么拿了俸禄却不干活。

压力之下,宪法法院的7名法官只得披挂上阵,经过几天的紧急磋商,11月16日,又以一个4票对3票给出了答案:既然已经弹劾,没有看出有受理诉讼的必要性。总而言之,无论谁诉,都不受理。只是这次的受益者不再是比斯卡拉了。

11月16日晚,国会前的示威活动仍继续进行。人们提出两项要求:对警察镇压示威群众造成伤亡的原因进行调查,严惩责任人;取消议员的司法豁免权。国家检察官阿瓦洛斯报告称,将对前总统梅里诺、前内阁总理阿劳斯和内政部长罗德里格斯展开调查。

07

有趣的是,在之前的总统大选报名中,萨加斯蒂原本报名的目标位子是第二副总统,没有想到超预期提前上位。

此次萨加斯蒂之所以被推选出任危难中的秘鲁总统,是因为他本人长期以来从事于技术工程领域,官声不坏,他所在的紫党秉承走中间路线,且他在弹劾中投了反对票,是个可以平衡各方利益的合适选项。

但是,紫党在国会中只有9个席位,是个不折不扣的小党,摆在萨加斯蒂面前的显然是条充满荆棘之路。

萨加斯蒂曾对媒体说,"秘鲁历史上从未有过这么复杂的问题"。希望这位总统爷爷不要被眼前的困难吓倒。

(作者　英　迦)

美国为什么搞不定阿富汗

2021 年,阿富汗再次成为世界关注的中心,照例没有好消息。

历时 20 年的阿富汗战争将以美国撤离、塔利班卷土重来的结局收场。阿富汗创下了一项纪录,那就是现代世界的三大全球帝国都在这块土地上遭遇严重挫折。

19 世纪末到 20 世纪初,大英帝国和阿富汗之间发生了三次战争,仅仅赢了半场。

1979 年苏联入侵阿富汗,短暂的胜利之后就陷入了战争泥沼中,不得不在 1989 年撤离。

2001 年 10 月 7 日,时任美国总统小布什正式宣布发动阿富汗战争。如今,这场战争也进入了最后时刻,尽管局势依然混沌不清,但是结果早已注定。

因为 2020 年 2 月 29 日,美国与阿富汗塔利班在卡塔尔首都多哈正式签署了旨在结束阿富汗战争的和平协议。在这项协议里,美国政府承诺在 14 个月内,也就是 2021 年 5 月 1 日前全部撤出驻阿富汗的外国军队,塔利班则承诺不再让阿富汗成为恐怖分子的庇护所。

这一和平协议没有对阿富汗新政权内部统治方式的约束,美军撤离的条件仅仅是未来塔利班政权对反恐底线的承诺。这令很多寄希望于美国实现阿富汗现代化改造的人士大为失望。

其实,他们一开始就不该抱有希望。

01

阿富汗全境五分之四是山地和高原,平原集中在北部和西南部,其中还包括了大片的沙漠。全境干旱少雨,全年平均降雨仅 240 毫米。在地图上,其国土是一片令人感到乏味的土黄色。

阿富汗地理区划也很有意思,有时被划入西亚,有时又被归入中亚,宗教文化属性则属于广义的中东,又和南亚的陆路交通关系密切,甚至有些西方媒体报道还会偶尔把它归入东亚——实际上中国和阿富汗仅仅靠一条狭窄的"瓦罕走廊"相连。而且,这条"走廊"地形恶劣,常年封闭,并不能"走"。

因此,中国的这个邻国名不符实。当然,这并不妨碍西人的误解,也不妨碍地图迷们的想象。

其实,阿富汗是中亚、西亚、南亚和中东的交汇处,正是地图迷们常说的"地理位置重要",但这个重要的有效期在数百年前已经到期。

在 15 世纪前陆上丝绸之路兴盛时,阿富汗曾经是连接东西方的重要枢纽。但是,海上丝绸之路取代了陆上丝绸之路后,这片贫瘠的山地也就不重要了。大航海时代以后,阿富汗的战略价值接近于零。

封闭、破碎的国土,孱弱的经济基础,决定了阿富汗地区很难自发产生内部秩序。

失去商路价值后,大帝国没有多少兴趣对阿富汗输出秩序。在近代以前,波斯是唯一对阿富汗实施长期统治的大帝国,但也只是名义上的、疲软的。

02

这是一片似乎被废弃的土地,却又没有偏僻到足以让世界遗忘它,所以也没有世外桃源的安宁。

15 世纪后到近代,在中亚激烈的内卷化冲突中,阿富汗反复被卷入、被裹挟。征服者走了,留下了遗种;失败者来了,苟延残喘。多山的地形、碎片化的绿洲经济，是部族生态的保护地。这片贫瘠的土地被割裂得支离破碎。

现代化和这片土地无缘。因为阿富汗自身的经济基础几乎发展不出现代工业，没有现代交通基础设施的全境连通，没有全国统一市场的培育和维护，也没有现代工商业。

西方以外的国家实现现代化多多少少都是外部输入的结果，阿富汗也让人提不起兴趣。

要在这个国家实现现代化治理，需要付出加倍的投资，但是除了一些矿产，看不到收益。现代帝国与阿富汗的相遇，也志不在此。

英帝国来了，是为了保护印度殖民地的北境安全，阻挡俄罗斯帝国理论上的南下。

苏联人来了，是因为意识形态扩张的误打误撞，却再一次激起了其他国家对它南下印度的想象，结果莫名其妙地扩大成了代理人战争。

美国人来了，是为了反恐的地缘政治安全，目标底线仅此而已。

英国人从未认真考虑过对阿富汗进行有效的统治和改造，只要证实了阿富汗不会威胁到南亚次大陆后，乐得放手。

美苏两国都有实现阿富汗现代化的设想，但那只是实现其他目标的手段，而不是目的本身。当它们发现因此付出了太高的代价后，选择了转身离去。

这些现代帝国留给了阿富汗的现代化遗产，仅限浮光掠影的点缀，装饰在首都喀布尔周边和一些零星的绿洲城市中。

这些并没有吸引这个国家走上现代化道路，反而引发了更多的矛盾和冲突。

无论是选择欧美现代化路线的阿富汗政治人物，还是选择苏联道路的阿富汗政治人物，他们都要整合和缔造一个现代国家，这无疑会触动那些前现代势力——宗教权威、部族领袖。

在其他国家的现代化转型中，传统势力意识到这一转型会为自身赢得更大利益时就会配合,至少会分化出拥抱现代化的新精英。

但是,阿富汗自身的经济潜力看不到什么希望,那些所谓军阀、部族领袖、宗教权威都会意识到缔造现代国家的过程是对他们的损害。

因此,与其说阿富汗是帝国的坟场,不如说是现代化的死局。

阿富汗本土势力和大帝国的殊死对抗,既不是因为爱国主义或民族主义之类的现代意识形态,也不是因为顽固守旧的观念限制,而是因为现代化对他们只有损害,没有收益。

就本质而言,他们在对抗的不是外来的帝国,而是在抵抗现代化进程,无论是哪一种路径的,他们都不喜欢。

而美国,也许是最不适合担当现代化进程推动者角色的帝国,因为美国本身就太现代了。

03

美国自诞生伊始就是一个现代国家,没有经历过古今之变,甚至没有对前现代的历史记忆。即便是这个国家的精英阶层,也很难理解前现代精英的思维方式。

他们不能理解那些繁文缛节背后的传统政治秩序,不能理解那些现代人看来毫无效率、道义有亏的传统社会制度。在年轻的美国人看来,现代化的一切都是理所当然的。

比如,美国人不能理解那些部族长老们对女性受教育、参与公共事务的恐惧,他们看不到在阿富汗贫瘠山地中的脆弱环境下,以性别为界的一半人压迫另一半人是保持秩序、维系生存的必要手段。

美国人也不能理解,那种高压的原教旨主义生活方式,是这片土地天然的统治方式,任何社会活力的释放都会导致这个脆弱的社会失序。

他们也不能理解喀布尔灯红酒绿的现代化成就,会让那些部族统治地区失去劳动力、经济破产。

旧时代的精英拒绝现代化,不是因为他们愚昧,而是因为他们在新时代中没有自己的位置。

在这种社会环境下，美国人笃信的现代政治制度无法移植，因为这套制度的核心理念是允许反抗，因此必然遭到反抗。

这就陷入了悖论，如果美国人不放弃美国的价值观，就无法推行美国的价值观。这是美国人遭遇前现代时的死穴。输出制度，要以放弃制度的价值核心，注定失败。

那么，可行的方式是，输出制度的同时进行社会改造，激发经济活力，让获益于现代化成果的社会各阶层足以抵御旧精英。

可是这需要迅速建立有效的基层治理和动员能力，也就是说这需要以某种程度的现代化为基础，阿富汗显然不具备这样的条件。

阿富汗向来是政令不出喀布尔，美国人也不可能改变这一现实。

从理论上讲，这个世界头号强国确实可以动员大量的力量实施基础设施建设、改善通信等，但是全面社会改造的高昂代价对美国、对世界又有什么意义？

英帝国压根没有想过，苏联也没有试过，美国有什么理由去做呢？美国民众会支持吗？

美国并非不擅长社会改造的大工程，但是它面对前现代社会时是十分笨拙的。

二战后美国成功地改造了德国、成功地改造了日本，堪称完美。但是，这两个国家在战前就已经实现了现代化，美国的占领和改造是在完整、高效的现代政治与经济的基础之上实现的。

美国只是给旧有的现代制度体系填充了新的价值核心，并以强力维持新体系的运作，直至其显示出令人信服的效力。

而面对菲律宾、伊拉克这样的半截子现代化国家，美国的改造工程就只能成功一半。

其中伊拉克的情形尤为诡异，萨达姆的残暴统治或摧毁、或压制了这个国家大半的传统精英，中东普遍存在的部族势力、宗教势力在萨达姆治下已经失去了尖牙利爪。

这种统治方式导致了萨达姆的倒台——其中就包括他的残暴手段招致了美国的厌恶,但是美国输入的秩序让这些传统精英恢复了生机,进而干扰了美国对伊拉克现代化改造的后半程。

而阿富汗,则是美国无法解决的难题。

美国是这样一名汽车修理工:非常擅长修理、重装一辆大众汽车,对一辆蒸汽发动机的古董车能够勉强让它跑起来,面对古老的马车时却是束手无策。

而阿富汗,是一堆混乱的零件被胡乱拼接在一起,你甚至看不到它的轮子在哪里。

所以,美国对德、日而言是最好的帝国,对阿富汗而言糟糕透顶。

因为它看出那堆破烂的整修成本过高时,会选择迅速撤离,留下一堆烂摊子。而那些追随美国皈依现代价值观的土著,只能自求多福。

仓皇而退,在美国的帝国历史上不是第一次,或许也不会是最后一次。因为就本质而言,美国成为世界帝国并非它的主动选择,而是在二战秩序重建后多少有些无奈的选择。

至少,美国的孤立主义者对担任这一角色始终不情不愿。

04

一封据称来自阿富汗导演的呼吁信在网络上传播,它对美国背弃的愤怒、对塔利班未来统治的恐惧,让人感同身受。

信中提到了在20世纪90年代塔利班统治时期,学校里没有一个女孩,其实真相远比这更严重。

那么,所谓阿富汗塔利班和巴基斯坦塔利班不同,能不能保证这些不会重来?很难乐观。

糟糕的统治发生在塔利班一分为二之前,炸毁巴米扬大佛的罪行发生在塔利班一分为二之前,有什么理由相信这个所谓“不可混淆”的阿富汗塔利班会表现得更好?

世界期待的是，重生的塔利班政权不再对外部世界构成恐怖威胁，仅此而已。至于他们能不能实现有效的治理，都很存疑。

　　形式上占领、统一阿富汗并非难事，苏联、美国乃至更古老的波斯帝国，以及一串本土政权都曾实现这件事。

　　然而，统治和治理这片土地，完全是另一回事。即便塔利班能够成功，也不大可能继续开明的现代化进程，因为前现代的社会结构并没有改变，现代化的土壤依然贫瘠。

　　没有谁会真正在意阿富汗的统治者怎么治理这个国家。只要不至于威胁到外部世界，这个国家是不是有真正的治理也无人关心。令人感到遗憾的是，这是明智的态度，却也是沉重的道义负担。

　　阿富汗还有未来吗？可能唯一的悬念是，下一个闯入者将会在这片帝国坟场埋下多少尸骸。人类最大的历史教训是：人类从不吸取历史教训。

（作者　关不羽）

第八章

异域

尊严与苦难并存

为什么大多数德国人欢迎难民

　　话题最终不可避免地要落到沉重的难民问题上。突出移民和难民的穆斯林身份，将他们与恐怖主义联系起来，是西方右翼民粹主义政治势力最经常采用的一种舆论操控技巧。

　　在中国，不少平素很少接触到穆斯林的民众受到这类舆论的误导，也因为恐惧而盲目地跟着一起鼓噪。当然，这也正是打着宗教旗号的恐怖分子最希望看到的结果。

难民涌入带来的社会影响

　　在今天的德国，最为难能可贵的是，绝大部分民众都能够将两者正确地区分开来，充分展现了德国人一贯理性克制的民族特性。必须承认，对于难民涌入带来的社会影响，当下德国社会的总体反应是相当分裂和不确定的，认为难民潮将对德国社会和经济造成负面影响的民众为数并不少。然而即便如此，绝大多数德国人仍然认为，战争难民在德国居留的权利应当受到保护。也就是说，在看待这个问题时，德国人总体上是站在道义立场上，而非利益优先。我那个在安联保险公司工作的中学同学告诉我，他们公司里有许多员工自发组织了一个帮助难民的社团。一到周末，这群热心的安联员工就自己做好了蛋糕、点心之类食品，前往远在郊外的安置点去问候难民。

　　在汉堡市中心的一家很有名气的博物馆里，我被自己目睹的一幕深深震撼：一对看上去年逾花甲的白人老夫妻用轮椅推着一对穆斯林长相的女孩在拥挤的人流中艰难地移动，那两个年轻女孩只有上半身,胯部以下空空荡荡！显然她们是在战乱中失去双腿的残疾人。当时我在内心感慨：对于那些经常不惮以最大恶意揣度他人的当代中国人来说，这幅画面大概是永远都不能理解的。

我前面提到的那个女同学的丈夫是一个地地道道的德国人。她告诉我，从她先生和周围一些德国人的日常聊天中可以看到，许多德国人认为，纳粹统治时期，不仅整个欧洲，德国国内也有许许多多人遭受到法西斯主义政权的残酷迫害，他们中的许多人能够最终幸存下来，正是因为得到了欧洲和世界各国人民的无私帮助，后者还经常因此冒着巨大危险。

而在战后，满目疮痍的德国之所以能够在很短时间内在废墟上重新崛起，发展成为一个发达经济体，并奇迹般地重新实现统一，在很大程度也是得益于世界大家庭的帮助。

德国人对于这些满怀感恩之情，认为现在是到了德国回报世界的时候。因此，即便一下子接纳那么多难民会对德国社会造成一些负面影响，甚至带来一些风险，也仍然认为是德国责无旁贷的。

我在前往德国之前读到的一篇文章中说，德国经济研究所最近的一项定量研究"难民问题情绪晴雨表"显示，德国有将近 3/4 的民众认为，至少在短期内，难民对于德国来讲更是危机而非机遇，但还是有81%的德国民众表示接受因战争冲突到德国寻求庇护的难民。基于《日内瓦公约》与欧盟法律提到的各种避难原因，有69%的民众认为给予难民庇护是必要的。

这并不是说德国老百姓对政府的难民政策没有任何不同声音，在民主国家，任何一件事情上都不可能做到"思想统一"，这是不言而喻的。但我的两名同学告诉我，他们所接触到的民众的批评主要是认为，政府开放边境接纳了难民，却没有尽到充分责任，而把更多包袱扔给了社会和民众。还有一些德国人认为，在难民安置方面，政府应该加大监控、分散和疏导，不能让难民潮处于失控状态。总之，在德国，直接反对默克尔政府接纳难民这件事情本身的人并不多。

实际上，我还认为，在民主政体下，素来行事谨慎的德国前总理安格拉·默克尔在难民问题上表现出来的惊人的胆识绝非单纯基于她个人的价值观或心血来潮，而恰是德国主流民意的体现。默克尔只是顺应了民意，并将它提升到战略高度。反过来说，德国民众在难民问题上表现出来的令人钦佩的理性和沉着，在很大程度上又是默克尔及其基民盟政府在过去 10 多年里的执政业绩赢得了民众赞成票的体现。

德国社会治理的成果

放眼当今西方世界，德国或许是硕果仅存的一个基本不存在政治两极化且具有很高民意共识度的大国了。一路上，无论是我的两名同学还是沿途遇到的有机会交流的德国人，都对目前的德国联邦政府表达了很高的认可。而在提到默克尔本人时，我没有听到过有一个德国人口出恶语。

在从汉堡回慕尼黑的 6 个小时的火车旅途中，我与同车厢的一位德国老太太交谈了一会儿。她显然也是默克尔的坚定支持者，当我问她"你投票给安格拉·默克尔和 CDU（"基督教民主联盟"的德语缩写）"时，她不假思索地回答："Yes, of course!"（当然啦！）

正是背靠着高涨的民意支持度，默克尔才有足够的信心和能力在国内国际坚定地推行自己的政策，其中当然也包括难民政策。2016 年，在一周内发生四起暴力袭击案件后，默克尔于 7 月底中断休假，提前召开一年一度的总理个人记者会。

她再次强调了"我们能搞定"，并提出了针对恐怖主义的"九点计划"。从"九点计划"的主体内容来看，例如恐袭预警制度、增加增强安全人员、设立安全部门信息技术中心、欧洲信息联动、更新欧盟武器法、与美国进行情报合作，以及研究制定遣返难民计划，等等，基本属于老调重弹。但事后的舆论反应表明，大多数德国民众依然给予了政府足够的信任。

对讲求理性务实的德国人来说，这种信任绝不是盲目的，默克尔政府在民众中的声望和支持度也不是靠当今风行于世界其他地方廉价的民族主义和民粹主义煽动换取的。在我看来，这说到底与德国健康繁荣的经济状况密不可分。半个月的德国之行中最让我印象深刻，甚至略有些吃惊的，是城市和乡镇中熙熙攘攘的人流。原来我曾以为，苍老的欧洲应该是到处冷冷清清。除了原东德地区的一些城市基础设施和房屋略显破旧以外，我途经的城市大多呈现出一派欣欣向荣的景象。

汉堡、慕尼黑等地的购物中心、餐馆、咖啡馆常常是人满为患，其繁忙市况一点也不输给有 2 000 多万常住人口的上海。而原东德地区也是满眼火热的建设工地，就像当今的中国各地一样。

我爱人曾去过一次英国，她对我说，尽管英国的风景和城镇也许比德国更美，但相比之下，英国许多地方明显要比德国老旧破败。

眼下的德国，经济持续增长、政府财政状况稳健、社会和谐有序、国际地位稳步提升……这是德国的政治治理比其他西方大国更成功的结果。而我一向认为，恐怖主义和西方的穆斯林问题，归根结底是政治治理失败造成的。德国这方面的问题相对缓和许多，就是明证。当然我并不否认，法国和美国一些政客所代表的边缘政治势力的崛起，说明作为一个整体的西方社会内部正弥漫着深刻的焦虑、不安和挫败感。但仅从我个人走马观花式的近距离接触而言，至少德国令人欣慰地为充斥耳际的"西方衰落论"提供了一个反例。

（作者　陈季冰）

泰戈尔故居被垃圾包围，印度是怎样的国度

如是我闻。

对于中国人而言，印度是一个既熟悉而又陌生的国度。熟悉，是因为唐僧取经的故事家喻户晓；陌生是由于一谈到印度，人们却所知甚少，甚至在使用"外国"一词时，也往往自动把印度忽略掉。

然而，印度是一个无法让人忽略的国家，尤其对中国而言。其人口和国土面积规模直逼中国，印度文化曾对中华文化有过哺育作用，更甚者，最近数年，"印度崛起"的呼声有压倒华夏的趋势。

2016 年暑假，笔者在闲暇时间，赴印度观光 20 余天。其间，沿着恒河流域，考察了加尔各答、菩提伽耶、瓦拉纳西、阿格拉、斋浦尔、新德里、阿姆利则等地。

20 多天，对于想认识一个有着数千年历史、10 多亿人口、数百万平方千米肥沃国土的国家来说，是远远不够的。但是，古人言"窥一斑而知全豹""一叶落而知天下秋"；又或者一筐鸡蛋我不必吃完，只需尝一个便知下蛋的母鸡之优良中差。是故，我对印度就有了一些思考。

脏乱的第一印象

印度的历史和现状，在我的考察中凝聚成一个问题：印度是牛粪上的鲜花，还是出淤泥而不染的莲花？

我的问题中有三个关键词：牛粪、鲜花、莲花。此三个词语，既是我对印度的深刻印象，也是世人对印度的诅咒或者赞美。

先说牛粪。牛粪是印度的真实存在物,也是印度的象征。印度人中,大多数信仰印度教,牛是印度教的神物,在印度的城市或者乡村,在加尔各答、在瓦拉纳西、在伽耶、在斋浦尔、在首都新德里,甚至高速公路上,都有牛及牛粪的身影。

牛是圣洁的,然而牛粪却是肮脏的,象征了印度的贫困与脏乱。也许印度人习惯了牛粪,因此养成了生活在脏乱差环境中的习惯。虽然印度是一个美丽的国家,然而不幸的是,一般只要有印度人聚居之处,必然是脏乱的。不要提孟买或者德里那些高级繁华之地,那里只是肮脏的印度海洋中的可以忽略不计的小岛。

2016年8月4日凌晨5点,阳光已经洒向印度大地,我怀着期待和激动走出加尔各答 Sealdah 火车站,刚出站就被眼前的景象惊呆了:汽车、三轮车(当地叫突突)、地摊和水泄不通的人流挤在一起,喇叭声不绝于耳,地上的脏水、垃圾、尘土和各种蔬菜混杂在一起。原来火车站门口就是一个大巴扎(集市、农贸市场)。

穿过混乱的巴扎,进入加尔各答的一条主干道。尽管天已拂晓,但是街道上人很少。后来才渐渐知道,印度人一般十点左右开始干活。

加尔各答,或者说印度给我的第一印象并不美好。整个街道像空袭或是地震之后凌乱的景象,地上永远是垃圾和尿骚味。

后来明白印度人的厕所就是大街的墙,街边有很多几根支柱上面搭着五颜六色塑料或者旧布的棚屋,里面都住满了人。此外,在大约五六百米处,就有躺在地上的无家可归者,他们没有完整的衣服,像僵尸一样面容憔悴。

特里莎嬷嬷

最刺激我神经的事情发生在我推开印度大门的半个小时之后,在街边,有一户印度家庭住在两根木棍撑起的"塑料"里。母女三个,姐姐五六岁,只有一条内裤,污手垢面,妹妹三四岁,光着屁股趴在路边。

我竟然鼻子一酸，哭了！直到几里路外，我才止住了泪水，因为我也有类似年龄的女儿。此时，我才忽然意识到，我到印度的第一站就是特里莎嬷嬷的"仁爱之家"，像是一种宿命，一种谶纬似的象征。

因为来自欧洲巴尔干半岛的天主教修女特里莎嬷嬷，目睹了加尔各答的贫穷，才决定在印度建立"仁爱之家"，帮助那些贫穷的或者濒临死亡的弱者。

对特里莎修女的贡献，国际社会是肯定的，1979年的诺贝尔和平奖即是明证；印度政府也是肯定的，1997年修女去世，印度为之国葬。

当然，也有人认为特里莎嬷嬷的慈善是虚伪的，夸大了印度的贫困，比如出生于加尔各答的印度人查特吉（Aroup Chatterjee）就写了一本名叫《特里莎嬷嬷：最后的判决》(*Mother Teresa：The Final Verdict*)的书来批评特里莎，指责她玷污了印度的荣誉。

不过，就我的旅行观察而言，查特吉等人的说法并不可信，也许特里莎的慈善事业有其宗教目的，但是印度的贫穷脏乱却是真实的、普遍的，有时候甚至是绝望的。

泰戈尔故居

在加尔各答，我的另一个目的地是中国人所熟知的大文豪泰戈尔的故居。在读了《园丁集》《飞鸟集》《吉檀迦利》等幽美而抒情的诗歌之后，你会试图在加尔各答的深巷中寻找到什么。

当你又一次亲眼目睹衰败、破落和满地的垃圾时，甚至将这一切和那个伟大的名字紧密联系在一起的时候，你会发现泰戈尔故居宏大而庄严的建筑，就是对这个曾经被英帝国统治的印度首都的一种深刻的讽刺。

就在走出故居的时候，我看见一名妇女在路边混浊的流水里面清洗衣物，我觉得《吉檀迦利》里面的句子其实很生动：为怕衣饰的破裂和污损，他不敢走进世界，甚至于不敢挪动。("In fear that it may be frayed, or stained with dust he keeps himself from the world, and is afraid even to move."）而我忽然想到一句时尚的俏皮话：泰戈尔，你的人民在受难，你好意思追寻诗和远方？经历了加尔各答的文化休克之后，我期盼下一个城市会更好。但是下一个城市一样充满了诡异的脏乱，一直到首都新德里都没有什么变化。当火车驶进德里站之时，两旁的贫民窟在风中颤抖，垃圾漫天飞舞，光屁股的孩子们欢乐呼叫着，不知道的还以为火车驶进了时光隧道。

我和这个国家没有仇恨，我只是作为一个观察者在思考：这个国家不是没有飞机、导弹，不是没有得天独厚的自然环境，也不是没有幽美的花园、悠久的历史和比肩世界的街区，不是没有社会精英和广为人称道的制度，她在很多年前独立的时候，也不是没有一个良好的基础和国际环境。

但是，就像马丁·路德·金说过的一样："100 年后的今天，黑人仍生活在物质充裕的海洋中一个穷困的孤岛上。"而今天的很多印度人，构成了一个贫困的海洋，而只有一部分人一部分地方才是物质充裕的孤岛。为什么？

对于这个问题，答案并不重要，重要的是我们将为此而思考。当每一个关注印度的人开始思考之时，印度以至世界都将为之受益。

（作者　罗红昌）

同样经历工业化城市化，
英国乡村依然美得让人绝望

关于英国，可谈可感者夥矣，而我以一个浏览者粗浅的游历与阅读，最直观的震撼，自然是英伦的自然：他们的乡野、田园，他们的绿化、园艺，他们的农业、农村。

01

英国城乡处的自然生态，是历来访问者都会感到震撼的。

清光绪二年(1876)中国首次派遣外交使节出驻西方国家，驻英副使刘锡鸿的《英轺私记》就言及："英人最喜种树……伦敦繁闹处所，二三里即有园林，屋后门前稍得隙地半弓，莫不植以美荫"；至于乡野各地，"往往一望弥漫，无非绿障，笼天绮雾，扑地凉痕，村居隐约其间，洵画景也"。令他也"不觉复动买山之想"了。

同在 19 世纪，美国作家华盛顿·欧文的《英伦见闻录》之《英国的乡村生活》，开头就说："外国人想要准确地了解英国人的性格，绝不能将观察范围局限在大都市。他必须深入乡野，旅居于农庄村落，探访古老城堡、郊区别墅、农场小屋以及村舍。他应该去公园和花圃漫步，沿着树篱和林荫小道溜达……"(黎曦译)

比起刘锡鸿的粗略描述，他把村落和花园两者所代表的英国自然，上升到英国人的性格亦即国家文化的构成。

该文接下来具体介绍，英国人天生对乡村的深厚情感、对自然之美的敏锐感知、对农田劳作和花草种植的热爱、对园林景观的品位；还谈到"贯穿英国文学的乡村情结",以及弥漫在英国风景中的道德情感,是美好秩序、安宁传统的世代传承。

诚如他们记述的,英国的自然生态既体现在乡村,也体现在城市的绿化、园艺。

对此,陈义海在《吹拂英伦的海风》中有很到位的概括,该书开篇便写道:"英国人恐怕是世界上最热爱自然的民族。""领略英国的自然,要连同英国的花园一起欣赏。英国人对花园的重视简直到了疯狂的程度。""在他们看来,没有花园的房子简直不叫房子。"

这种深入城市的自然生态,是有着悠久传统和理论指导的。

16世纪英国思想家托马斯·莫尔在《乌托邦》中对理想国的描绘:"乌托邦人酷爱自己的花园……花园是对全城人民最富于实惠及娱乐性的事物。这个城的建立者所最爱护的似乎也是花园。"(戴馏龄译)这部想象性的名著,是因作者不满于英国现状,要虚构一个未来的完美社会,但其中仍不脱英式园林之爱,将这种英伦风度投射到其中。

到近代,英国学者埃比尼泽·霍华德则写下实操性的专著《明日的田园城市》,鼓呼城市与田园乡村的融合,并以此进行社会改革。该书直接影响了英国乃至全球的城市规划,译者金经元的序言还比照中国当下现状作了让人触动的评点。

英国人在城市中"对自己身边自然的经营",不必去细数我在海德公园等处领略的伦敦堪称全球之最的众多公园、绿地①,只举一个似乎没见他人留意的小例子:

在伦敦路过一处地区,导游指着车窗外的一片房子说,那是政府建给穷人住的公屋或曰廉租房。我看了一下,果然楼房较为朴素普通,而且占地面积很小;但是,那么狭窄的房子门前,居然都有花园,虽然不大,但本质上与其他城乡居民住宅的前后花园没有两样,并不会

---

① 布兰查德·杰罗尔德著、赵文伟译的《伦敦:一次朝圣》中,作者专门写了一章《绿叶下的伦敦》,自豪地表示他们的首都绿化"为外国人提供了源源不断的惊喜和欢乐"。

因为生活差、住地小就舍弃花园扩大房子。

这一极端的事实，足证"在英国凡是有房子的地方就有花园"，也足证英国人的热爱自然深入骨髓。

02

当然，在我看来，城市园林绿化只是英国农村文明的延伸，是英国人身入城市而心系乡野的传统心理遗绪；英国自然生态的主要组成部分，始终在于乡村、田野，这也是我的关注重点。

之所以关注，是因旅英之前，我在一个正式场合亲聆了一番宏论："解决农村问题的根本方法就是消灭农村，解决农民问题的根本方法就是消灭农民！"意思是要全面城市化，通过土地转让的收益让农民全部变为市民。

石破天惊之余，恕我愚钝保守，接受不来这番宏论。但对方举了英国圈地运动、工业革命作为支撑理据，虽然自己也读了点相关书籍，不至于受此忽悠，然而实地到英国走走看看，也正好亲身验证一下。

我的旅行时间不长，却也从苏格兰到英格兰、从北到南纵贯了英国。所看到的是：沿途绵延无尽的都是原野，或为农田，或为牧地，一路下来，永无止息的大部分地方是绿，小部分是黄——绿的，以放牧的草场为主（布满星星点点的牛羊），间以森林；黄的，则是秋季成熟收割的麦地。

特别是草场，那么平顺、辽阔、壮丽、养眼，天天车窗外都是这般动人的景色，简直审美疲劳，美得让人绝望。英国的草地，得益于多雨的气候，也得益于精心的爱护，是四季常绿的。于是从空间上到时间上，英国永远都绿草油油，花卉、粮食、果蔬、林木处处繁茂。——这个时间还不仅指一年四季，而是自古以来的历史传统，英国人又特别注重维系传统，特别嗜好自然风物，遂成一道永恒的田园风光。

原野之外，前往一些乡村，领略古朴、秀丽、悠闲、安宁的乡居景致，那更是天下闻名的英国特色风情了。

民国时储安平那部非常精彩、能启人对照之思的《英国采风录》，有一专章《乡村生活》，引用了英国首相包尔温（现译为"鲍德温"）大段深情的描述，其中有一句名言："英国即乡村，乡村即英国。"储安平则谈道，英式乡村能同时兼得"自然"与"物质"，那种"极可爱"的乡村生活，以及构成英国自然生态的其他元素（如英国公园与中国公园设计思路相反、追求自然美等），剖析了背后深层次的文化传统与民族性格。

我也去了工业革命的发祥地曼彻斯特和兰开夏，感受到传统工业的衰落、转型。如此，当初英国以工业革命开风气之先、领跑全球，然而工业式微之后，昔年所谓被取代的农业却仍然在，乡村仍然那么美好，仿佛是历史的最后判决。

联系英国文艺作品向来对农村、对自然的倾力描写，可颠覆我们从刻板教科书得来的"工业革命"印象，原来乡村才是英国面貌的特色、英国生活的核心、英国精神的重点、英国风格的体现，乃至英国人的灵魂所在。

反观吾邦，也是传统农业大国，但正如陈义海《吹拂英伦的海风》指出的："英国用它纯正的自然证明，它更像个农业国家。"中国的农业发展在某些方面还有很长的路要走。

确实，多年来我在南北东西看过不少地方的农村农业，与英国相比就不是一回事，要么太杂乱落后（包括农村、农田的形态，也包括农业技术、品种的令人扼腕），要么太人为出新（所谓"穿衣戴帽"或旅游开发），而不像英国的自然气息，给人的感觉，那里的农田才更像农田、乡村才更像乡村。

也就是说，英国的农业、农村不仅没有"消灭"，反而保留了更多更美的乡村，乃至成为其国家标签、文化标志。

但其实，英国农业的先天条件并不算好：地方不大，人口稠密，土地质量又较差；而且其农业产值总量要比中国少。那何以会有前述的反差呢？归根结底还是人的素养与机制两方面，需内求本心，有人文的滋养;外善社会,有切实的保障。

丁士军等编著的《英国农业》就从专业角度提供了解读:2010年,英国农业只占国内生产总值的0.5%。但其农业高度发达,依然对国民经济有重要的支撑作用,农业劳动生产率等指标全世界领先,而且特点之一是农业生产注重环境保护,生态农业兴盛。

在谈到英国农业的贡献时,其中特别有一条是"农业传承农村文化":其农业保持了英国农村的文化历史,其农村保持了本土固有的乡村特征,甚至保持了几百年前的农民生产生活基本方式。该书提出:农业在国民经济中比重下降是发展的必然规律,但并不丝毫降低、反而凸显了农业的基础性作用,因为是以极低的占比产值承载了整个国民经济的健康运行。

类似的情形——农业经济占比不高,但农村更优美更像童话——我在中国台湾地区、日本等地也曾深有感触,是该让同样背景的我国经济发达地区脸红的。顺便说一句,英人统治过的香港,也留下了纯正的农村,和超出一般人想象的大量自然生态,那里的城市开发只占全区域四分之一的面积,故而刘克襄写了一本介绍香港郊野的书,就叫《四分之三的香港》。

再说所谓的圈地运动"消灭农民"。

首先,英国14至18世纪的圈地运动(以及18至19世纪的工业革命),令大批失地农民入城成为地位低下的产业工人,造成严重社会问题,本是英国一段沉重的痛史,是我们在劳动力转移中应吸取的教训而非像"消灭论"那样作为经验支撑的。

其次,英国圈地运动只是令土地集中到大地主手上,但他们继续用于发展农牧业,并非将土地出卖用作工商业乃至房地产建设,没有消灭农业,也依然使用大批农民。而且,农村在农业资本家进入后,运用新的观念(例如轮耕)技术,促进了生产力的提升,土地得到更具规模、更有成效的农牧业利用。

英国史家阿萨·勃里格斯的《英国社会史》,正文第一章第一段讲

的是"对大多数英国人来说,古老是一种资产"。接着第二段则介绍:
"英国乡间景观千姿百态。"这个开头,突出了英国文明的两大要素:
古旧,乡村。

书中记述,即使在 13 世纪的落后时代,英国村庄住宅粗糙简陋,
但仍然"还有些花园和果树"。这就是他们热爱自然、园艺的传统资
产。讲到 18 世纪的工业发展,特别是圈地运动,作者指出其残酷、黑
暗的同时则认为:"工业的增长丝毫不意味着农业的凋敝""持续不断
的圈地运动是农业'改良'进程中必不可少的部分"。他用数据证明,
在此期间农业也繁荣起来,大量耕地和农作物增加。

当然,阿萨·勃里格斯也谈到工业革命、圈地运动带来的负面后
果,包括"改变乡村环境的面貌",很多林地等自然景观消失了。此外,
农村的现代化,也毁掉了一些村风民俗、道德情操方面的优良传统,让
哈代等英国乡土作家一唱三叹地书写其田园挽歌。

然而,无论经历了怎样内在的发展和外来的冲击,英国农村始终
保留着其国人心灵休憩、外人旅游热点的净土。

曾旅英多年的董桥在《闲谈贝茨》中写道:"在一般人的眼里,英国
是一个很工业化的国家。经过了两次世界大战的洗礼,很多乡村,很
多田园,都糟蹋了,像春梦。其实,只要坐上长途火车,苍翠的郊野,疏
落的农舍,就会映入眼界……"

<h2 style="text-align:center">03</h2>

英国这种融于民族血液中的乡村文化,产生了大量自然文学作
品,比如吉尔伯特·怀特的《塞耳彭自然史》。

这部生态运动的圣经,是 18 世纪英格兰一个小村落的自然观察
记录,作者刚入中年就退休回乡,优游于鸟兽虫鱼草木等农村风物。
全书由他写给两个博物学家的信件组成,内容细致扎实,有一份家常、
亲切的文学情味,深受李广田、周作人、叶灵凤等名家推崇,经艾伦等
人的整理、注释和缪哲的精妙翻译,更是锦上添花。

书中有很多充满乡土气息的记述,如作者在家乡引进和推动农民种植土豆的成功实践;又如前一封信才说植物学应该切合实用,后一封信却列出所居周边20多种对种田人无甚价值的草木简介,见出既有切实际的用世之心,又有纯观赏的非实用闲情,我喜爱这样的"矛盾"。

　　作者生在缓慢、平和、守旧的英国(此书初版时,海峡对面的法国正发生大革命),以其"不求闻达"的心性,退隐乡间"享受一个有学养的博物家的恬静生活",通过潜心自然来圆满自我,绘出这些"闲寂的乡村生活的从容画卷",也反映了典型的英式乡村绅士文化。

　　另一部我更钟爱的英国随笔名著,20世纪初吉辛的《四季随笔》,则是想象中的乡村生活了:作者穷愁潦倒,只能伪托主人公获得遗产后当即搬到农村,过上安闲的乡间书斋生活(等于替他实现一个美梦),留下一册在大自然中散步、读书、看花、思考的札记。——乡居,就是所有英国人的梦想。

　　这部长久以来一直在我身边流转的四季书,2016年我又新添置了中英两个旧版,多年之后,再一次循着季节时令"读一年",在四季风景中,依次对应作者笔下的四季,追随他观察自然风光、漫步认识草木、倾听其内心闲谈、共鸣其人生感悟与人世见识。

　　当中关于自然生活,有很好的状写。"夏"之篇,他谈到英国人"渴望过露天生活";谈莎士比亚在家乡时"天天在田野里走着,这些田野从孩提时起就培养了他对英国农村的热爱"。他自己"临死前头脑中最后想的将是那照耀着英国草地的阳光"。他说,在众声喧嚣中,"还可以找到少数默不作声的人,他们在清静的草地上散步,弯腰欣赏花朵,抬头观看日落,唯独这些人值得思念"。(郑翼棠译)

　　在"秋"之篇也点出:"英国诗的特别精神是对于自然的爱,尤其是在英国乡村风景中所见到的自然。"但同时,他也以冷静的理性,对农业文明的泛滥赞颂保持了警惕,用了"虚谎""愚蠢"这样的词,批评人们不顾农业生产的辛劳一面而抒发廉价诗意,以及奢望让过去的农业时代及其社会美德得以复活。(李霁野译)

讲到这个话题,有必要介绍一本奇书:当代英国学者雷蒙·威廉斯的论著《乡村与城市》(韩子满等译),就一反赞颂农业文明、怀恋农业时代这个英伦传统,以带点毒舌的辛辣,对英式乡村文明作了极致的祛魅。

因为英国人观念中乡村生活的重要性(英语 country 既指国家也指乡下,隐含了英国人视两者为一体),乡村文学在英国文学中占了主导性,本书主要内容便是汇集梳理历来英国文学作品中有关乡村(与城市)的描写。比起下面要谈到的作者理念观点,这些资料更具文献价值,从大量引文和评点中,可纵览英国的田园文学。比如关于《塞耳彭自然史》,作者盛赞怀特在乡村写作中提供了一种全新的观察方法,即直接记录客观的自然风物,呈现"一个没有中介的自然"。

但以引用的文学经典为基础,作者分析了历史的真实,批驳英国人根深蒂固的乡村怀旧主流观点,认为英国特色的田园主义传统是创造出来的想象,甚至是诈骗的谎言,不存在一个没有苦难、秩序安然的美好往昔;或者说,这种脱离现实的农业文明时光只存在于文学中,而且是文学精心歪曲制造出来的,是"选择性的文化改编"。

他指出传统农业社会制度之残酷,因为其本质也是资本主义。传统农业并不纯自然,很多都包含人工成分。他揭破田园文学、"黄金时代"的虚无,反对"美化乡村"。他讽刺文人总爱抚今忆昔、哀叹理想化的农业经济被新时代毁灭,但真实的历史进程并非如此。农业农村的发展变化中也有社会的进步,包括摧毁旧时乡村生活的锅不能全由圈地运动来背……他把乡村放在大历史中考察,进而从整个社会体系去看待城市与乡村的两难选择,两者谁也拯救不了谁,所以最后,这位马克思主义文化批评家呼吁的是彻底否定、打倒资本主义。

这番理论见仁见智,但作者重点提出的勿将过去的乡村英国理想化、美化,很符合我一向既沉迷怀旧又保持警醒的态度。他用不断滚动前移的自动扶梯作比喻,来形容留恋旧英格兰农村的人总是怀念上一个时代,伊于胡底,这不仅对于英国的乡愁,而且对于怀旧这种情绪本身,都是深刻的洞察和纠正。因而该书可谓一份清醒剂,让人们在热爱英国乡村的同时,对过分的缅怀和赞美有着反拨作用。

　　然而,作者也承认:"农业生产的方法——农田、树林、成长的庄稼、牲畜——对观察者来说很有吸引力,而且在许多方面,在好的时令,对那些在其中劳作的人也很有吸引力。"正因这种吸引力,本是沉迷书斋、并有足够清醒理性的吉辛,一年到头一生到尾始终还是向往乡间。

　　《四季随笔》中,"春",他忆述自己曾忽然起了冲动,逃离都市,漫游农村,在山谷、农场、田舍之间,顺着花正盛开的苹果园,从一个小村走到另一个小村,让他感到"无话可以形容"的享受,"走进了新的生活""眼睛突然睁开了"的快乐。(李霁野译)

　　"冬",他枯守于火炉边,想象自己在草地广阔、繁花盛放的山川中纵情游荡,将那些村舍、耕地、庄稼、牛羊写成长长的幻想游记,来排解寂寥;他并向国外来客推荐"只有在英国可以看到"的优美古村落,那里可以让人产生"宁静与安全之感",领会"英国的价值与力量"。(郑翼棠译)

　　李霁野的译本前言,引了评论家休·沃克的评语:"这部书提供证明,这个城市居民(指吉辛)能够从乡村得到高度欢乐,或者是它最了不起的特点。"此语其实未能全面概括《四季随笔》的丰富内容,但也很到位,尤其切合我这回重读中对英国乡村话题的遥思关注。

　　遥思之余,惟愿吾邦的乡村,也能恢复一些自然而然的、即遵循其自身规律的好面目,以此达致上引的英伦两个关键词吧:让在其中劳作的农人感受到切实的吸引力,让城市的过客得到更高度的欢乐。

（作者　沈胜衣）

人口不足北京一半的以色列，何以成了一流创新大国

以色列是众多中国企业家最近关注的国家。

这个只有 810 万人口的小国，用了 60 多年的时间，从一个战火纷飞的国度，发展成人均收入 2 万多美元①的发达国家；出了 10 位诺贝尔奖得主；人均风险投资在世界排名第一；同时也是在美国纳斯达克上市公司数量排名第二的非美国家。

是什么成就了以色列的发展奇迹？

我曾在属于犹太人的机构工作过，在本文中，我将用亲身经历和管理知识解析"三大硬件"条件和"四大软件"环境是如何使以色列成为创新之国的。

总统与创新

2008 年，时任以色列总统的西蒙·佩雷斯来华参加北京奥运会开幕式，中国政府特别为其安排在距离奥运主会场"鸟巢"最近的酒店，走路 10 分钟就能到达；而其他外国领导人住得远，必须驱车前往会场。这种"殊荣"其实并非考虑到佩雷斯已到耄耋之年，而是出于对犹太人传统习俗的尊重。

周五日落之后，标志着每周一次的安息日的到来。根据流传3 000 多年的犹太教义，这天犹太人不能劳作，甚至包括做饭、开车、打

---

① 此为 21 世纪初的年收入水平。

手机等都在禁止之列。通常犹太人过安息日的方式是全家团聚、诵经、读书、散步。出席奥运会开幕式或许是破天荒的一次。佩雷斯团队和中方沟通，找出了这么个创新手段，终于成就了双赢局面。

这是我体会到的有关犹太人创新意识的例子中印象最深的一个。

犹太人对传统文化非常执着，几乎衣食住行的每个细节都能追溯到 3 000 多年前。但谁又能想到，这种"守成的文化"却能孕育出创新的基因？这种看似悖论的碎片化场景，如何能在新生的以色列身上实现统一？

谈创新，还是要从佩雷斯身上说起。

1984 年，当时的佩雷斯还是总理，在他的推动下，以色列制定了《鼓励产业研究与研发法》，将政府与企业"绑定"，用多种如今看来也是非常先进的手段来推动创新发展。由此，政府成了以色列"创新密码"中最重要的一环。

在去世前几个月，佩雷斯以 93 岁高龄，作为世界离任元首中年纪最大的一位，还积极为以色列的创新"出镜"——如此拼命地向全世界推广以色列的创新精神，或许本身就是一种创新。

熟悉以色列人的人都知道一本书叫《创业的国度》，这是两名犹太人对以色列数十年创新经验的梳理。佩雷斯不仅接见了作者，还为这本书作序。2010 年这本书被翻译成中文后在中国企业家圈子里大热。不得不说，其中有佩雷斯的功劳——一国元首能主动"推销"一本书，在全世界也并不多见。

之后中国企业家又掀起了向以色列学习的热潮，一波接一波地到以色列寻求创新精神。佩雷斯其实也在其中起到了潜移默化、推波助澜的作用。迄今为止，包括李嘉诚、王石、宁高宁、马蔚华、杨元庆、汪潮涌、阎焱、陈宏等众多中国企业家到以色列取经，佩雷斯几乎都会与他们交流，中心话题就是创新。

用佩雷斯的话说，创新是以色列的生命和灵魂。

从佩雷斯时代到如今的内塔尼亚胡政府，以色列的创新意识不断发展进步,全社会创新的风气已然形成。

若要用简单的话来解释以色列的创新秘密,那就是:政府搭台唱戏、社会资本加盟、大学孵化产业,这三个硬件条件对以色列的创新体系来说缺一不可,这三点连成一线,再加上文化上的软件力量,就正好能归纳出一条符合以色列发展轨迹的特色创新之路。

制度化政府的企业化运作

说到以色列的创新,首先要介绍政府为创新的投入。这种投入除了经济上的实实在在之外,在意识形态上也显得很有特色。换句话说,创新首先是意识的创新以及创新意识的培养,然后才能有管理的创新和创新管理,最终推动全社会的创新,由此成为创新大国。

在以色列的政府大楼里,我看不到口号式的标语,没有"标题党"的节奏,一切按照法律规定的程序办事。工作人员忙忙碌碌,几乎都无暇他顾。与其说以色列政府是个官僚机构,不如说它们更像一个企业。

总统、总理等内阁高层相当于"董事会",它决定了国家的方向和政府的方针;各部部长、副部长成了执行任务的"职业经理人",直接对"董事会"负责;各级官员是经理人下面的一些"层级主管",处理、协调各类事务。

其中还会有大量的实习生或者刚入职的见习者,来"帮衬"政府的管理和运作。这种"垂直管理　人员储备"的行政模式,让以色列政府高效而节约,从而为将更多的资金投入创新领域提供了必要的物力支持。

记得 2011 年在耶路撒冷工作时,我曾接待一个在以色列财政部见习的 28 岁雇员,看到了他是如何主动"拉业务"的。他希望与我所在的组织建立联系,向全球推广财政部的扶植项目。

时间提前半天敲定,交流时间只约半小时,按时到达,其间没有半句废话,开门见山,时间一到,对方即告退,没有请客吃喝送礼等繁文缛节,结束后立刻赶往下一处谈业务。直到送他出门时,小伙子才放下公事,与我简单地谈了两句:你是中国人吗? 我爷爷在二战期间曾在上海避难,很感谢中国。

他这种公私分明的行事风格完全是经以色列文化长期熏陶出来的结果。

犹太人的工作态度看似有点不近人情,特别是为政府做事更是一件苦差事。法律规定的公务员薪水并不高,但以色列政府各个部门的事务都相对繁多,不加班难以完成任务。

我的一个朋友如今做到了相当于中国科长级别的位置上,但一个月的薪水也不过合 2 万元人民币。以色列总理内塔尼亚胡月薪约 8 万元人民币,但他还要自己缴税,并自己支付医疗保险和社会保险,甚至安保、车辆的花销也要从他工资里扣除,一个月下来,最终实际到手的只有 4 万多元人民币。

这种对公务员的严格约束以及待遇上的"吝啬",或许也是以色列创新意识培养的一方面。试想,如果每个人,特别是年轻人都觉得公务员应该拿高薪、生活应该养尊处优,谁还会去为创新型企业吃苦打拼呢?

虽然犹太人对公务员"吝啬",但在有关创新的制度设计上,却很愿下血本,而且颇有自己的创新特色。

首先,首席科学家制度鼓励科技创新。以色列政府在 22 个部门安排了 13 个首席科学家,并配以"首席科学家办公室",由其负责政策制定、经费分拨、日常项目管理。

除了需要创新科技发展的科技部、农业部之外,在国防部、公安部等看似与创新无关的部门也都任命了首席科学家。首席科学家们有例行的会议,讨论并安排政府最急需的创新任务。

首席科学家其实并不是公务员,采用的是聘任制,属于以色列政府外挂的人才储备制度的一方面。除此之外,各部门还安排了几名副手,并同时组建起数十人的咨询评估团队对提出的科研项目进行指导和规划。比如,在经济部首席科学家办公室下设立了 5 个小组,分别对信息化、生命科学、环保、传统技术和电子通信等项目进行评估。2012 年其经费高达 4 亿美元。

其次,政府"资助"给企业"创新压力"。以色列的各个企业之所以都在创新上下功夫,除了自身需求之外,也有被政府逼出来的原因。以色列是一个"小政府、大社会"的国家,政府管理的事务有限,但政府却用"资助"的方式对企业进行宏观指导,以此来推动自由经济和商业竞争。比如,首席科学家办公室每年都会主动向全社会公开资金援助的项目。

以经济部为例,每年 4 亿多美元的经费中,有权给 1 000 个项目直接拨发经费。基于难易程度和地区平衡的考虑,援助资金从 30% 至 70% 不等,平均每个项目的援助金可达 40 万美元左右。在同质化竞争中,若一家企业获得了政府资金支持,那另一家企业就必须在创新上下功夫,否则就会被自然淘汰。

要知道,这种支持并不是无偿的,而是一种借款性质,以色列政府用这种方式,刺激了企业的创新精神。

再次,政府和企业共担风险,创新没有后顾之忧。之所以不用完全资助的方式,而采用借款的方式来促使企业更新换代的考虑很简单。借款可以循环使用,一家企业创新成功后的还款可以帮助其他企业进行类似的研发和投入,如果创新成功,企业还要在前 2 年的销售收入中提出 3% 交给首席科学家办公室,滚入资助资金池,进而积累更多的创新项目。这样的做法让纳税人的钱有了合理的流向,带动了全社会的创新热情。

如果研发项目失败,企业无需返还科研"借款",政府与企业共同承担风险和科研经费损失。事实上,这并不是以色列某个政府部门的政策,而是在国家层面经法律认可的制度。早在 1984 年,以色列就制定了《产业研究鼓励与研发法》以推动创新的发展,而推动立法的正是当时的总理、后来的总统佩雷斯。

风险投资刺激创新发展

熟悉管理的人大概会知道有一家名叫"英飞尼迪"的以色列风投公司,它经常被误认为是那家全球知名的豪车企业,因为品牌名一模一样。但有所不同的是,这家风投公司的效用更大,成绩也更显著。他们在中国江苏、天津和广东等地的合作创造了很多商业运作的范本。实际上"英飞尼迪"只是以色列风投公司的一个缩影,是在以色列政府鼓励全民创业政策的指引下,发展出来的一家知名企业。以色列有像"英飞尼迪"规模的风投公司超过 200 家,盘活资金超过 200 亿美元,对于一个只有 810 万人口的小国来说,不能不说是一个奇迹。

在不能完全依靠政府和企业的大背景下,遍地开花的风险投资给以色列的创新提供了必要的资金支持。它们的存在其实是在为创新"输血"。而风投发展的肇始,其实还是源于以色列政府对经济社会发展趋势的敏感把握。

1993 年,以色列政府推出"YOZMA 计划",这个单词就是希伯来语"创新"的意思。该计划旨在通过引导民间资金设立更多的商业性投资基金,以杠杆效应放大对创新型企业的支持。

这个计划的好处在于,一家创新型公司如果获得风投注资,以色列政府将提供 1∶1 的配对资金支持其发展。这个利好无论是对企业还是对风投,都是显而易见的。根据媒体公开的资料,从 20 世纪 90 年代中期到 2000 年短短六七年之间,以色列的创业公司从 100 家猛增到 800 家,风险投资从 5 800 万美元迅速增长到 33 亿美元。

对经济评论有精当见解的英国《经济学家》杂志称,以色列吸引的风险投资额是整个欧洲的两倍。以色列也因此成了全球人均风险投资最高的国家,而在这之中,以色列政府的远见功不可没。

此外,以色列的风投规则也相对简单和宽容。在全社会创业、制度规约相对完善的背景下,风投对企业的了解更加直观,而企业对风投的选择余地也更大。风投多了，让企业不再受制于资金的短缺，因而企业的发展瓶颈能被打破，创新环境也能更加完善。这种投资目前有向纵深方向发展的趋势，无论是创新型企业还是农业科技产业，都能看到风投的身影。

2012 年我曾带着中国记者参观过一处"基布兹"——类似中国 20 世纪 60 年代的人民公社，以色列特有的农业生产单位。所访的"基布兹"如今已成为一家跨国公司的实验基地和产业园。当地村民如今大部分在为这家公司生产灌溉设备。

经"基布兹"的负责人介绍，当初在和公司开展合作时很谨慎，担心没有后续资金的支持，直到被几家风投看好，并经接洽和介入后，他们才下定决心。如今这里的很多厂房和农田设备都由投资人提供，还申请了 3 项国际发明专利，最终获得了国际大企业的垂青，成为以色列的生产中心之一。

此外，他们在印度还有运营中心，在阿拉伯国家还有其他的生产企业，俨然就是一家对外宣传的窗口。除了灌溉项目之外，当地还发展出了养牛业和种植业，并在此基础上将滴灌的产品精细化、品牌化。看似不起眼的一个小山村在风投介入下，搞起了创新型农业，不得不让人刮目相看。

令人印象深刻的是，这里并不对参观者提供免费午餐。如果想体验，你可以自掏腰包到以大锅饭著称的"集体食堂"体验一把。而这块收入成了精明的"基布兹"人的又一利润来源。这种接待方式也深深地印有以色列人的创新基因。

大学就是创新孵化器

提到午餐，我想到了在以色列理工学院吃到的一顿饭。花了大概 40 个谢克尔，相当于 72 元人民币，吃到 1 荤 1 素 1 主食 1 饮料。同行的中国朋友说，看来以色列学生们也不容易，吃喝都不便宜。在这里留学的哈工大博士生接话说，贵是贵，但是真能学到东西。

以色列理工学院被称为以色列的"麻省理工",走出过3位诺贝尔奖得主,是以色列创新精神的典范。前几年香港富商李嘉诚注资,将汕头大学和以色列理工学院联姻,成立"广东以色列理工学院",并搭建创新平台和中小企业创新园区,推动以色列科技人才、创新经验和先进技术落户广东。

此前提到的那名哈工大博士生,在以色列理工学院的一个课题组研究纳米级卫星,这个团队当时计划建造一个由3颗各重6千克的纳米级人造卫星组成的固定编队,这是科学家首次在航空航天领域进行此类尝试。一名中国留学生可以参与以色列方面这样高科技的研究,无疑体现了以色列大学对创新的开放和包容。

实际上,以色列大学也承担了很多民用项目的研发和实施。几年前,以色列理工学院的师生们独立自主研制了名为 Techsat 的卫星,并成功发射升空。在全球卫星领域,它成为屈指可数的能研制并发射卫星的大学之一。

之所以能做到这点,离不开以色列大学的"产学研结合"。用以色列媒体的话说,大学就是最好的孵化器。同时,政府也在大学周边等科研环境比较突出的地方设置孵化器,将"产学研结合 社会管理"做到无缝对接。

我认为,大学就是以色列创新体系中最大的智力支持。

7所以色列公立大学往上可以连接政府各个相关部门,往下可以联通大中小企业和创业者。其中的一个条件是,每所以色列大学都有自己的科技转化公司,负责对本校科学家发明成果进行分析、专利注册和知识产权保护,与企业界谈判,以吸引企业对相关研发资助和将科研成果商业化转化。

大学的教授既是科学家又可以成为创业的指导者,甚至拥有自己的研发团队和公司。这既是政府允许的行为,也是以色列创新的特色之一。比如,以科研为主的魏兹曼研究所就有一家名为 Yeda 的研发公司。2012年,该公司通过技术转移实现的销售收入就已超过10亿美元。

尽管这些技术转移公司完全归大学所有,但其又是一个独立的、以营利为目的的商业机构,在人事权、财务管理、经营权等方面都享有完全的自主权。技术转移公司享有其所在大学全部研究成果的使用权,而大学不得再将技术专利转让给除技术转移公司之外的其他商业机构。

研究人员不参与公司的任何经营运作,他们的作用主要是提供技术性的咨询,只能在有限的范围、有限的期限内,承担公司的非管理职位。权责明确既给了学校一定的自主权,又让经营不会染指学校的学术氛围,同时还实现了孵化器的产业化功能。这种创新的外在发展无疑成就了创业潮。

以色列大学生的目标既不是考公务员,也不是“富二代”,而是创业,拥有自己的企业,由自己来管理“伊甸园”。这就是他们的“以色列梦”。

以色列理工学院经常举办大型的创新比赛,鼓励学生进行科研成果的商业化以及科技转移。副校长博阿兹·戈兰尼曾对笔者介绍称,这项比赛在最近 5 年中,已经催生了 11 家公司,其中两家还分别获得了 100 万美元种子基金的投资。

这种创新的热情,既是由犹太人的天性决定的,也是整个社会氛围引导的结果。几岁的孩子在幼儿园就会被鼓励多思考多创造,到了 20 多岁成为百万富翁的例子在以色列也就并不稀奇了。全面创业在以色列不只是一个梦,而是现实。

几年前,我在以色列时曾和投资家米德维聊天,他透露自己的女儿在 14 岁就和同伴发明了一种放置在汽车中专门给婴儿用的体重传感器,主要是为了提醒健忘的父母不要把孩子单独遗留在汽车中。这项发明最终拿到了全国创新比赛的第二名。

作为顶层设计的政府法规和制度,风险投资和大学的孵化器的配套支持,这就是以色列的“创新密码”,但这只是密码的前半截。它们只是创新发展的"硬件因素",只有理解"软件因素",即以色列的地理、历史和文化等要素,我们才能获得完整的以色列"创新密码"。

历史与现实:逼出来的创新精神

我曾采访过以色列前总统佩雷斯。他直言,以色列的自然条件非常恶劣,国土面积的 70% 是沙漠和荒滩,在这样的一个环境里,如果不创新,只有死路一条。当初任何人都没有想到,在这片几乎被视作是不毛之地的区域,能出现如今这样一个发达国家。

以色列虽然是中东国家,但思想意识却没有受到地理条件的限制和约束。没有石油,但是有运输石油的能力;没有足够耕地,却能实现粮食自给自足甚至出口的技术手段。如今的以色列是欧洲第二大花卉供应国,并且在西海岸勘探出了储量丰富的天然气田,这些都得益于以色列人世世代代的创新精神和不服输的意志。

2015 年联合国的全球幸福指数排行榜显示,以色列排名第 11 位,是亚洲国家排名最高的,几项指标包括人均实际 GDP、寿命、社会环境、自由选择、腐败认知、慷慨度。这一排名表明:综合衡量,以色列是中东地区最为自由的经济体,也是当地最为符合人类发展目标的国家行为体。

以腐败认知为例,虽然以色列谈不上绝对廉洁,但是腐败可控。比如,前总统卡察夫因丑闻被判刑,前总理奥尔默特因任人唯亲被曝光等。严打腐败是确保创新环境的一个必要条件,腐败成本和寻租空间是任何创新环境的大敌。

同样,2015 年联合国发表的全球竞争力报告也再次印证了以色列发展道路的正确。在这份拥有 180 多个国家的排名中,以色列排名第 27 位,这对于一个地处中东这样恶劣环境且人口仅有 810 万的小国来说实属不易。分项指标中,以色列的创新能力方面高居全球第三位,可见国际社会对以色列创新的认可。

除了地理因素外,还有政治或战争的因素。

自 1948 年独立于英国托管以来的数十年间,以色列一直在战火中生存。建国第二天就遭到 5 个阿拉伯国家联合进攻,直到 1973 年以色列还在和阿拉伯国家大战。虽然这期间以色列没有放弃建设国家,但是没有一个安稳的周边环境,始终是制约以色列经济发展特别是国际投资的重要障碍。

20 世纪 80 年代之后,以色列的外交政策逐渐以和平取代战争,先后与埃及、约旦等邻国建交,使得以色列终于有了集中精力发展经济的大好时机。一系列鼓励创新的政策法规出台,创新萌芽出现。

20 世纪 90 年代以拉宾和佩雷斯为首的"鸽派"政府向巴勒斯坦方面推行"土地换和平"策略,让以色列的安全环境和国际形象有了进一步的改善。以色列政府开始认真考虑长期经济发展计划。

政府将战争中学到的管理经验运用到社会生活中,实际上是以色列人创新思维的一部分。战争让以色列人学会了如何与他人相处的技巧,并培养了一种不唯上、不避讳、敢于争论、勇于挑战权威的文化传统。对此,我深有感触。

每次和以色列人谈到现任总理内塔尼亚胡的时候,以色列人总是以 Bibi 这个外号指代他。这不仅仅是背后的议论,电台、电视台,乃至报纸的上都堂而皇之地用这个称呼,但从没见到内塔尼亚胡表现出过任何不快。

内塔尼亚胡的总理府距离耶路撒冷市中心不远,附近有一条小路,行人经常穿行也没见保安来打扰。2010 年,我的一个朋友参与了示威活动,就在总理府大门口搭起了帐篷彻夜抗议。

这种精神和性格或许造就了以色列人独特的"自信"。

在他们看来,沉默寡言或直言不尽意,反而会使你落后于人。所以中东流传着一个犹太人的育儿故事:你的孩子放学回家,父母不会问"今天老师问了你什么问题",而是问"今天你问老师几个问题,他答上来了么"。

说实话,我没见到过这么问孩子的家长,但是大人们从小就给孩子自由的空间却是个不争的事实。

移民与军队：小熔炉里的大课堂

除了历史与现实等传统因素"强迫"犹太人必须要"创新生存"之外，移民和军队创造的"新文化"也影响了以色列人的创新精神。

哈佛商学院教授迈克尔·波特提出过一种"经济集群"理论，指在某一特定地域汇中，大量相互关联的组织在空间上聚集，比如企业、政府机构、大学等。集群会为其所在地区带来指数级的增长，因为从某种意义上来说，集群中的每个主体都相互存在于彼此创造的商业效应里。以色列是全球犹太人的祖国，吸引犹太人回国创业就是"经济集群"理念的最好实践。

犹太人在历史上由于受到数次的迫害和流散，被禁止从政和务农，在数千年的发展中，他们学会了经商，同时祖辈流传的读书习惯得以保持，这为整个族群的素质提高奠定了极好的基础。如今犹太人年均读书大约 40 本，远超全球其他国家和民族之上。

20 世纪 90 年代初，苏联解体东欧剧变前后，大量高知犹太人从动荡的斯拉夫地区移民到以色列。这虽然让以色列增加了人口负担，但是大部分移民是专业技术工人和科研人员，他们的到来实际上为以色列的创新提供了极端宝贵的智力支持，以至于俄语在以色列精英阶层中长盛不衰。

有西方媒体曾将这次移民潮，比作二战期间欧洲人向美国的移民潮，当时包括爱因斯坦等优秀人才来到美国，充实了美国的科研实力，为美国战后经济腾飞奠定了人力基础，同时也成就了美国"大熔炉"的美誉。

和美国相比，以色列是个"小熔炉"。大批移民的涌入让以色列形成了一种新文化。这种文化的本质就是不拘泥于历史，而且思路更广阔，眼光更长远也更开放。如今以色列公民中，国外出生的人占整个国家的人口三分之一。

他们是以色列近 20 年来创新不断发展的最重要源泉。移民本身就是"重新开始"的新人，他们不拘一格，敢想敢干，历史经验证明，移民国家一定是个创新国家，而东欧高知移民只是其中的一个缩影。

如今走在以色列的大街小巷，你会发现形形色色的人：有身穿黑服、戴着黑帽的传统教士，有包着头披着纱的穆斯林妇女，有扛着枪拿着书的年轻士兵，也有皮肤黝黑的埃塞俄比亚犹太裔……"这是一个包容的社会。"无论你问谁，基本上会得到这样的回答。

包容是创新的最好环境。在耶路撒冷祈祷，在特拉维夫休闲，在海法工作，是以色列人生活的三部曲。海法就是以色列理工学院等高等学府所在地，大学附近直到特拉维夫北部海岸线，有专门的创新企业"扎堆区"，被称作"硅溪"——与美国硅谷相对应，这正好应和了哈佛商学院教授迈克尔·波特提出的"经济集群"理论。这里汇集了全球众多创新型公司——谷歌、英特尔、IBM 等都在此设有研发中心，换句话说，它们都在为以色列的创新贡献着国际力量。

以色列对移民实行双重国籍制度，并且来去自由。这种不拘一格的宽松氛围，给人思想上纵横驰骋的空间，当年持有双重身份的爱因斯坦差点成了以色列第三任总统。知名经济学家费舍尔还在美国大学教书时就被以色列政府看中，以方邀请这名犹太学者加入以色列国籍，入籍几小时后费舍尔就被任命为以色列央行行长。

如果迈克尔·波特来到以色列，或许也会为当地的特色叫好，但是他可能会疑惑：没有普遍受到过 MBA 教育的以色列人，如何能在创新上做出这么大成绩？因为大部分创业者虽然没有哈佛商学院这样的教育背景，但是他们有着和 MBA 类似的大课堂——军队。

以色列知名投资家米德维曾对我介绍，MBA 的本质其实是人际关系，在人际交往中实践和实现商业价值，而以色列的军队恰恰承担了这项教化功能。

首先，军队是以色列的支柱，以色列 GDP 的 10% 左右都贡献给了军事部门，这也是全民意志。再加上以色列全民皆兵的制度，除了教徒，每个健康的犹太高中毕业生，无论男女都要先在军队服役3—5年，之后才能上大学。在退役后，每年还要拿出一个月的时间回到军队继续服役。

可以说，这种预备役制度让军队几乎和每个以色列人结成了"生死之交"。在人生的精华期，军队起到和家庭、学校、社会等同等重要的教化作用。军队讲究团结、讲究实践、讲究竞争，这种既封闭又开放的大课堂，其实为培养良好的创新意识提供了温床。

我接触过的犹太人对军队的教育赞不绝口。一个名叫艾亚尔的导游当初还是个穷小子，但在军队服役期间曾做过几个"富二代"的"班长"。军队打破了这种等级观念，并且像MBA一样拓展了人际关系的范畴，无论你是谁，即使退役，每年都要至少聚首一次。这种类似商业关系的长期共同作业、一起出生入死执行任务建立起来的感情，为今后的创新提供了必要的准备。

有调查显示，很多创业公司的年轻人曾是军队的战友。艾亚尔如今成立了一个国际翻译公司，就汇集了拥有众多语言优势的战友们，因为外国移民到以色列也要参军。

更为可贵的是，以色列军队教育中把创业作为重要的课程来教学，而不是单纯讲授"舞刀弄枪"，军队确实起到了大学的作用，很多年轻人退役后直接创业，而不必拘泥于考取"功名"。

其次，由于全民皆兵，所以晋升机制很狭窄，高级军官少下级军人多，这也就形成了底层士兵主动权更大，随机应变能力强的局面。这种灵活度让军队更像MBA的课堂，而不是保守组织。由此看来，"小熔炉里的大课堂"成了别的国家难以模仿的以色列"创新密码"。

结　语

政府搭台唱戏、社会资本加盟、大学孵化产业等三大硬件条件，加上地理贫瘠寄望改变、历史流散保持传统、移民众多包容开放和全民皆兵创业有方四大软件环境，成就了以色列"创新之国"的美誉。

但创新不是目的，发展才是硬道理。随着中国的逐渐崛起，不光中国企业青睐创新的以色列，以色列对发展的中国也日益重视。

时光回到 2010 年，当时我还在上海世博园参加以色列财政部长斯坦尼兹主持的"创新让生活更美好"的展览活动。这位老兄将手中的玻璃镜框举到了众多媒体的摄像机前，这是一份爱因斯坦手稿的原件，是以色列馆的"镇馆之宝"，上面著名的 $E=MC^2$ 公式被斯坦尼兹赋予了新的意义。

"E 代表能源（Energy），这在以色列非常稀缺。M 代表大规模或大批量制造（Mass），在以色列同样很少。C 则代表创新文化（Creativity Culture），这恰恰是以色列的优势。而 E 和 M 相对来说是中国的长处。这启示我们必须要与伟大的中国开展合作。"斯坦尼兹说。

犹太人确实聪明，从一个传统的科学公式中都能找出创新的含义。他们对未来中国的"下注"或许也正体现了其创新眼光的独到之处。

（作者　张　乐）

阿根廷：一个尊严与苦难并存的国度

　　三月的一个周六，布宜诺斯艾利斯已经开始进入早秋。早上九点，在港区，欢度周末派对的人们才散去不久，城市还在沉睡当中。偌大的草地和公园里，静悄悄的，没有什么声息，街上只偶尔有健身或遛狗的人穿过。我则保持中国人的作息习惯，早起。

　　和平时周末不同，今天来到了公司，参加一个活动，为贫困家庭儿童准备上学的书包。活动内容很简单，公司里已经堆着之前准备好的书包和学习用品，部分是公司员工捐的，部分是用捐款新买的。我们只需要将学习用品分别装进书包即可，随后它们将被送到贫困地区学校的儿童手里。

　　今天来了30多人，见到了同一个部门的迭戈，带着老婆和两个孩子同来。迭戈是公司的中层管理人员，每年都会在夏冬两季带着家人去美国或欧洲度假，毫无疑问属于阿根廷的精英阶层。

　　就像大多数的阿根廷人那样，这老兄骄傲自负，自我感觉很好，平时并不太容易接近。今天他也来参加貌似这么初级水平的活动，颇让我有些意外。他说，两个孩子快到上学的年龄了，让他们来了解一下阿根廷还有很多需要帮助的孩子。

　　活动是公司的志愿者协会组织的，邮件发到信箱里，自愿报名参加。这样类似的活动公司不定期举办，有时是食物银行活动，即将捐赠的食物包装好，送给需要的家庭。

　　平时公司每个楼层里都放置捐物箱，每个月有不同的主题，有时是衣物，有时是玩具，员工带来后，公司安排收拾好后送出去。公司年末举办员工派对,每个参加活动的人都会被提示可以自愿带一包奶粉,公司集中后送给需要的人们。

阿根廷人的怜悯友善之心显而易见,同时说明,贫穷的幽灵也一直如影随形。

布宜诺斯艾利斯市,百年前就有了"南美的巴黎"的美誉。满城的欧式建筑典雅优美,上流街区雷科莱塔满是各类博物馆及各国使馆,巴勒莫区遍布着超大规模的绿地公园、美丽的玫瑰园,游人如织。

号称是全球最宽广的大街——七九大道上高耸着城市的标志方尖碑,附近是传统的剧院区。生活气息浓郁,夜生活丰富多彩,这就是布宜诺斯艾利斯给人们留下的深刻印象。

但熟悉这里的人们都知道,布市还有它的另一面。整个城市约200平方千米,居住人口近300万,被里瓦达韦亚大道分为南、北两个截然不同的区域。

北部满是整洁漂亮的高大建筑、文化设施、上流社区;南边则是蓝领阶层的居住区,包括很多被遗忘的角落,房屋破败,交通设施破旧,失业率高企,流浪汉到处可见。

博卡区,以色彩斑斓的房屋、曲折迷人的街道和探戈的发源地而著称。在这里,特别是午后,每日都可以见到旅游大巴拉着大批的游客前来观光。下了大巴,游客们纷纷留影,为缤纷的景色赞叹,兴致高的还和招揽生意的探戈艺人摆个 Pose 来个合影。

但是,每个游客来到之前,都会被导游再三关照,只可在主要马路上行走,切不可自行穿梭到小巷,否则安全不保。因为这里也是著名的贫民区,坐落于南部的河口。景区外两个街区,就是贫民窟。

在布市,南、北区域的差异之大,就像我们常说的地球上南北半球经济发展差距巨大一样。布市有 20 万贫困人口,70%居住在南部。2016 年 6 月,布市失业率为 10.5%,北部 6.1%,南部则达 13%,几乎是北部的两倍。

教育资源的差距更加巨大。据统计,北部有 1 168 座公立学校,

1 025 座私立学校,而南部的公立学校数目虽然与北部接近,有 1 045 座,私立学校却只有 505 个。当人们坐在富人、别墅云集的努涅兹和圣伊西德罗区的露天餐馆聊天吃饭喝咖啡享受休闲时光时,博卡区的人们正在为年久失修的房屋和糟糕的卫生条件而发愁。

2016 年 9 月 28 日,阿根廷国家统计与人口普查研究所(INDEC)发布报告,全国贫困人口总数上升到了总人口的 32.2%,即 1 300 万人口,350 万个家庭,其中 170 万为特困人口。报告还显示,不同年龄段的贫困程度差距巨大。

14 岁以下儿童中 47.4%处于贫困线以下,远高于全国平均水平;15—29 岁青年人中有 38.6%的人每天为了生计而挣扎;30—64 岁以及 65 岁以上老年人中的比例分别为 27.5%和 8.1%,受冲击程度较轻。有这么多的年轻人和孩子处于贫困状态,人们都纷纷对国家的未来忧心忡忡。

2017 年 3 月 9 日,阿根廷天主教大学 UCA 社会债务研究部公布研究数据说,在 2016 年的前三个季度里,阿根廷又有 150 万人跌入贫困线,赤贫线以下新增了 60 万人。根据 INDEC 当年的标准,一对夫妻带两个 6 到 8 岁的孩子的传统家庭,如果月收入低于 13 155 比索(按该年汇率计算,折合人民币约 5 000 元),就是贫困家庭,低于 5 458 比索则陷入赤贫。

UCA 将其研究贫困称之为结构性贫困,不同于传统方法只限于收入,还引入了多维度因素,包括食品安全、健康保护、获取基本服务设施的渠道、教育、合适的居所、正常的工作等。

根据其发布信息,贫困家庭中,32.2%的家庭食品不足,处于饥饿境况,39.4%没有适当的健康医疗服务,46.7%缺少教育通道,近十分之四是因为没有正常的工作。

看得出来,这里对于贫困的界定,不只是能不能吃饱肚子那么简单,还包括了综合服务和发展。

最近看到两个排名,很能说明些问题。联合国开发计划署每年发布人类发展指数(HDI),是根据人均国民收入、预期寿命及教育情况要素综合计算得出的指标,主要评价一个国家的人民健康和生活的尊严程度。

2016 年公布的排名中,挪威、澳大利亚和瑞士继续排在前三,中国排在第 91 位,号称已经跻身高人类发展组。阿根廷在南美排名第一,全球第 45 位。诚然,阿根廷人均 GDP 超过 1.3 万美元,排名全球第 54 位。1905 年,阿根廷就颁布了《扫盲法令》,文盲率仅 3.68%。公立教育、医疗保险全民免费,HDI 自然低不了。

而美国 Johns Hopkins(约翰斯·霍普金斯)大学按照国家的通胀率、失业率、物价指数综合统计各国的苦难指数。2016 年阿根廷仅次于委内瑞拉,获得世界亚军。巴西排名第三,拉美的难兄难弟们,手拉手肩并肩地站在一起。尊严与苦难并存,这就是阿根廷。

自 20 世纪 80 年代起,贫困问题一直困扰着阿根廷。原因相当复杂,但显而易见,贫困不是总量问题,是结构问题、分配问题。特别突出的年份在 1983 年、1987 年、1994 年和 2009 年,近来更是愈演愈烈。

但普遍认为不在于救助补贴缺失,金融危机、货币贬值及通胀才是主要影响因素。比索连年贬值后引起的天量通货膨胀,商业投资萎缩,企业主削减岗位以及雇工时间,老百姓实际收入无法覆盖通胀上涨。

2016 年 8 月,INDEC 发布就业调查情况,阿根廷失业率为 9.3%,其中 29 岁以下年轻人的失业率达到 18.9%。31 个最大城市的调查数据还显示,11.2% 的人存在未充分就业现象。他们中三分之二的人在找工作,希望工作更长时间或获得更好的报酬,另外三分之一已经放弃了这些想法,觉得是没有希望的。

阿根廷的非正式就业现象严重,14 岁以上人群中有 33.4% 的比例未从事合法登记注册的工作,他们的收入增长、医疗、养老以及稳定性都是得不到保证的。

通胀和失业严重影响了人们的生活质量,消费能力不断下降,消费习惯也不得不调整。据统计,2016年的儿童节期间,阿根廷人玩具消费平均每单300比索,较2015年低100比索。最为重要的圣诞节日,人们购买礼物的消费每单仅200~250比索。

消费者停止购买大件商品,减少大额家庭开支,家用电器、修缮房屋,消费者的消费习惯发生了很大改变。比如不再盲目地购买商品,更多的人在超市促销的时候购买商品,对品牌的忠诚度降低,看到以前钟爱的品牌价格上涨后,会选择购买价格低廉的其他品牌的同类商品。

电费大幅上涨后,店铺中用来存放冷冻食品的冰箱和冰柜数量明显减少。除了冰淇淋是单独放在冰柜之中,其他冷饮和奶制品已经共处一处,以节省用电。

很有搞笑天赋的克里斯蒂娜政府时期的内阁首席部长费尔南德斯曾经于2015年宣称,德国的贫困率要比阿根廷高一些,因为当时阿根廷政府宣布的贫困率仅为4.7%。

2015年马克里上台后,对前任政府公布的所有数据都嗤之以鼻。他认为只有INDEC 2016年9月公布的贫困数据是真实反映阿根廷社会当前情况,也是本届政府继承的社会现状——就像特朗普说"我继承的是一个烂摊子"。

马克里说本届政府干的每一件事都是想要多创造就业,将贫困率消灭至零。但是他也承认,要在四年任期内达到这一目标是不现实的。

新任财政部长杜约夫认为,主要挑战是要在国内创造一个可以增长的、创造就业机会和消除贫困的宏观经济环境,财政政策将发挥重要作用。阿根廷要是能以稳定的速度增长20年,就有望成为一个发达的没有贫穷的国家(这件事情在阿根廷已经一百年没有发生了)。

所以马克里执政后主要干的就是对外开放,吸引投资,降低劳动就业成本,取消或降低补贴,以削减财政赤字,降低通货膨胀。

这自然要动到不少人的奶酪,加上大环境的影响,第一年下来,经济尚未复苏,GDP 还在下降,失业率和贫困率居高不下,阶段性的矛盾反而有所激化。

以工会为代表的中下阶层认为,马克里代表的商业精英阶层走的是完全错误的道路,都是为了自身的利益。

2016 年,布市发生了 644 起抗议封路事件,阿根廷全国则发生了近 6 500 起。2017 年 1 月阿根廷全国就发生了 198 次抗议示威活动,平均每天 9 次。

2017 年 10 月,阿根廷将举行中期选举。年初开始,工会活动明显活跃,且更加强势,俨然一副撸起袖子大干一场的味道。在传统的薪资谈判阶段中,全国劳工总联合会(CGT)与政府之间的冲突愈演愈烈。3 月初,布省政府与教师工会谈判破裂,布省教师大罢工,新学期开学第一周,900 万学生无课可上。

3 月 7 日,CGT 举行游行示威,全国 30 多万人参加,要求政府终止进口开放政策,不再为工资上涨设限,提高国家公务人员薪资并立即停止裁员。工会发言人指出,马克里政府执政 15 个月,阿根廷丧失了近 50 个工作岗位,还有 20 万人被停职。仅在首都和布省,已有 25 000 家工厂倒闭,14 000 个商铺关门。

3 月 13 日是阿根廷籍教皇方济各任职四周年,此前一周正值"三八"妇女节,布市妇女大游行,冲击阿根廷国家大教堂,纵火闹事。

阿根廷民众的两极分化,社会阶层的对立历史悠久,要追溯到20 世纪 40 年代。经历了大萧条和二战后,单一依靠农产品出口的阿根廷经济一蹶不振。

在民众的激愤情绪中,庇隆于 1946 年上台,开始大力发展国家资本主义,将一批外国公司收归国有。政府顺应民意,成立全国劳工总联合会,颁布法令,强化工会力量,推行劳资谈判、退休制度、有薪假期、失业补贴、冻结房租和地租等。

慷慨的分配政策在普罗大众中深得民心,却伤害了企业家和资本的积极性。庇隆主义政策引起了阿根廷社会的分裂。

自此之后，一方是支持庇隆主义的民众主义，另一个是反对庇隆政策的精英官僚主义。阿根廷社会充斥着上述两种倾向之间的抉择，非此即彼，势不两立。政治、经济就在此漩涡中不断挣扎，无法自拔。

　　马克里总统的父亲在儿子执政一周年之际接受媒体采访，他对马克里第一年的表现打了5分，并且建议儿子的政府应该纳入一些庇隆主义者，"这个国家，应该大家一起努力推动。如果是我，会纳入他们"。作为一个浸淫商界几十年的过来人，他也许真是一语道破天机。

（作者　马　黛）

没想到吧，
女性专用车厢竟然是在保护男人

世界上很多地方的公交系统有按照性别来区分使用区域的规定。

有些是从宗教的忌讳出发，比如伊斯兰教和印度教等有类似于"男女授受不亲"的规矩，因此在巴基斯坦、伊朗、印度尼西亚、马来西亚和埃及的公交上都能看到这种女性专用的区域划分。以色列的超正统派犹太教徒地区也有分前后地区供不同性别乘坐的巴士。

在妇女地位还较低的印度的新德里、金奈等地，甚至还有女性专用出租车，为女性进入社会提供方便。而在俄罗斯的卧铺车上有女性专用区域的设定，据说是作为应对常有的醉汉之策。其余巴西、泰国、菲律宾、韩国、英国、墨西哥和日本的公共交通也都有，或者有过这种区分。

区分的目的当然各有不同，在提供了一种方便的同时也经常会引起一些争论，在非宗教目的上最能听到的批评意见就是公正性或者逆向歧视，等等。

东亚地区的韩国和中国台湾地区以及广州现在正在试行的"女性车厢"，应该是源于日本的"女性专用车厢"概念。

01

日本的"女性专用车厢"设置在大中城市的地铁和轻轨等上下班的轨道交通工具上。其实在20世纪初这些交通设施刚刚投入运行的时候就有了，不过那时的目的还是"男女授受不亲"，为了"保持风纪"

而设置的。后来随着社会观念的变化,这种划分就消失了。战后的一段时间又出现了,因为重建经济发展需要大量劳动力,妇女和儿童都参加了工作,而当时还落后的基础设施又无法提供足够的运力,上下班时的乘车率高达300%。

这一次的女性、儿童专用车厢划分是一种保护妇女、儿童的措施,随着社会基础设施的逐步改善,这种划分在20世纪50年代末也就消失了。

但从20世纪90年代的东京开始,这种女性专用车厢又逐步复活,到本世纪初都开始普及了。现在首都圈、京都大阪神户的近畿圈以及札幌、名古屋的轨道公交系统都有这种区分。这次划分的目的主要是为了应对日语中称为"痴汉"的车上流氓行为。

所有事物都会有人反对,"女性专用车厢"也是这样,反对的理由也就那么几种。但是绝大多数乘客并不反对,而且很支持。

从"政治正确"的角度出发,当然可以简单地义正词严地发出"难道男人就会耍流氓"的质问。但是这种流氓确实存在,这种安排确实能够避免女性受害,而且这种安排也没有造成什么不便,不想哪怕分离片刻的男女伴侣只需去往普通车厢就行了,并不受干扰。

其实"女性专用车厢"的说法并无法律效力,不是说男性就一定不可以进入。而且在习惯上大家都认为儿童可以使用,实际知道的人可能还不多:残疾人也可以使用。

02

有趣的是,本来是作为"防止流氓"而引进的对策,现在在某种程度上还成了"防止流氓冤罪"了。这是因为日本社会有点特殊性。

日本是一个"公司社会",人们基本上归属于自己所服务的公司,就连自己的配偶和孩子也都捎带着归属了公司。社会对社会成员的道德要求在很大程度上是通过公司来进行监督的。人们即使在上班之外的时间,公司以外的地点发生丑闻,公司也会介入。

比如,有段时间因为公务员醉驾造成重大交通事故,社会舆论对醉驾很重视,这时所有的公司都会对员工进行有关醉驾方面的教育,警告如有醉驾公司绝不轻饶。

因为在日本一旦发生丑闻,涉事者所属的公司法人名称也会被泄露出来,公司会受到社会制裁,而公司为了洗清自己,一般都会采取"惩戒"措施,甚至"惩戒解雇"。

如果员工在使用公共交通时卷入了"痴汉"风波,在日本绝不是警方处理了就能结束的,公司为了自己的形象肯定还会继续处理。在日本不管是什么名人,只要牵涉"痴汉"风波,如果不能自证清白,后果就严重了。

本世纪初,有一位很有名的经济学家叫植草一秀,早稻田大学教授和野村证券经济学家,经常在电视上出镜。但是发生了这种丑闻,之后丧失了大学的职位,好几家公司也公告终止和他合作。

对于工薪阶层来说,惩戒解雇是无比严重的处分。日本社会习惯于终身雇用,被惩戒解雇不但是丢失了现有的工作,而且在再次寻找工作时也会遇到相当大的阻力。

在日本被惩戒解雇还牵涉其他国家所没有的"退职金"的问题。日本公司会在员工所得中扣除一部分(一般是每年一个月左右的工资)作为"退职金",在员工退休或者离职之后支付,一来可以鼓励员工的长期服务,二来这笔收入完全免税,对员工也有好处,但是如果是被惩戒解雇的话,公司就省下了这笔费用。

03

对于那些真正的流氓,这种严厉的制裁是有必要的。但是"痴汉"风波中难免不会发生冤案,特别是在发生这种冤案时,一般人很难自证清白,只能一跑了之。甚至还能看到误入轨道被列车撞死的新闻,这些人中当然有畏罪潜逃的,但也不能说没有觉得浑身张嘴也说不清楚,三十六计走为上的无奈之人。

另外，这种社会结构还留下了一个发生敲诈的空间。有人专门使用"痴汉敲诈"，目标就是那些五十多岁面临退休的大叔。

本来日本社会就有一个"怪大叔"的说法，和中国的"坏人变老"一样形象就不佳，如果被敲诈上，在家庭、职场和社会上的形象就全完蛋了，而且万一遭到"惩戒解雇"的处分，这一辈子就白干了。所以大叔们对于敲诈一般都只能逆来顺受，以求息事宁人。

甚至保险公司都专门推出了"痴汉冤罪"保险，告诉顾客在遇到这种事情时应该怎么办，有24小时准备的律师最近待命，以帮助顾客洗清冤案。

所以日本男性基本上没有人反对"女性专用车厢"，甚至都有人呼吁设置"男性专用车厢"以免这种冤案发生，当然这个呼吁到现在还只是被付之一笑。

但是不少人在认真地要求在全部车厢里安装监视探头以防万一，直到现在各轨道交通公司还没有回应这种提案，理由是费用太大。估计随着反恐力度的升级，监视探头的安装也只是个时间问题。到那个时候，可能日本的女性专用车厢就会又一次消失了。

（作者　俞天任）

印第安人必须为弱肉强食的世界
付出文明灭绝的代价吗

美国有个南达科他州，人烟稀少，不为人们所熟知。

注意到这个州是因为偶然知道那里的拉科塔印第安部落，基于印第安人在保留地濒于灭绝的现状，宣布成立"拉科塔共和国"（Republic of Lakotah），假定的边界来自 1851 年美国政府和拉科塔之间的《拉勒米堡条约》——这是一个最终没有被兑现的条约。

当然，"拉科塔共和国"是一个实质上不存在的国家，但这一群印第安人仍然不肯放弃，他们甚至建立了一个拉科塔共和国官方网站，为着祖先的土地和魂魄，执拗地保存着心中的信念。

自驾游经过怀俄明的大草原和南达科他的黑山恶土（Black Mountain and the Badlandls），自然会想起《与狼共舞》，南达科他是当年获七项奥斯卡提名的《与狼共舞》的拍摄地之一。

《与狼共舞》的作者迈克尔·布莱克谈及他的作品时说，像绝大多数五十年代的孩子们一样，他对美国印第安人原住民的最初印象不是很正确，印第安人被广泛描绘成恶魔，他们的被毁灭在西部开拓的进程中是完全必要的。

在作者的孩提时代，他看过的每本书和每部影片都有这样的倾向，在阅读和观看中，作者和绝大多数白人男孩子一样，和白人士兵同命运共呼吸。

直到有一天，作者读到一本书中描写的印第安酋长"疯狂的马"。之后十年又十年过去了，作者不停地阅读美国土著的历史，进行一种令其难过的研究,那是他们的先祖们以发展的名义和以"后代"的名义所犯下的种族灭绝和文化消灭的研究。

然后有了《与狼共舞》,一部震撼和激动了无数人的作品。人们从那些生活在苍天下的大草原,黑山恶土中的淳朴和自由的灵魂中,认识了爱和恨。

怀俄明州黄石公园东北门外,有一条泛美风景路,其中有个山口,海拔2 400多米,山口山风猎猎,1877年,原住民内兹珀斯人和美军在这里发生过战斗。

内兹珀斯战争源于美军奉命驱赶原住民到印第安保留地,在这个山口,这一条名叫"印第安人之死小路"上,内兹珀斯人布下疑阵,成功逃出生天……最后结果当然是弱肉强食,山雷酋长在1877年10月5日宣布投降,并发表了千古留名的演说《我将永远不再战斗!》:

> 我厌倦了战斗,我们的酋长被杀死了;玻璃镜死了,羚羊死了。老人们都死了。说"是"与"不是"的是年轻人们。曾经统领这些年轻人的人死了。天很冷,并且我们没有毛毯;小孩子们正在被冻死。
>
> 我们的人民,他们中的一些,已经逃到山里,并且没有毛毯没有食物,没有人知道他们在哪里——也许正在被冻死。我希望有时间去寻找我的孩子们,并看看他们中有多少我能找到。
>
> 也许我会在死者中找到他们。听我说,我的酋长们!我累了,我的心悲痛无力。从太阳现在所在之处起,我将永远不再战斗了。

哀莫大于心死!这篇演说苍凉悲壮。人们一个接一个死去,孩子们也不例外,天很冷,没有毛毯没有食物,继续战斗的结果可想而知就是部族灭绝……红晃晃的太阳升起来,曾经视勇敢为生命的山雷酋长和那些印第安人的心却在死去,渐渐冰凉、碎裂……

然而投降并没有改善印第安人的命运,在投降谈判期间,美军将领允许山雷酋长印第安人回爱达荷州的承诺被驳回，就像在许多介绍印第安人历史的博物馆常听到的那句控诉："他们对我们承诺，但从来没有兑现。"

山雷酋长最后没有逃脱被害的命运，他及其部落的遭遇是所有印第安部落，还有那些著名的如"坐牛酋长""疯狂的马"……遭遇的缩影。

"疯狂的马"山体雕塑博物馆里的影片，也是以这句控诉为开头。

"疯狂的马"(Crazy Horse)是印第安英雄的名字，因为黑山地区发现金矿，殖民者欲毁约抢夺，"疯狂的马"带领族人不屈不挠地抗击白人殖民者，留下许多可歌可泣的传说，最后死于殖民者的暗杀。

疯马山雕塑是印第安人不忿自己的遭遇，由部落酋长"立熊"出面请到著名雕塑家科尔恰克，在总统山建成第二年设计动工，据说有 PK 拉什莫尔总统山的意思。

这个意思没有被公开表示，但有也是很正常的，总统山的几位总统，有史可查，都对历史上印第安人被屠杀负有不可推卸的责任。

疯马酋长骑在嘶鸣奋起的骏马上，脸部表情刚毅又悲凉，一只手臂平举向前，直指远方苍茫的大地，令人想起疯马酋长的那句话："这是我们的土地，是我们得以安葬的地方。"

可如今，这里已经不是他们的土地了，尽管他们葬在这块土地上。从历史上看，文明的进步始终伴随着战争，弱肉强食原则至今在地球上的各种争夺中仍然有效。但谁能卑鄙而堂皇地炫耀说弱者被灭绝是文明进步的必然代价？问题在于，是否站在白人殖民者的立场说话。

《与狼共舞》作者在对待印第安人历史所经历的心路，是很多有良知的美国人走过的。但是直到现在，还仍然有人固执地认为，印第安人当年的遭遇，是文明进步的必然代价。我亲耳听一个美国人这样说过。

用文明进步来掩盖掠夺、杀戮和种族灭绝的罪恶。文明，多少罪恶假汝之名以行！

印第安人被夺去土地、生活资源和被迫改变生活方式，印第安人的文化被故意毁灭。20世纪30年代建立的印第安寄宿学校，就是为灭绝印第安文化而设置的，对整个印第安文化的影响至深。

印第安人被驱赶至荒芜的保留地，曾经的被感恩对象，如今却被合理合法地在社会最边缘的地方沦入自生自灭的境遇。

南达科他州奥格拉拉科塔县，有全美第八大印第安保留地 Pine Ridge(松树岭)，那里到处破烂、肮脏，缺乏任何公共设施，只有最原始的卫生环境，男性平均寿命仅有44岁……

如今，印第安人的教育水平是全美最低，印第安人的失业率是全美最高，婴儿夭折率全美最高。看不到希望的人们，尤其是年轻人，酗酒，吸毒，自杀……

走在怀俄明大草原和南达科他的黑山恶土，呼啸的风从天边刮来，穿过印第安人的圣山和魔鬼塔，仿若旷野野牛群狂奔，战马嘶鸣勇士长啸，殖民者的枪炮声……

（作者 一 娴）

在巴黎遭遇黑车、偷窃、罚款，难道我碰到的是假的西方国家

01

从巴黎北站出门，我一片茫然。对一个在英语国家里生活了整整9年的中年男人来讲，法国的一切都让我感受到陌生。

在英国生活，很多人都会利用周末和假日时光去法国转转。熟悉的人中，几乎没有不被偷的经历。更恐怖的是，2015年11月13日与14日，几个熟悉的朋友去巴黎看同样的摄影博览会，那里突然发生恐怖袭击，造成了89人死亡，300多人受伤。那些朋友尽管没有受到波及，但事后跟我聊起这件事儿来，依然惊魂未定。

所以准确地说，站在巴黎的街头，我其实是焦虑不安的。

我此前来过一次法国。2012年秋天，我来这里看展览。那个时候，总觉得人生还有一种可能，又重新坐进了大学的教室，成了一名摄影系的成年学生。那一年，老师们带着学生到巴黎看展览。

那是一个著名的摄影博览会。它的著名在于，就图片交易而言，它应该是全世界规模最大也是最久负盛名的交易博览会。

除了看展，巴黎留给我的印象并不太好。三四天里，我曾目睹了广场上的很多乱象：不停地有人乞讨，不停地有人来让你莫名地签名。我也亲眼看见了一起所谓的路人捡到"戒指"当场提出来要和我们"分钱"的骗术。有朋友曾提醒我说，千万别信那些找你签名的人。"你以为帮了他或她一个忙，但签完之后，不掏一笔钱，就走不掉了。"

更要命的是，在回酒店的地铁上，我也亲历了一场从未想到过的偷窃。拥堵的地铁上，我被挤得不能动弹。在行驶了一段时间后，突然听到地上有掉钥匙的声音。很快，就有人在摸我的脚，似乎是在捡地上的钥匙。看不到人，但我着急地提醒他：不在我脚站的这个位置！正当我全神贯注于那个捡钥匙的人身上时，突然发现有人正在掏我的口袋。意识到被偷，我就本能地大吼一声。那人停止动作，飞似的逃出车门。

想想，这偷窃技术也着实高明。先看好距离，距地铁快到下一站之前。一个负责摸脚，转移注意力；另一个负责偷窃。等你意识到被偷时，他们已经夺门而逃。整个过程，计算得真是巧妙。

幸运的是，我口袋里并没有什么值钱的东西。那次对方失算，算是给了我一次被偷的体验。

02

想象一下，带着这样的印象，全家人站在巴黎的某个火车站门口，我心里该有多么焦虑。

于是拦出租车，全家四口坐在车上，才算是找到了一丝安全感。但车行走缓慢，跟人走没什么区别。事后我们查了一下地图，步行需要 2.8 千米的路程，司机要了我们 46 欧元（约人民币 360 元）。

我一直在怀疑是不是坐上了黑车，被敲诈了。这么短的距离，这么高的价格。但与心理上的不安和焦虑相比，我还是觉得这钱花得值。

车穿过一个复杂的高架桥，总算是把我们送到了住处。回头，才发现附近的高架桥下面，竟然是一排一排的帐篷。放眼望去，才发现这里是流浪汉的聚集地。这些帐篷密密麻麻，还算整齐地排在地上。刚刚放松的心里，忽然又一下子紧张起来。

快步离开马路，走进屋里。酒店就在高架的边上。推开门，首先看到门口就站着一个保安。绷紧的弦突然放松，心理上才真正有了安全感。

去巴黎的路上，我就在想：假如这次没有被偷或被骗，就算是捡了一个大便宜。

03

在巴黎的城里闲逛，就会发现，不安全或不友善的信号还是随处可见。

北站的车站内，几名乞讨者似乎在对乘客轮番轰炸。一遍遍地伸出手来，一遍遍地重复着相同的句子。他们多数人年纪轻轻，衣着光鲜，却硬要伸手要钱。

地铁站内，进出的检票口，都是高高地拦起。无论是伦敦还是在中国的某个城市，检票口的高度都是齐腰，但巴黎不同。检完票后，一个跟你身高差不多的玻璃护栏才自动打开。这意味着，它不仅仅是起阻隔作用，而且是在防止人们跃过普通的检票栏而逃票。5 岁的小儿子卡没打好，结果，我也受到了连累，票打了，但人卡在那里，无法进站。附近也没有工作人员，后来一个小伙子用自己的卡打了一下，才替我解了围。

之所以有这样的设计，一定是乘客逃票的比例比较高。这似乎与伦敦形成了鲜明的反差：伦敦的每一个地铁站，多数情况下高度不过腰。很多地铁站到了晚上，没有人检查，检票的出入口也会自动打开，靠人们自觉打卡。如果在郊区的地铁或火车站，甚至连检票的护栏都没有，乘客打卡与否，全靠自觉——请原谅我的对比，在伦敦生活了8 年，不由自主地在对比着这两个国家的异同。

地铁站台上，时常会看到抽烟的人。公共场所公然抽烟，完全不顾及他人；地铁到站，未等乘客下完车，地上的乘客便开始上地铁。这是巴黎不如伦敦的地方：即使在上下班最高峰，即使是最繁忙的地铁站，人们也会安静地排队，有秩序地上下车。

地铁与轻轨之间的换乘，也让我们烦透了。其实距离不远，只有两三分钟的行程。但真要寻找,就是没有明显的标志。好几次,一路打听过去,甚至在半夜一家人走了很远,才发现对方跟我们说错了地方。

对于一个陌生人来讲,这简直是在要人命。我又在联想,假如在伦敦,会是什么样的场景?

伦敦街头,地图标识几乎随处可见。这些地图永远清楚地告诉你所处的位置在哪儿,周边5分钟及更远的步行距离范围有多远。地铁内部的换乘转乘,也不用太复杂,放心地跟着箭头指示走。

每天的地铁上下班高峰,在一些人口密集的地区地铁口,还会有专门的工作人员站在街头,服务于那些不知道如何乘坐地铁的乘客。

同样,伦敦地铁口永远会放着免费的地铁或火车换乘图,乘客只要需要,就可随时拿上一份。有它在手,几乎所有的交通换乘,你都清清楚楚。

第三天行程,去迪士尼,出站时却面临罚款。原来,我们买的通票范围是城市的1—3区,而迪士尼乐园的范围刚在5区。尽管地铁工作人员手下留情,但依然被罚了35欧元。如果正常买票,一家人单趟总共也不过20欧元。

交完罚款,慢慢觉得这里面还是有问题:从头到尾并没有人或在车上提醒,来了就把你当作逃票的人处理。价值观上,这是以恶的态度来对待每一个人。

在伦敦生活的8年里,我很多时候能感受到这个城市与巴黎的另一个不同的地方:处处把你当好人。如果同样的事情,这边人会善意地提醒你,补上一张票就行了——除非工作人员检查到你故意逃票。

巴黎的火车站、埃菲尔铁塔、卢浮宫外面甚至普通的城市街道上,都能看到荷枪实弹的警察。那种手握钢枪似乎随时都要冲出去的架势,一方面似乎在提醒我们,这里并不安全;另一方面似乎又在提醒我们,这里可以让人放心。

与巴黎相比,伦敦的人口密度似乎更大一些,但城市的管理能力,似乎更强一些。

04

如果我个人的感受全是缺点，对巴黎并不公平。

巴黎塞纳河两边的建筑，让你不得不喜欢它。这个城市的建筑漂亮，好看，有历史感。它们不拥挤，很和谐地相处着。

就建筑而言，这是个太好的城市。

在参观卢浮宫、埃菲尔铁塔以及迪士尼乐园后，让我也不停地感叹：这真是一座了不起的城市！巴黎所拥有的艺术殿堂，就足以把我征服。学了这么多年的摄影，从事了这么多年的摄影记者工作，这里的艺术作品，就能让我把这里视为精神殿堂。

如果能控制和管理好外来人口，这个城市该有多好！

05

再来说说酒店门口的那些流浪汉。

每天早上，我们一家人在酒店和地铁站之间往返，都要从高架桥下面穿行。天天经过，就慢慢了解了一些基本信息：这些成排的流浪汉帐篷，应该是政府有意安排他们的地方。统一颜色和规格，看起来几乎一模一样，这说明这些东西应该来自政府或相关的慈善机构；高架桥的下面，紧挨着流浪汉居住的区域，设置了供人们小便用的简易厕所。

不远处，还专门有一个水龙头，供这些人洗漱使用；先一天晚上，有一百多顶帐篷，安置在桥下不同的地方。等第二天一早，就发现只剩几十顶帐篷了。这说明肯定是成规模地把这些人安置到某一个地方。如果是强行清理，这些人应该全部会消失。帐篷一部分留着，一部分消失，应当是在自愿的基础上对流浪汉进行劝说和安置；早上，会发现有工作人员在给流浪汉发放食物。这也说明，当地人在提供食物给这些人；晚上，我们还看见一辆警车停在他们边上的路口处。

无论如何安置,他们依然被当作最危险的人群来对待。无论哪个社会,穷人似乎永远是那个最危险的炸弹。处理好这群人,炸药库才会不被引爆,社会才会和谐和稳定。

每次经过,我也在想:为什么人们愿意流浪,而不愿意回到自己的家里?但接着也会问自己:他们有家吗?

要么他们的国家出了问题,要么他们的家庭出了问题,要么是他们自己出了问题。那么多的人,从欧盟其他国家里涌进法国,而根据欧盟的法律,当地政府不能驱赶,只能被动地接受。如何应对,估计法国人也在头痛。

回酒店的途中,我们看见到附近的马路中间,少数人拦车要钱。黑夜里,这群住在桥下的人们,安静,并没有什么噪声。他们为什么要来巴黎?为什么要选择流浪的方式生活在这里?他们是在享受流浪的自由,还是在经历人生的痛苦?假如那个躺在帐篷里的人是我,看着这个繁华但跟自己并没有关系的城市,心里不知会有什么样的想法。假如我生活在这个人人心理上都害怕的区域里,该怎么样来回敬别人的眼光?

从埃菲尔铁塔看完夜景下来,再吃晚饭,已是半夜。黑暗的夜里,妻子和女儿走在前面,我则紧紧牵着小儿子的手。酒店门自动开启,保安依然面无表情地守在门口。我们快步回到房间,才算是松了一口气,似乎暂时回到了安全的港湾。

5岁的小儿子也许根本意识不到,几十米远的外面,在这个初春的夜晚,睡着一群居无定所同时还在为生存挣扎的人们。他们被人们另眼看待,被多数人视为危险分子,被视为这个城市的"定时炸弹"。路人们行色匆匆,似乎又没有人在意这些人的存在。

焦虑、不安,外来人员似乎成了这个城市管理者最头痛的问题。

法国政府面临的难题似乎不仅仅只有这些。与之相比,英国人以脱欧的方式保护边境,防止过多的欧盟人员出入。让商品自由流通,让人员自由迁徙,很多人把欧盟当成一个实现梦想的乌托邦。但对法国来讲,这个梦想也许并不乐观。

无论如何,一个伟大的国家,不应该为这些题目所难倒。他们理应有智慧来解决各种各样的难题。

5 天之后的晚上,一家人回到伦敦。熙熙攘攘的人群中,我感叹着:于我而言,伦敦才是最安全的地方。

爱人点头。一家人步履匆匆,行走在伦敦街头,朝回家的路上赶去。

（作者　安光系）

龙妈、美人鱼、白雪公主的审美"变色"

2022 年 9 月,美国因为种族问题,又发生了小小的争议。

迪士尼的《小美人鱼》出了第一个预告,美国网友不喜欢这个黑人演的黑美人鱼,在 YouTube 上给差评。

然后迪士尼官方来硬的,以种族歧视为由举报删除差评。这下子炸锅了,网友纷纷说怪话,各种阴阳怪气。

这支预告片在 YouTube 的点踩数在 24 小时之内就突破了100 万,创下一个小纪录。

01

最近几年,美国影视工业政治正确盛行,强行塞入黑人面孔。

剧版《指环王》,有个黑人精灵,黑人女矮人。

美剧《冰与火之歌》前传,有个黑人龙妈。

现在,美国社会冒出了一波"觉醒"(woke)运动,宣扬政治正确。影视业用黑人演员是最表层、最浅显的一种方式,左派在人民群众日常接触的电影电视中,强行塞入黑人面孔。

这只是冰山浮在水面的一角,左派还用暗中渗透的方式,在高校、企业和行政机构,强制灌输"觉醒"思想、白人有罪等理论,乃至军队这个美国最右的一个组织团体,也被渗透了。

2021 年 6 月,美国海军作战部长迈克尔·吉尔戴(Michael Gilday),说现在很多士兵文化程度不高,上级要开些书单,给"大老粗"们补补课。然后,士兵和水手们拿到书后,一脸懵,都是些性别研究、种族研究,最新潮的 LGBT[①] 理论等。

海军不好好钻研本业,畅谈军事战略和国际局势,去搞这些劳什子。底下水手们还不能抱怨,抱怨了,你就是脑子里有种族主义、父权主义落后思想残留。

在海军军校课堂上,种族研究跟克劳塞维茨《战争论》和马汉《海权论》这样的经典军事史著作平起平坐,一同被列为"基础教材"。军队机构还宣扬同性恋和跨性别,《性别少数群体与政治》(*Sexual Minorities and Politics*)等性别研究的书上了推荐阅读清单。

好家伙,用同性恋来提升战斗力,莫非他们准备把美国三军将士改造成古希腊底比斯军团吧,我只能这么猜了。

02

政治正确是怎么到今天这种程度的呢?

一开始,"觉醒"思潮只局限于高校社会学、人类学、后现代主义的学术小圈子内,普通人根本没听说过。

这些人跑到外面拉赞助,声泪俱下地痛说革命家史,黑人和 LGBT 群体如何遭到歧视迫害,在索罗斯、比尔·盖茨等大金主面前化缘求施舍。富豪们一看,这些人弱小可怜无助,给点钱。

等资金援助到位后,"觉醒"分子可以大干一场。渐渐地,从社会学、人类学极少数专业侵袭到整个学院,在小众群体里创出"政治正确"的氛围。这些群体又渗透到越来越多的政府机构和企业。

他们撕下了弱小的伪装,以进步的名义,党同伐异。"觉醒"运动像章鱼的触手,伸到各行各业,全方位无死角。"觉醒"分子要求别人按照自己的规矩办事,华尔街的纳斯达克交易所为了迎合这些人,宣布上市公司的董事会,必须有女性、黑人或者 LGBT 的成员席位,否则退市。

网上有几个左派博主说,矫枉要过正,过去三四百年黑人被奴隶制压迫,美帝现在应该补偿他们。

---

① LGBT:女同性恋者(Lesbians)、男同性恋者(Gays)、双性恋者(Bisexuals)与跨性别者(Transgender)的英文首字母缩略字。

但问题是，今天很大数量的黑人是外来户，跟美国白人没啥恩怨纠葛。

就说剧版《指环王》这个黑人演员，伊斯梅尔·克鲁兹·科尔多瓦，并不是美国本土黑人，他老家籍贯波多黎各，加勒比海上的一个岛。

他在推特上摆了个精灵射箭的姿势，宣传新剧，上衣图案为波多黎各国旗。

还有黑人流行音乐巨星蕾哈娜来自加勒比海上的巴巴多斯岛，美国黑人的精英阶层，大半有外来背景，奥巴马祖辈肯尼亚出生在夏威夷，现在的副总统卡玛拉·哈里斯父母一个是印度人，一个是牙买加人。

这些人祖上没在美国南方摘过棉花，没被美帝奴隶制压迫过，美国政府不欠他们。

20 世纪 70 年代之后，美国移民口子放宽，结束了长达半个世纪的移民禁令，开放国门。莫桑比克、肯尼亚等非洲来的新黑人，赴美留学工作，他们收入高、学历高，不仅比美帝本土黑人日子舒服，而且跟同时期来的白人族群移民比，也不差。

因为有的非洲国家以前是大英帝国的地盘，这些移民群体在本国通常为中产家庭出身，素质较高，他们从小接受西式教育，英语说得很溜。同时期，苏联东欧移民去美国的斯拉夫人，大多不会英语，存在语言障碍，花很长时间才适应。

这些非洲赴美拿绿卡拿签证的黑人，到了北美后，跻身社会金字塔的中上层。

一方面，移民背景的新黑人本身起点高，教育和工作技能有优势；另一方面，他们态度积极，愿意拥抱主流社会，跟白人友好相处，不像本土黑人那样纠结美国历史的奴隶制罪恶，事实上美国白人也确实没迫害过新黑人，他们之间没有历史恩怨。

2020 年学界爆出过一个荒诞新闻，说哈佛、耶鲁的学生，自己不写作业，找枪手代写。肯尼亚年轻大学生从事论文写作，还做成了批发市场产业链，可见这个国家黑人的教育实力。

大家知道全美博士比例最高的族裔是哪个吗？不是亚裔，而是尼日利亚裔。

这是一个强悍的学霸民族，不比华人和印度人差，尼日利亚第一代、第二代移民，大学入学率长期稳居 TOP1。

据《纽约时报》(2014 年 9 月 1 日)的统计，21 世纪头一个十年里，非洲新来的拿绿卡拿签证黑人数量，已经超过了历史上奴隶贸易时期三个世纪里，被卖进美国的黑人数量。这些非洲新移民的数量非常庞大，再加上加勒比等其他地区赴美的黑人，估计占美国黑人人口比例的三分之一到一半。

新黑人通常也不跟美国本土黑人一起混，各过各的。说不定两三百年前的大航海时代，这部分黑人的祖先是部落酋长，而美国本土黑人的祖宗可能还是酋长们的臣民奴隶。

03

美国黑人并非铁板一块，阶层背景五花八门，文化上并不同宗同源，除了肤色之外，没有别的共同点。

估计以"觉醒"分子那点可怜的知识量，也不知道外来新移民黑人和美国本土的黑人区别。

他们对黑人历史文化，平权政策的具体利益没啥兴趣，热衷于整些虚的，成天念叨"黑人受了三四百年压迫""黑人穷都怪白人种族主义"。说到底他们将平权当作逞能的工具，把"巨婴"(网络用语，指虽已成年，但心智仍停留在幼儿阶段，极不成熟的人)式的逆反当作酷，刻意和主流社会对着干。

以前西方主流社会歧视同性恋，"觉醒"分子现在就刻意宣扬同性是真爱，异性恋老土，甚至向青少年群体宣传。结果，现在欧美大批青少年追逐 LGBT 的时髦，还有未满十八岁的孩子，做变性手术。

以前美国白人歧视黑人，"觉醒"分子就要改造形象，他们向娱乐圈施压，用黑人来演欧洲传统白人故事背景的小美人鱼、白雪公主、仙女，强行搞多元化。

如果观众不满意，他们就嚷嚷受到种族主义迫害了。迪士尼在

YouTube 的《小美人鱼》评论区删除差评，还有剧版《指环王》，也是这种操作，剧组成员一脸正气地把反对声音称为种族主义。

说实在的，老百姓不讨厌黑人演员，讨厌的是强词夺理，用促进社会公平、反对种族歧视的冠冕堂皇名义，强行塞入黑人面孔，整些"幺蛾子"。

以前的丹泽尔·华盛顿、威尔·史密斯这些黑人大牌演员，他们拍犯罪片喜剧片，深受人民群众的喜爱，现在美国的影视业都搞些啥东西。

我觉得，这些制片人、导演要是真心关注少数族裔，就应该踏踏实实去钻研非洲传统文化，做出好东西来，人民群众自然会买账。

这方面，我要隆重表扬下《寻梦环游记》的制作团队，皮克斯公司花费了六年的时间去拉美考察采风，制作团队学习亡灵节的宗教知识，还研究墨西哥特色的玛利雅奇音乐、萨巴特奥舞蹈（融合了西班牙和印第安元素的舞蹈），制作组在墨西哥街头看民间艺人用吉他和小号演奏传统民谣 marichi，把墨西哥文化的精髓，领悟透了。在配音环节，《寻梦环游记》几乎也用的都是墨西哥裔和拉丁裔演员，诚意满满。

最后电影完美营造出拉美风情。另外还有，迪士尼的《海洋奇缘》，根据太平洋一些民族的神话改编，也广有口碑。

今天美国影视产业不虚心了解第三世界文明，脱离原有轨道，随意修改欧洲白人背景的童话、奇幻小说，无中生有，造出黑人美人鱼、黑人精灵，还摆出一副高高在上的态度，给不喜欢作品的人民群众扣上政治不正确的帽子。

剧版《指环王》制作团队真要是有骨气，就别拍，指环王原著小说确实有两三分欧洲中心主义思想的。制作团队和投资方亚马逊有能耐，自己去认认真真研究非洲文化、非洲神话故事。十年磨一剑，做出一部完美呈现黑人文化的电影电视，哪怕全黑人阵容，没一个白人、亚裔演员，大家肯定不会说三道四。

（作者　柳展雄）

第九章

网络
互联网正在走向它的反面

篇篇"10万＋"的自媒体公众号，大多三观不正

2016年9月29日凌晨开始，很多微信公众号运营者夜不能寐，急得像热锅上的蚂蚁。他们非常习惯于文章推送出去，很快达到几万甚至"10万＋"阅读量，然而，这一次不一样，几小时甚至半天后，直到9月29日上午，只收获寥寥数百或仅仅过千、几千的阅读量。

后台升级让阅读造假暴露

我的微信朋友圈从9月29日凌晨1点左右开始，就有人陆续爆料：那些可刷出虚假阅读量的技术工具，因微信官方后台升级而失灵，导致那些依赖刷量的微信公众号阅读量大跳水。有公众号因害怕露馅，赶紧把推送文章删除了。内容创业服务平台"新榜"监测分析的8 744个公众号（这些都是业界"佼佼者"），有6成以上微信大号9月29日的阅读数下降，其中124个暴跌超过80%，最高一个公众号暴跌99.88%——它此前7天的单篇平均阅读量为12 858，9月29日降至仅仅16人阅读，可见之前造假的登峰造极！这也让我想起了资深媒体人，冰川思想库研究员陈季冰先生的观察和总结：篇篇"10万＋"的公众号，大多是三观不正的人做的。

腾讯科技公众号公布了刷阅读量行为。事实上，公众号阅读量造假早就是业界公开的秘密，但最让人震撼的地方在于：跟微信同属于腾讯集团的"腾讯科技"，史无前例地在9月30日上午10点45分、中午1点07分，142分钟内接连在官方账号推送两篇长文开炮，分别是《重

磅！网传微信公众号刷阅读量工具崩溃　大 V 露出真尾巴》和《刷量工具崩溃后,这些微信自媒体大 V 被扒下底裤》,从标题你就能感受到怒射的火力,也自然而然会猜测这是微信团队有准备的一次"雷霆行动"。

掌握公众号生杀大权的微信团队也两度表态,主要意思如下:刷量已成比较成熟的黑色产业链,微信平台与黑色产业的技术对抗在不断升级;"猫鼠斗"会一直持续,平台会继续加强技术手段,坚决打击任何虚假、欺骗用户、影响体验的行为,确保平台的真实、公正与公平;平台不欢迎任何虚假的繁荣,平台的健康发展除了游戏规则的健全以及坚决执行以外,也包括所有生态上的运营者的共同自律,"希望大家共同维护微信公众平台的健康发展"。

微信团队的表态,虽然阐明了它要捍卫的价值观,却也透露出它的力不从心。这是因为,刷量造假是互联网时代的"哥德巴赫猜想"难题——从过去的门户网站点击量造假,到 Facebook 被曝视频点击量造假,造假就像戒不掉的毒瘾。

公众号的造假链条

以微信公众号阅读量造假为例,简化梳理其中造假利益链条和主要利益攸关方,我们就清楚困难和症结出现在哪里:

1. 微信公众号运营方——他们要靠造假阅读数向外界证明公众号的传播力影响力,从而获得潜在广告主和投资人的青睐。

2. 数据造假技术提供方——他们靠刷量造假技术工具吃饭。初次、偶尔交易必须先交钱再刷量,长期合作可预付一部分后月结,不同意你找别人,反正咱不缺客户,这个不需要太多分析。违反微信运营规则? 反正公众号被封也不是自己的! 再说了,你听过有公众号因刷量被封先例? 违反法律? 对不起,你给我举一个案例!

3. 广告投放的直接负责人(含广告主公司员工、第三方公关公司或广告公司)——当他们不用自己掏出真金白银,只需向掏钱的老板证明投放是正确和有效时,方法有两种:要么是高阅读量(正常情况下可证明曝光率高），要么是高转化率（比如电商导购或引导 App 下载）。现状是，几乎没有一家自媒体、没有一个广告投放的直接负责人，愿意选择高转化率来衡量及合作，因为多数情况下效果奇差、穿帮概率接近 100%。我们可以留意一下，那些自掏腰包做自媒体广告的，有可能会上当一次，但绝对不会上当第二次。当广告投放的直接负责人，目标是对老板有所交代、保证自己升职加薪利益，而不是真正对市场负责时，哪怕自媒体运营者不刷量，他们也会刷，因为不刷可能被老板骂饭桶、连饭碗也保不住。

4. 第三方监测平台和微信团队——他们几乎不会直接牵扯到利益，从技术手段等方面来讲，也能非常完美地监测到哪些微信公众号数据存在造假，但是，他们没有能力精准甄别到底谁是真正的幕后造假者。从理论上讲，需要漂亮数据的公众号运营者和广告投放负责人最有造假动机，但你拿得出铁证吗？不要忽略一种情况：有 2 000 万账号的微信公众号早已是一片混战江湖，万一这个微信公众号的竞争对手恶意帮其刷量，企图导致其被微信官方封号、遭第三方监测平台判定为造假账号，从而坐收渔翁之利呢？事实上，这类拿不到台面的自媒体"谍中谍"血战早有先例。这也是微信官方声明多少有点"不硬气"的一个主因。

5. 真正掏钱的老板——"别看广告，看疗效"，掏出真金白银的老板，本来是整个利益链条中最能真切感知造假的一环，毕竟花了血汗钱就想看到广告带来产出。但老板不仅要面对可能造假的公众号运营者，还要对付费尽心思取悦和欺骗自己的"自己人"。据我所知，业界造假链条已不局限于公众号阅读量，也已进入老板的微信朋友圈——花钱买通老板的微信好友，让他们转发特定广告文章并加以好评，让老板看到"巨大传播威力""第三方好评"后高兴高兴。

造假不仅仅限于公众号

微信公众号的单次广告投放动辄以数万元甚至数十万元计，而

"10万＋"阅读量造假不过区区几百元,两相对比,收益是几十倍几百倍,哪怕老板想看"百万＋"阅读量,造假依然是划算买卖。

刷量造假被大面积曝光,那些花钱在这些造假公众号上的老板,不管你是刚刚知道还是早就知道,只能证明一点:你真的很"土豪"(网络用语,原指乡下财大气粗、没有品位的有钱人,现多指有钱、不理性消费、喜欢炫耀的人),也很愚蠢。

刷量造假不仅仅存在于微信公众号,其他自媒体平台、传统媒体(以电视收视率为代表)也一样乌烟瘴气,简单地说,这就是一场多方联手坑骗愚蠢土豪老板的疯狂造假游戏。但它伤害的绝不仅仅是老板,还有整个自媒体生态系统,导致劣币驱逐良币,导致互信坍塌公众利益受损,也导致小精尖优质公众号价值被压制和低估,还导致新媒体营销传播这门科学陷入迟滞和困顿。现在,大家都已知道皇帝没有穿衣服,未来会变得好一点吗? 如果多数人愿意做那个天真的小男孩,希望就还在。

（作者　邓　璟）

文学杂志已凋零，
网络文学为何还能做成上百亿元的产业

近几年国内网络小说蓬勃发展吸引了很多注意。国外网文多是论坛里比较小众的自娱自乐，均未能做成如中国大陆这种市场规模达百亿元的"网文工业"。

网文业界龙头阅文集团认为，国内的网文行业是"中国文化产业中极少数取得成功的中国模式"，中国的网文"就如同动漫之于日本，好莱坞之于美国"。

随着网文 IP(Intellectual Property，知识产权)被改编到互联网以外的渠道，网文面临的抄袭、盗版情况引起公众关心。网文 IP 影视改编大获成功的《甄嬛传》和《锦绣未央》均被指存在较多抄袭，尤其是后者原著被指抄袭了 200 多部同类作品，可谓"博览群书、厚积薄发"。

据艾瑞咨询的调查，2014 年，用户看盗版网络小说的比例超过50％，看盗版的人数比看正版的还多，盗版导致版权方损失近百亿元。

一面是作者抄袭，另一面是读者看爱盗版，其实这两面一体的状况说明了网文的"低版权"处境。

抄袭、盗版固然违反法律，须予以抨击，但客观而言，没有宽松的版权环境，可能网文也难以发展壮大。秦晖先生提出过"低人权优势"一词，中国网文之所以取得巨大成功，离不开"低版权优势"。

01

网文是娱乐的文学，娱乐价值决定着网文在作者、读者、经营者中的地位。越是在版权宽松的地方,越容易产生最优的娱乐。

可能还没人明言这个趋势:在提倡文本开放、自由分享的网络环境中产生的段子,正在逼着传统的相声、小品走向穷途末路。近年来春晚相声、小品都使用大量网络段子,说明了网络段子的巨大优势。网络段子能挑战相声、小品的娱乐地位,是因为网络段子是"集体智慧",会被网友不断完善,而相声小品则是编剧个人独创。

在艺术上,可能集体智慧起不了多大作用,一万个写手集体创作未必敌得过曹雪芹的个人独创。但是在娱乐方面,哪怕是一个非常有才的作者也敌不过灵感、创意源源不断的"集体智慧"。

如今被文化产业界人士津津乐道的"超级大 IP"《西游记》,在娱乐性方面远超《红楼梦》。《西游记》就是古代"低版权社会"的"集体智慧"。《西游记》的故事经过至少四个王朝、多人之手、多种文本(文人笔记、元杂剧、地方戏等),才从雏形走向定型、成熟。《西游记》的情节、人物、"包袱"都是逐渐累积出来,可以说是精中取精、优中选优的结果,所以它成了一部娱乐圣典,连一些日本动漫都从中借鉴。

"低版权"的优势是让创作者轻易就站在"巨人肩膀上"。有时候,原创者写的故事没红,抄袭者却让这个故事红了,比如郭敬明和庄羽的纠纷。显然,后来者应该会把故事打磨得更好。我国互联网宽松的版权环境,让网文聚集了更加庞大的集体智慧。

网文作者之间存在肆无忌惮地"借梗"("梗"就是情节、故事梗概的俗称),一旦有人想出新"类型"或"套路",就会有很多写手来"借梗"。这种"借鉴、参考"同行作品的机制导致网文中的优秀经验、智慧,一经浮现就很可能被"借用"、被修改完善,最终汇集从而出现"大神级"的作品。

当然也有"大神级"作者本人就是某个梗和套路的发明者,但也会有"后来者"超越之,创作出更好的版本。往往是越往后,这个梗就越精彩。精品网文浮现出来也是付出了"一将功成万骨枯"的代价。

一个好的创意产生了,马上会变成"你有我有全都有",这样不断地迭代、超越、完善,精品自然会浮现。像"扮猪吃老虎""金手指"等网文常用、经典情节，几乎被所有网文共享，那些大神级作者也是高度依赖这些套路。很多精品网文实际上是"站在巨人的肩膀上"，所以娱乐性非常强，能吸引很多读者。

这种情况增强了网文的娱乐性，以至于网文单凭文字这种抽象媒介竟可以在视频图像主导娱乐的年代，"逆袭"为一项颇具中国特色的文化产业。这是网文的"低版权"优势之一。

这当然也是很多精品网文被指存在原创性低、抄袭等问题的原因。

02

"低版权"扩大了网文的取材范围，增强了网文的多元化娱乐价值。说白了就是网文可以做到"什么有趣，便用什么"。

网文有个很有意思的特征，它不是从现实社会直接取材，而是从其他文化文本中借用大量的素材。男性读者为主的小说从网游获取的灵感最多，比如以"打怪、升级、换地图"为主线的玄幻、仙侠类小说，在写作中会参考当下热门网游的背景设定、等级体系、情节发展方面的内容。女性读者为主的言情小说则会借鉴大量通俗电视剧、偶像剧的内容。

从民间神话传说、影视、动漫、网游、通俗小说到网络段子都被网文拿去"为我所用"。北京大学邵燕君女士认为，网络文学"得到了海外影视和ACG（动画、漫画、游戏）文化的反哺"。

网文对其他文化文本的借鉴，是很随意的。凡是有利于增强娱乐效果的东西，几乎会被网文作者"征用"。这种"文本盗猎"行为在网文中很常见，但必须在"低版权"状态下才能做到。"集思广益"的借鉴让网文实现了多元化的娱乐价值。

中国网文的神奇之处在于，无论以前是哪种娱乐文化的消费者，几乎可以在网文中找到自己喜欢的类型。哪怕你喜欢看恐怖电影、科幻电影，都可以在网文中找到文字版的对应物。

如果社会奉行严格的"版权"思维，那么网文可能就无法"野蛮生长"起来。

03

"低版权"状态提升了网络文学的影响力和"获客"能力。"版权"的初衷是保护知识创新，但它客观上又阻碍了信息的自由传播。网络文学的读者多数是青少年、社会底层，如果没有免费的盗版资源，他们接触网络小说的概率会大大下降。

青少年学生因为没有收入来源，接触网文一般是从看盗版开始。学生用户的特点是容易产生"口碑"，同学之间会将网文当作谈资，从而将网文变成青少年流行文化。未来他们工作以后，收入提高，则有可能给正版带来收入。因此，盗版对网络小说的推广实际上发挥了重要作用。

笔者十多年前上大学时，学校旁边租书店的主营业务就已从原来的港台武侠、言情盗版书，转向到新兴的网文纸质书了。厚厚的大书，超大字体，粗糙的印刷给人留下深刻印象（这是租书店风格，地摊书市上的盗版网文则用超小超密的字体）。

笔者咨询过几名资深网文读者，他们很多也是从租书店转化来的，而不是通过互联网渠道知道网络小说的。现在有了更便捷的移动阅读设备，租书店也不行了，但是网文却保持了人气。网文应该算是中学边上"盗版租书店"在网络时代的精神延续。

现在网文的 IP 价值被炒得很高，但是在"低版权"环境下催生的一些网文不具有完全的版权价值。目前具有最高版权价值的网文《盗墓笔记》，也不敢说自己不受益于"低版权"。它比《鬼吹灯》出现得晚，在故事情节、人物设定等方面显然受了《鬼吹灯》的影响，不过《盗墓笔记》在流行程度上反而超越了《鬼吹灯》的势头。

分析网文"不光彩的历史"，是让大家能够更准确地看待网文现象，对网文界的抄袭、盗版乱象保持理性的眼光。

（作者 孟 隋）

很多"10 万＋"是有原罪的，
但不妨碍我们追求它

我们这个时代的写作者，突然发现自己被逼到了犄角旮旯上。

我们所熟悉的一切写作的世界，突然间在我们的面前全部都坍塌了。新媒体，洪水猛兽一般来到我们的面前，将我们几乎所有的写作规则，撕扯成血淋淋的碎片。

01

其实，在传统报业中成长起来的写作者，依靠的都是自己的本能。

我不知道中文系是否有过严格的写作训练（我很怀疑这一点），但是在我们新闻系的教育中，除了规范化的"5W1H"和"倒金字塔"等事实上并不实用的写作规范之外，我们几乎没有系统化的写作原则。

我们几乎都是野生的，唯一可依靠的，无非是热忱和好学。我们几乎没有人不曾看过展江教授所编辑的《新闻与正义》，以及已经被世人所嘲笑的"铁肩担道义，妙笔著文章"这样已经过时了的新闻正义。

我说的过时，是真的过时了。因为现代社会的新闻所讲究的是"真相，唯有真相"。

真相有可能完全是丑陋的，并且与正义无关。因为社会是极度复杂的而非仅仅是黑白那么简单。

在我其后所接受的所谓西方的新闻知识中，《纽约客》式的，展现事实全景式的写作，才是这个时代最伟大的写作范本：人类被困囿在巨大的人性困局之中,每一个人都有着自己充分的正义与境遇,而只有当它被足够的细节所描绘的时候,个人的西西弗斯式的挣扎,与整个世界如同爱丽丝仙境,或者镜花缘般的复杂短兵相接、碰撞和纠缠,事件的悲剧性,或混沌性,才可以得到充分的展现。

在这样的一种状态中,无谓黑白,唯有真相。

可是说这些有什么用呢?我们非常简单、粗暴而且悲伤地,被"10万+"轻易打败了。

这是一个流量为王的时代。人们匆忙地冲向热点,急促地发言,激情地表达。表达的重要性比表达的内容更加重要。

所谓的魅力人格体是这个"10万+"写作时代最邪恶的注脚。

02

媒体是一个公共讲台。当一个人向世界发言的时候,他需要充分考虑人群的复杂性。因此,在所有的公共写作中,平衡性是一个重要的原则。

这种平衡性并不是指你必须照顾所有人的情绪,乃是一种表达必须尊崇社会的共同利益与福祉。

社会是公共洞穴。人是聚居动物的意义,在于人与人之间是具有公共性的。公共表达在一般情况下,应当朝向整个社会的健康、文明与进益。批评的目的也在于此。

但是魅力人格体是人类自我窄化与人群分裂、通过制造冲突来获取利益的方式。

它通过制造虚假的个体形象,试图分裂出一个人群来,以煽动、偏激和情绪来引导具有共同傲慢与偏见的群体,因而形成一个个的言论漩涡。

我的朋友陈季冰曾经说过:如果一个作者每篇文章的阅读数都能达到"10万+",那他多半是个三观不正的人。这很有道理。

因为眼下大量的"10万+",是通过煽动、偏激和情绪,来制造魅力人格体,分裂社会的公共利益,构建出一个个封闭的偏见堡垒,放大单一片面观点而生产出来的。

传统的写作者,被逼近犄角旮旯的原因,在于他们曾经所接受过的、正规化的,属于报业结构的真实、客观和平衡,在一个又一个"10万+"所造就的分裂人群中,左支右绌,招架不住。

他们很难既能够照顾公共利益的言论需求,又制造出偏见的情绪来。

而我们的题材,又那么有限。

我所在的冰川思想库是"腾讯·大家"最早邀约的"大家之选"战队之一。在这场 PK 赛中,最重要的标准之一,就是流量。"10万+"是加分并且能够保留参赛资格的重要筹码。

那么问题来了:你到底是忠于你的写作,还是忠于流量? 按照我前面说过的"10万+"的生产流程,我们的败局已定。

03

可是,新媒体真的只是制造出来了一些无节操、无底线和无价值观的流量怪兽吗?

如果我如今仍然在报社的话,我可能会检讨我们传统的媒体写作模式。我们是没有用户精神的。

也就是说,我们就像尊崇《纽约时报》用户定位的金科玉律一样,我们骄傲地宣称我们为精英而写作。

精英写作当然不是一个贬义词,但是它代表的,也同样是一种傲慢与偏见。因为我们假设精英才是改变这个世界的唯一力量。

他们制定了这个世界的游戏规则与行为模式。政治制定制度,经济制定财富,艺术制定文化。二八法则,世界从来如此运行。

可是互联网已经颠覆了。人们现在欢呼的是得"屌丝"(网络用语,原指由农村进入城市的年轻男女的自嘲,现已无特定人群的界限,多用于朋友、熟人之间的调侃)者得天下。或者不那么通俗地讲:获取沉默的大多数的支持的人获取成功。

我一直认为：互联网是一个真正实现民主化的时代。在互联网出现前的任何时代中，唯有精英才是世界的主宰，因为他们垄断了话语权、生产权和传播权——而且不仅仅是言论产业。

但是在互联网上一条狗都有自己的话语权时代，一切都改变了。

精英必须学会倾听，精英必须学会长袖善舞，精英必须学会屌丝们的说话方式。民主以真实的方式得以水银泻地到每一个角落。

话语领域同样如此。习惯为精英写作的人，必须学会为公众写作。这是新媒体带来的千年巨变：真的，从现在开始，写作不是知识人的事情，而是每一个人的事情。

拉锯由此发生。要么，你被异化成为一个分裂社会、制造言论暴力的文字商；要么，你坚守住你的价值观，学会用户思维，重新构造你的写作理论。

我知道这其中的风险。沉默的大多数往往怀有深刻的偏见，多数人的暴政随时都在发生，媚俗与取悦从而获得利益的心情蠢蠢欲动。

写作本来就是对内心的观照。守不住灵魂一线，加百利也被上帝打下去成了撒旦。

04

我猜想"腾讯·大家"也没有明白，通过"大家之选"他们最终要朝向的目标是什么。但是，优良的写作与流量之间的战火，已经蔓延到媒体的每一片土地之上。

偏见所到之地，俱为焦土。"10万＋"所到之媒体，俱为焦土。

但这或者正好成为我们的自觉。如果我们尚能够守住一颗赤诚之心，又能够以公众热爱的语言来做出一些文字，那或许也是我们的幸运。

毕竟，当整个文字行业中各自分裂出一些扭曲的魅力人格体的时候，能够守住更多宽厚而开放的灵魂，不也是我们自己的责任吗？

至少在这一点上，我们与"大家"不谋而合。

至少我们是努力了，我们和"大家"一起努力了。饱受"安史之乱"战火摧残的杜甫写道，"国破山河在，城春草木深"。

文字山河已破，精神草木仍深。有好文字要写，有好文字要读。这样的世界，就仍然有你为之努力的意义。

（作者　连清川）

人生在世皆漂泊，互联网才是你永远的家

同事（新华社记者徐勇）走了，56 岁，体制内的单位。有文字洁癖的中年男人，瘦削、硬气、带着洞察世事的犀利。

人是突然走的，大面积心梗，衣服还搭在工位的椅背上。

他不是什么位高权重之人，不曾出现在全体大会必须列席的领导名单里。很多人，此前甚至从未听过这个名字。

01

人一生的高光时刻，只有那么几年吧，大抵人皆如是。最怕是人到最后，活成了"透明人"。

他的离世，仿佛一粒石子堕入深潭，涟漪让人反省己身。我怀着私心地想，人活一世，就为给世界留点念想吧。

有权有势，活着时或可为所欲为，真等到死了那天，反倒人人平等。追忆逝者，是泪目，还是怒目，都要指着良心说话，这就是所谓盖棺定论吧。

我和这位同事，此前素未谋面，甚至未曾听过这个人，却从网上流传的一篇篇追悼文章中，拼凑出他的样子。

他骂人，却是为后辈精进；他是领导，却从不让下属巴结，不会看人下菜碟地纯粹对人好。他执拗地坚持着很多人早已放弃的新闻理想。

有了互联网的传播，他曾经的好，让更多人知道。

02

互联网，碎片化定格了每个人的一生，它已经成为普通人真正意义上的精神家园。

翻阅史书，芸芸众生，不过是三千世界的恒河沙数。高居庙堂之上，方可史书留名。登至高之位，才能起居皆有所录，"赏罚除授、群臣进对、祭祀宴享、临幸引见、四时气候、户口增减"。无名之辈，徒留宗谱上一个名字。

梨园行讲究，不疯魔不成活，普通人想在史书上留名，也只能做点惊世骇俗的事情。倒是有了互联网，普通人也有了方寸留名之地。

这位同事走后，追悼他的文章，出现很多动心动情之句——"人会被时间筛选和淘汰，最后被碎片式定格的。""唯有轮廓，刻骨铭心。""你是哪怕死了也仍然热血沸腾的人。你要传递的，必不是哀伤，而是新闻人的精神光芒，是阔别已久的激情、搏命、梦想与荣光。"

最动心的一句，是"人心是最好的墓碑"。

写到这儿，似乎离题万里。其实，只因心情很不平静。一贯以悲观态度看待人生的我，很难过地想，我走那天，会不会有这么多人追忆？大概没有吧，真的没有他人这么好，不求回报地给他人带过这么多的暖。

但，我曾在互联网上留下的点滴痕迹，足以给世界留下一点记忆了吧。

互联网的记录，让普通人不再是无名之辈。

还记得，2012 年离开人世的"走饭"（微博 ID）。困扰于抑郁症的她，离开人世前，通过定时的时光机发出微博，"我有抑郁症，所以就去死一死，没什么重要的原因，大家不必在意我的离开，拜拜啦"。

"走饭"生前，曾跟朋友抱怨：自己没有存在感。但在生活中，她又喜欢把自己藏起来，像个隐形人。

"躲了一辈子的雨，雨会不会很伤心。""意义这种东西，有意义吗?"她大概想不到,她在微博留下的一行行文字记录,让她不仅不再是"透明人",反而已经成为很多人抱团取暖的精神支柱。

她那条微博置顶的留言,每天都有人回复,我在敲下这些文字的时候,还看到一个小姑娘给"走饭"留言说:"快乐很难,但还是要坚持下去,知道吗? 也许哪天就好了呢。"

这句话,是说给走了的"走饭",更是说给这个姑娘自己吧。

03

近年来,讨论互联网暴力的声音很多,一旦出现丑闻、八卦,第一时间去个人社交网络空间扒粪的更多。你曾说过的话,都可能成为抹不掉印记的黑历史。

于是乎,微博出了半年可见,朋友圈早早出了三天可见,看谁不爽更是直接屏蔽了之。更多人不再发圈,不再发声。社交平台,只剩刷工作、刷业务,向老板表忠心的功能了。

微信加的"好友"越多,想发朋友圈的欲望就越少——你眼中的秀恩爱,别人等着看你何时离婚死得快。你好不容易攒钱购房购车,别人嗤之以鼻觉得是炫富拉仇恨。你晒娃琴棋书画,别人想成天晒娃是不是你没别的可晒……

一想到,你想说的话,甚至可能给他人落下口实,变成把柄,索性关闭与外界沟通的大门。

更别提微博这种所有人可见的公共空间里,卖真性情人设的明星都少了,只剩娱乐圈"模范夫妻"定期晒合影,告诉大家我们还没离,过得好着呢。新晋顶级流量明星,年纪轻轻,早就学会了谨言慎行,发微博都是公关团队再三审稿,一言一行照顾粉丝感受。

曾经以为互联网会让人更自由,其实是让人套上了更大的枷锁。

之前,几对网红闹分手,都登上微博热搜话题榜。且不说,这种撕逼大战占用如此多的公共资源来讨论是否浪费,纯粹看事件本身,很多人听都没听过的明星,分个手,为何每次都能引发刷屏式讨论?

这些事件的共性在于,将两性间最私密的对话、录音,鞭尸一样晒到公共空间,让数以亿计的吃瓜群众大快朵颐。

不少人认为,要么是渣男撩骚,要么是渣女出轨,他们这是"求锤得锤"(网络用语,指爆料人爆出一些丑闻后,粉丝要求用证据说话,于是爆料人晒出证据打脸粉丝),凭什么不能让大家痛快吃瓜,这岂非人民群众最喜闻乐见的八卦?只能说,瓜只要不长在自己身上,吃得都挺香。

男女之事,真能分得那么一清二楚?一晒截图、二晒语音,打得对方在网络空间永世不得翻身,这种怨偶实在可怖。

04

"人生而自由,却无往不在枷锁之中。"互联网空间亦如此,每个人都有表达欲,都有与外界交流的需要,但人与人之间愈加互不信任,甚至互害的环境,似乎让曾经相对自由的空间,也变得越来越逼仄。

互联网是把双刃剑,这句话仔细琢磨,又是一番滋味。

记得当年,本山大叔的经典台词——"人生在世屈指算,一共三万六千天。家有房屋千万座,睡觉就须三尺宽。"总结起来四句话:"说人好比盆中鲜花,生活就是一团乱麻;房子修的再好那是个临时住所,这个小盒才是你永久的家呀。"

现如今,人们的人生痕迹几乎都留在互联网,只希望这个永远的家里,多点鲜花,少点"黑暗森林"。

(作者 白晶晶)

电商时代，菜场是如何被迭代的

自 2020 年初新冠疫情以来，我们家的买菜格局发生了两点颠覆性的变化：其一，买菜的主战场从菜场转向了生鲜电商；其二，我篡夺了买菜的大权，菜场买菜原本是家中老人负责的，间或老婆在电商拾遗补缺。

除了在线教育以外，生鲜电商似乎是疫情年崛起最快的一个行业，叮咚、盒马、京东、美团……再加上不能当日达的拼多多。

我记得，就是在从老家回上海的车上，带着对疫情深深的忧虑，我下载了几个生鲜电商 App，决心出山主持家庭买菜大局。主要原因是不想让老人去菜场冒险，但我也想为自己的家庭地位找点合法性：既然全家抗疫了，总要干点啥。

这一买，就是一年多。

菜场与电商

去菜场原本是我们家的标配，以前几次搬家，家中老人对房价学区什么都没那么关心，最操心的就是菜场有多大离家有多远，每次菜场关停或搬迁都是一副准备去上访的悲愤决绝。

疫情来了，菜场不能去了。我们全家忽然发现，没有菜场这个家竟然也能运行下去。这就好比，我一年前以为没有 NBA 转播我就会生无可恋，半年不和老婆去电影院就等于感情破裂。

疫情过去之后，菜场可以去了，但一种新兴的买菜习惯通过移动互联网占据了家庭成员的心智，菜场的衰落几乎是无可避免的。

家中老人自然还是认为菜场好，但他们在这一年多来第一次承认了电商买菜的合法性，这就足够了。

在很多老人看来，菜场还是有不少核心竞争力的，比如可以砍价，可以和摊主发展买菜送两根葱的刷脸友谊，可以用手在菜筐子里奋力拨拉出看上去最新鲜最饱满的那几棵菜，还可以将哼着红歌去菜场作为自身生命力旺盛的表征……

以我们家的实践来看，我篡权成功的头号利器是：电商买菜的价格优势。

无论老人家对菜场这个旧时代的美好多么依恋，他们始终最放不下的还是便宜，便宜是代际沟通的"最大公约数"。

在补贴和价格战的背景下，电商买菜对实体菜场的价格优势几乎是压倒性的，有不少菜甚至可以以菜场的5折价格拿下。

但前提是，你得熟练掌握电商平台的各种折扣和满减套路，甚至还需要在几个平台间互相比价。

薅羊毛的门道

薅羊毛绝对是一门学问，但这门学问对于大多数并不善于使用手机购物的老人而言，已然形成了一道或深或浅的"知识鸿沟"。

这简直可以看作一场家庭革命。以往，家中老人用大半辈子才积累出了"菜场智慧"和砍价学，这在某种意义上甚至可以看作老人家庭地位的合法性来源之一。

充满博弈的砍价、看秤、辨别新鲜度、菜的时令、和菜贩谈笑风生、在各个摊位间比价、乃至各个菜场有如迷宫的内部分布……这些都不是年轻人一朝一夕可以掌握的，甚至是视为畏途的。

拿我来说，前些年有几次老人不舒服，需要我去菜场买菜，每次出发前我都要做各种心理建设，尽可能详尽地写下各种买菜指南，但到了现场还是陷入了巨大的惶惑，秤不会看、价不会砍，绕着菜场打转找不到某个摊位，和摊主对话时努力却拙劣地装出自己是菜场老手。回家后,要么是漏这漏那,要么是张冠李戴把芹菜买成了西芹,要么是买贵了……

我面对菜场的惶惑,可能就是老人面对电商买菜的仓皇,带着勃然不可磨灭之气在菜场上拼杀了一辈子的老人家,临老却有了英雄失路托足无门之悲。

而我呢,只用了几个月时间便借助网购经验超越了平行世界需要几十年才层累出的菜场智慧。这就好比火绳枪出现了之后,平民出身的足轻(步兵)可以在战场上匹敌苦练家传箭法刀法绝学十数年的日本武士。

你甚至不用操心配菜这个高阶问题。在很多生鲜电商的页面上,每种菜都有简单的做法指南,相应地,也会告诉你可以买什么配菜。比如我买了空心菜,电商甚至会提醒你买大蒜,蒜蓉空心菜走起;你买了鲫鱼,电商可能会提醒你买豆腐,豆腐鲫鱼汤。

有了这套大法,我经常在家人面前无底线地夸耀:看吧,我算无遗策,一买菜就买全套,看你们谁还说我缺乏家庭责任感!

如果你想更便宜,还有一个办法就是,不易储存的生鲜类你在当日达的生鲜电商买,而耐放的蔬菜,比如笋子、土豆、西红柿之类的,你可以在拼多多此类广义上的买菜电商上采购。

特别是,如果你家中人口多,可以接受5斤、9斤类的大额采购,拼多多的价格优势就体现出来了,否则,可能还是当日达的生鲜电商划算。

电商打折学的套路之繁复,一环套一环,年轻人都要花很多时间才能掌握,何况老人呢?

7点半法则

在这些打折套路中,我最认同的就是所谓的"7点半法则"。在很多生鲜电商那里,晚上7点半左右,肉类、蔬菜和奶制品等部分生鲜类商品会打折抛售,折扣程度通常在8折甚至7折。

这一方面给我提供了一个低价买菜的好机会,另一方面,也让贪便宜的我获得了某种"参与环保事业"的虚幻崇高感。

不得不说,"7点半法则"最大限度地减少了生鲜商品的过期和浪费问题,以我的观察来看,往往不超过半小时,打折菜品就处于售罄状态。

而在以往,菜场晚上7点半已停止营业,传统超市又缺乏这样弹性调整价格的运营能力,最常发生的消费场景是:像所有人一样,我在一堆牛奶中挑出生产期最新的那瓶,然后漠视着即将过期的牛奶无人购买,直至过期。

在我看来,最伟大的商业行为之一是,用市场的法则让消费者自觉配合减少浪费,践行更环保的消费方式。

所谓老人被电商买菜抛下,可能有一个反例:如果电商有了实体超市会如何?

我家楼下有一家号称是"新零售"标杆的生鲜超市。我有几次在晚上7点至7点半这个打折时段出现在这家超市中,发现冲在最前面的基本上是老人,将抵用券 + 生鲜折扣 + 拿免费菜这套组合拳用得极其纯熟,甚至我还被某位热心大妈现场教学过:"小伙子,这块肉你跟着我买吧,折上折,还可以用5元肉奶券,免费菜别忘了领。"

我当时的感觉就像是,自负才略的慕容复在少林寺碰见了扫地僧,打开了武学的新世界。

这似乎说明,只要有了实体店这个更为显相的存在,老人通过逐级进化,也是可以在纷繁复杂的电商世界中杀出一条革新之路的。或者可以这么说,纯互联网对老人是条鸿沟,但"互联网 + "可能是他们自我进化的相对友好领域。

以我和老人的沟通来看,现今电商买菜的最大弱点可能是品类相对少,不容易买到小众菜,比如淡水鱼,电商上你基本只能买到鲫鱼、黑鱼、鳊鱼和昂刺鱼这几种主力品类,但这可能恰恰是生鲜电商为了控制成本和库存的主动选择。

退货与大数据魅影

我最近发现的一个宝藏是,生鲜电商的退货政策真是太慷慨了,甚至让我感觉对面(在线客服)坐着的是一个地主家的傻儿子。

我前不久在一家生鲜电商上买了一堆菜,其中有一盒鸡蛋(8个),送来时破了两个,机智的阿姨当即拍照给已在办公室的我,我拿着照片随手上传给了在线客服,联系界面非常简洁和便捷,大约只用了一分钟,我就收到了半盒鸡蛋的补偿钱。

我当时是有些震惊的,习惯了和电信、银行进行纠缠投诉战的我,内心戏大致是这样的:我准备了不少说辞甚至还有威胁的话语,不排除表明自己在媒体工作,但是,这些什么都还没用上,这场战斗就迅雷不及掩耳地结束了。

当然,还有一种可能是,我可能就是抱着游戏的态度看看对方怎么说,我料定对方会态度很好地拖拉拖拉,这样的客单价也不值得我多费口舌,所以我只要得到对方谦恭的"道歉",这事也就完了。

但是,对方客服根本就没给我打电话的机会,更没有道歉的意思,他们只是,非常强硬和果断地把钱退给了我。

我当时甚至这样想,对面的客服是不是都不屑于和我多费口舌,和你这样几元钱的诉求纠缠真是太不经济了,直接把钱退给你就是了。按说,8个鸡蛋破了2个,应该退四分之一的钱,但在线客服就直接退了一半。

最没有底线的是,阿姨事后告诉我,那两个破掉的鸡蛋还是可以吃的,中午就做了汤给我妈吃……我我我,瞬间对资本和"996"失去了一切仇恨,有的只是薅羊毛撸到羊皮剥落的惴惴不安。

又过了几周,我在另外一家生鲜电商购物,我把购物清单发给了阿姨,让她点收。然后阿姨突然发微信给我,说少了一样蔬菜,我就随手又发给了在线客服,然后,这次又没有人和我沟通,直接又把几元菜钱退给了我。

让我内疚神明至今的是，阿姨很快就告诉我，菜又找到了，是她刚才漏看了……我我我，此时甚至有了做贼心虚感，专门又打开对话框看看发生了什么，最新的对话大约是：先生，很抱歉给你的购物体验带来了不佳的感受，你的购物记录良好，我们将在多少个小时内予以退款。

退款明明 30 秒就到了，什么多少个小时。此时，这就是我唯一的心理优势了。

过了一会，我甚至在想，要不要和客服坦白这个恶劣的骗退款事件，但我又担心破坏我"良好的购物记录"，便带着深深的自我合理化放弃了：最近一个月，我买菜只买这家。

我大约也想明白了，我对面站着的地主家傻儿子，大概率是个机器人。我连 AI 都要骗，真是丢了人类的脸。

请原谅我得了便宜还卖乖。之后，我认真想了想，之所以客服给我退货这么快，多少与传说中的大数据有关：我的购物记录、我每次购物的总金额、我买的品类……根据这些数据，客服大约可以很快地分析出这家人大约是一个中产家庭。

当我兴奋地把这个分析告诉老婆时，她很不屑地说："人家一早就从你住的房子分析出，你可能是中产了。"

什么？我的房子！我当时就有种隐私被侵犯的悲愤感，但转念一想，截至目前，我的这个"隐私"并没有给我带来任何坏处，反而给我带来了退款迅捷，甚至是"绿色通道"，如果确实存在的话。我这样的实用主义思维，可能是大多数中国人在面对"便捷和隐私"这两大价值冲突时，作出的精致利己主义式反应。

不过，我觉得大数据还是算漏了一点。他们大约认为标准的中产应该是不斤斤计较的，所以对这群人更加宽容和大度，但偏偏，我是一个蝇营狗苟喜欢算小账，并且从算小账中可以获得莫大满足感的非标准中产。

当然，大数据对我一定也有后手。如果我未来仍旧频繁地要求退款，大数据一定会把我逐步打入"购物记录不良好"的那群人：反复薅羊毛之后仍不收手。然后我就会肉眼可见地看到自己的退款申请越来越慢，直至"四大行"化。

想到这一点，我还是打算做一个好人，我也会再和阿姨叮嘱一遍：鸡蛋破了只要可以吃，就不要再拍照片给我了，就算不可以吃，一个两个也就算了，万一我又控制不住自己呢。

事实上，就算我不去主动退款，我也经常在购物后会收到这样的短信：先生，您购买的冬瓜因重量误差，现申请为您退还差价 0.13 元，预计 1—3 个工作日内到账。

照例，一分钟后就收到退款了。

我还是相信商业文明

回首一年多的电商买菜之路：家中老人正在大幅减少去菜场的频率，一开始或有不甘，但想清楚后就是退居革命二线的轻松和豁达。没准，这也是假象，她们正在默默地钻研电商买菜，时刻准备复辟。

我以价格屠夫的人设篡权成功，洗脱了我缺乏家庭责任感的耻辱印记，在家刷手机除了忙工作这条理由外，还多了个买菜；老婆则提出了更高的要求："你也不能一直价格导向啊，家庭不是生意。"有时也愤怒地申诉："你凭什么剥夺我的购物权啊，你不就是会买点便宜货么！"

唯一让人操心的就是菜场的卖菜摊主，但菜场不会消亡，总有一部分不会使用移动互联网的老人还需要这片天地；当我们家要买一些小众菜时，也还是会去菜场；当家中老人豪情大发，提出要去菜场血拼时，我也学会按捺住自己的电商沙文主义。

不过，我最迫不及待想和你一起分享的感受是：

我还是相信商业文明。

这一年，商业与资本似乎声名狼藉，但电商买菜记让我坚定了这个或许不合时宜的想法。

（作者 张明扬）

掉进时代陷阱的囚徒们

01

最近在用抖音,算是与时共进。

先是凭着一腔热情,录制了一些小视频。发上去,没什么效果,再发,还是没有太多人看。这个时候,就有朋友提醒,如果你投一点儿钱,抖音会给你推送到更多的人面前,让更多的人关注你。

我试着在大英博物馆做了场直播。有一百多人看,大都是我的学生。早上九点多出门,到下午三点多结束。回到家,晚上六点,中午没有吃饭。

如果每天要做一至两条抖音的视频,那么,你需要一系列过程:

第一,需要去想今天做什么内容;第二,把想好的内容写出来;第三,在网上录素材或寻找素材;第四,需要进行视频编辑;第五,需要加字幕;第六,设置好封面;第七,选好音乐;第八,设置好竖图与图像的缩放比例;第九,上传抖音,写好文字和关键词。

完成这几步,正常速度肯定得一个多小时。

这里面得算几个经济账。

那天我在大英博物馆做直播。点赞的人不少,说好的人也不少。但整个活动下来,打赏所带来的收入,是 75 元人民币。

我那天的开支是:一趟来回进伦敦城的地铁票,大约 10 英镑;两瓶可乐,大约 40 元人民币;中午我还没敢吃饭,如果吃顿面条,在英国怎么也得 100 元人民币。

搭上一整天的时间和三个多小时的解说,意味着从经济层面上来讲,是亏损的。

再来说效益:带来了100多个粉丝和不少人的好感。还有人不停地在催,问下次博物馆或美术馆的直播,会在什么时候进行。

我得想想。

我并不是在抱怨自己这一天工作的投入和产出,而是在思考互联网时代,特别是移动互联网时代下的我们。

毫无疑问,正如柏拉图的洞穴一样,我们都成了影像的囚徒。当下社会,我们对影像的依赖,前所未有。作为一个华人,对抖音这样的互联网平台,也有一定程度的依赖。

这里面有两拨人:影像制造者会拼命地投入生产,采用各种方式去吸引别人眼球。对互联网的平台来说,这就是一群免费的劳动力,无论你怎么生产,我只是给你提供一个放内容的地方。里面的好内容,总能替他们吸引一批人。

对听众而言,表面上的一切都是免费的,但我们在消耗时间的同时,就失去了许多机会的可能。

也就是说,两边都是有代价的。一边的内容生产投入,有代价。另一边看似没有直接出钱,但也付出了最宝贵的时间,也有代价。

更重要的是,平台会根据你的兴趣和收看的内容和时长,作为依据,去向商家兜售。如果你投了一定的费用,我就会给你去释放别外的机会。反过来说,平台并没有做到真正的公平去帮你推送,而是利用了形形色色免费的吃瓜群众,将他们变成了向商家索取的资本。

移动互联网下,我们都是俘虏和囚徒。表面上无所谓,实际上无路可逃。

02

其实,我们生活中的陷阱,还不止这一个。

比如,我在英国用的是维珍宽带,对方给你开出来的条件是:你如果用宽带，我再送给你电视节目，收费标准是一样的。

这意味着，我们沾了光。不仅可以用宽带，还可以免费看电视。

如果你信了，就说明你在英国待的时间太短了。因为，电视是免费看的，但如果你看了电视，每个月需要交 12 英镑左右的电视税。这是法律规定的税，没有人敢不交。

更可怕的是，免费的电视是有限的。里面的频道，有很多收费项目。

前段时间，小儿子看电视，在上面搜到了网飞公司（Netflix），就直接登录我们家的账号，上去收看。结果，维珍的账单也来了，每个月同样要再收我们 12 英镑。

关键是，我们家已经是网飞公司的客户，已经用了好几年。如同突然半路上杀出一个人，又要收一道钱，就觉得太过分了。而且，电视上收费，它并不需要提醒你输入账号和密码，稀里糊涂就把你的钱拿走了。

打电话去投诉，维珍公司的人说只能现在删掉，以后不再收钱了，但不能退费。打到网飞公司，说维珍收了你的钱，你应该去找他们退费。最后，钱照样缴了，事情不了了之。耗不起的等电话的时间，会让你心衰力竭。

我们还不敢不用维珍。因为，你要想换到别的公司，你得缴上合同到期之前的所有费用且支付完后才能算结束。

这还不算完。维珍公司的费用，签合同期内的价格，看起来很合理。但如果合同到期后，价格会涨得惊人。如果你还想便宜一些，你得申请新的合同。

在网上，你把信息扒完，也看不到如何续签原来的合同。每个显眼的标志，都是提醒你升级的。如果你想维持原来的状态或降级，对不起，没有入口。唯一的办法就是，打电话。

拨通电话，煎熬便开始了：至少需要一个多小时的等待。好不容易轮到你，有可能电话又断线了。再来，又是一个近两小时的等待和通话,目的只是让你维持原来的合同。每一年我都要花三四个小时打电话,为的只是保持原来一份一模一样的合同。

这是资本主义公司对人采取的另一种压榨。消耗你的时间,消耗你的体力,让你不知不觉,陷入他们早已设置好的陷阱。

当你提出来要退出时,他们先是设置障碍,如果不行,就一堆人轮番给你打电话,然后再不行,就让你把他们的设备寄回去(比如,有线电视盒子或无线路由器),总之,就是恶心你。

我们每天生活的背后,是一张资本密集的网。他们雇用人才,利用技术,对普通百姓进行了各种各样的压榨。资本主义店员们表面上客客气气、温情默默的背后,是另一种血腥并见不得人的勾当。

03

再来说说另一件事儿。

前几年,想回国找工作,便需要一个无犯罪证明。要开这个证明,需要到英国政府的网站上,按照它的提醒一步一步申请。

填完表格和信息还不算完,需要认证。第一步,是需要检查你的护照。要想检查护照,你需要在皇家邮政的网站上,注册一个账号,然后再下载一个 App,然后再扫英国政府网站上专门给你设置的一个二维码,把护照拿出来翻拍提交上去,然后再验证你的面孔再提交上去。第二步,需要你的驾驶证,采取上面同样的方式进行操作。第三步,需要检查你的信用或银行卡,一步步按照提醒去操作,才能完成。

完成这些,再付 35 英镑,在家里等十个工作日,基本上就可以收到政府寄来的无犯罪证明了。

这只是操作的第一步。

如果拿到这个,拉下来的事情是要到英国外交部去认证。如果要想认证,首先需要找到当地的英国律师,请他们先验证后,再封起来,最后寄出去。

我此前对操作不太熟悉,把材料直接寄过去后,被退了回来。再打电话,预约之后找律师签字,又被退了回来,理由是那个律师没有资格。然后,再一个一个电话打下来,总算是找到了一个有资格的律师,约好后跑过去,缴上 50 英镑(这是最便宜的了),算是律师认证完成。然后再缴钱(20~30 英镑左右,记不太清楚了)和寄出材料,最后总算是拿到了英国外交部的认证。

还得一步。完成了上面的步骤,才能拿着这个证件,去中国大使馆预约公证。大使馆只认英国外交部的公证材料。所以,再填表格,再预约,再付费,才算是拿到了一张能被认同的无犯罪证明。

然后,再把它寄回国。然后,再进行一系列的复杂程序申请。

我们生活的时代和社会,也在用一张张网把我们死死地缠住,让你无法动弹,无路可逃。我们成了这个时代的机器人,也是这个社会被提着的小木偶。我们被形形色色的资本、新科技、商品甚至是各种约束我们的规定所绑架,无力地应对着。

细细想想,无论钱多钱少,我们都是这个时代的俘虏和囚徒,每天都只能想办法应对,每天又似乎无路可逃。

(作者　安光系)

你们咒骂互联网的理由，全是错的

互联网技术被广泛应用以来，一直受到了普遍的高度肯定，直到最近。数据隐私安全、互联网跨国企业避税等负面新闻广受瞩目，这一新兴科技产业似乎成了众矢之的。

从"拥抱互联网"到"敌视互联网"，究竟发生了什么？互联网到底创造了繁荣，还是危机？确实需要加以辨析。

互联网产业妨碍实体经济

最受质疑的是互联网产业与"实体经济"之间的关系。质疑者认为互联网产业的发展应该对"实体经济"的空心化负责——所谓"实体经济"在这一议题的语境中指的就是工业制造业。

这一指责完全背离了经济学的常识。互联网技术是一种信息技术，应用于服务业，在产业经济生态中和工业制造业完全不是一个生态位，两者之间既不存在生产要素的竞争，也不存在技术上的替代。何来妨碍之说？

比如说，互联网电商平台的发展对传统商场产生了明显的冲击，电商平台以其便捷性、低成本在竞争中占据了主动，实现了人类商业模式的技术替代和升级。这个升级替代过程与工业制造业之间发生的关系，仅仅是商业渠道的改变，而且工业制造业在这一过程中直接受益。

尤其是中小企业的渠道成本因此大大减少，在更开放的电商平台上获得了与大型企业更平等的竞争机会。

全球工业制造业转移的"时间线",也不支持"互联网产业妨碍实体经济"的质问。欧美发达国家的工业制造业转移早在 20 世纪七八十年代已经蔚然成风,日本、东南亚国家和地区的经济腾飞受益于此。日本接棒美国成为世界大工厂,就是在 20 世纪 80 年代,当时互联网技术还在实验室阶段,10 年后才正式进入产业化的轨道。

到本世纪初互联网产业高速发展阶段,工业制造业的大转移已经进入第二阶段,中国继日本之后崛起成为世界大工厂。整个工业制造业产业的转移过程长达数十年,转移的驱动力来自劳动力成本和市场开放的引力,这些和互联网产业无关。

反而是互联网产业的发展为工业制造业的效率提升作出了巨大的贡献,两者之间是服务与被服务的合作关系,而不是竞争和替代的关系。电商出售商品,而不是服务器和光缆代替工厂制造商品。

真正造成发达国家制造业空心化的原因是成本激增,其中既有经济发展改变社会需求的正常因素,更主要的是高福利、高税收、过度环保等诸多政策限制的外部干预因素。

这些干预的利弊得失值得研究,但是因为产业经济结构此消彼长而指责互联网产业为此负责是牵强的。

另一个流行的观点认为,产业空心化是因为互联网产业发展夺走了工业制造业的金融资源。

这一说法是把互联网产业在资本市场受到追捧误认为金融资源争夺。而这也是一种明显的误解,是忽视了金融体系内部分工的结果。

金融产业的高风险部门当然青睐高增长的新兴产业,工业制造业这样成熟产业的金融服务主要是由商业银行传统贷款业务提供。工业制造业的金融指标是商业贷款利率,而不是股市的市盈率。

实际上,发达国家的低利率水平已经维持了数十年之久。尤其是欧盟和日本这样没有互联网产业大规模发展的发达经济体,长期执行的零利率甚至负利率的宽松货币政策,依然难以引导资金进入工业制造业。

显然,问题出在了工业制造业部门本身,而不是互联网产业对金融资源的争夺——不管互联网产业存在与否,没有人会投资无利可图的产业。比如,美国在新冠疫情期间大规模货币放水,资金大量在商业银行中沉淀,并没有流向无利可图的工业制造业部门。

也正因为这些发达国家的工业制造业部门陷入了高成本、低利润、低增长的困境,才会发生产业转移,而不是因为钱都被互联网产业圈走了。谁会去投资一家明天就有可能因为环保不达标、工会要涨薪而面临倒闭的工厂呢?钱趴在账上也不会流向风险远远大于收益预期的经济部门。

无论有没有互联网产业,工业制造业的转移都会发生。互联网产业对这一过程的影响是复杂的,便捷高效的信息技术服务或许加速了产业转移的进程。

但是,互联网个人业务的发展降低了生活成本,缓解了通胀带来的物价压力,部分抵消了劳动力成本上涨的压力,对工业制造业部门是有利因素。这在生活成本指数很高的中心城市尤为显著。

更重要的是,互联网产业创造大量新的就业机会,缓解了工业制造业转移产生的失业压力。

互联网产业促进就业

人们总是担心技术发展造成失业率攀升,然而这是一种误解。这种担心自工业革命以来反复发生,但是从未"噩梦成真"。

人们容易忽视一个显著的事实:新技术的替代升级消灭了一部分就业岗位的同时,创造了更多的就业机会。这是因为技术的新旧替代总是伴随着社会总需求的增长,从而为就业市场创造了更多新岗位。

比如说,互联网社交媒体的发展冲击了传统媒体,但是催生了 UP 主、主播、博客写手等新媒体满足了人们更多的信息需求,也创造了新的就业岗位,甚至是新的职业。因此,互联网产业发展和此前的工业革命、计算机革命一样,为就业率增长作出贡献。

从美国失业率历年数据来看,互联网产业发展和失业率下降之间有明显的正相关。

20 世纪 80 年代到 90 年代初,美国经济因产业空心化、长期通胀等因素衰退。1992 年时美国失业率达到了 9.61%,逼近了 10% 的警戒线。

1993 年,克林顿政府提出了国家信息基础设施计划,美国互联网产业进入了第一个快速发展阶段,失业率也随之逐年下降,2000 年时已经下降到 5.69%。尽管此后发生了互联网经济泡沫破灭,这场危机造成了失业率升高,到 2003 年达到峰值 8.77%,仍低于 1992 年的水平。

2008 年美国爆发了房地产泡沫破裂的次贷危机,美国的失业率再次激增。带领美国经济走出危机阴影、稳定就业的是再次进入快速发展的互联网产业。2015 年,次贷危机的阴影还没有消失,但是经历了几年互联网产业高速发展,美国失业率回到了 5% 左右的安全线。

尽管互联网产业创造的直接就业岗位偏向年轻、高学历人群,无法完全消化工业制造业转移后遗留的失业问题,但是对缓解失业压力的贡献依然是明显的。

值得注意的是,同为发达国家,本土互联网产业不发达的欧盟,多年来年轻人失业率远高于整体失业率,有的年份竟然高出近 10%,比美国高出近一倍,已经成了困扰经济的顽疾。

2018 年,美国的互联网行业创造了近 600 万个直接就业岗位,占美国就业岗位的 4%。美国劳工部数据显示 2018 年 12 月份美国失业率为 3.9%,如果没有互联网创造的就业岗位,失业率将会翻倍,与欧盟基本持平。

只看到技术发展的就业替代,而不考虑创新制造了新的就业机会,无疑是片面的观察。在工业制造业转移造成产业空心化的情况下,互联网产业提供的年轻人就业机会尤为重要。

互联网促进繁荣

人类历史上,技术创新总是促进了繁荣,互联网技术也不例外。这是市场供需关系决定的,不存在例外的可能。

市场不会为无用的技术埋单。互联网技术之所以能够迅速发展起来,就是因为能够满足社会诸多需求。在市场上机制下,需求提升、供需匹配的交易过程产生了效益的增长,由此激发的经济活力是繁荣之本。

这一过程同时也是社会问题得以解决的过程,因为就本质而言社会问题就是普遍需求无法获得相应的供给。

人们希望商品流通更便捷、成本更低,才有了电商产业的发展。人们希望获得更方便、更普惠的金融服务,才有了互联网金融的发展。而互联网产业还创造了信息聚合、信息检索和咨询的新兴服务业,发掘并满足了人们的新需求。这些都促进了人类社会的福祉,才有了这个产业的繁荣。

当然,创新总是伴随着破坏性,这是任何创新都不可避免的。

每一次技术创新都是一次生产要素配置的调整。这一调整过程不可避免地给社会带来"摩擦成本"。比如受互联网新兴产业直接冲击的传统产业被解构、被重塑,引发就业岗位调整、利益格局被打破、资源重新分配,等等,无疑会产生一定的社会成本。

然而,互联网技术既是这些新问题的来源,同时也是解决问题的方案。比如说电商冲击了传统商场,最终不是消灭了传统商业设施,而是将其融合为线上生态的实体分支。传统商业设施的流通功能淡化,取而代之的是体验服务的升级,曾经付出的成本并非没有收益。

破坏性创新的产业化发展是个先破后立的过程,需要以长期发展、利弊权衡的视角去审视,而不是夸大其"破坏性"的一面。

任何创新都是在解决旧问题的同时产生新问题,这是人类社会发展的常态。有破有立、先破后立，无需过度焦虑。

新兴产业的发展都是市场的扩容，新的市场秩序形成前通常会有一个失序阶段，规则缺失无疑会引发一定程度的混乱。对突破市场边界的风向应该予以警惕，适度的引导干预防范风险、建章立制或许是必要的，但是建立长期的市场秩序仍然应该交给市场博弈去形成，实际上也只能在市场博弈中形成。

市场博弈无时无刻不在进行，这就是新兴产业发展阶段最好的长期纠偏机制。新兴产业会在博弈、竞争中不断自我更新，最终形成良好的市场秩序。适度的引导有利于加速这一过程，但是用力过猛的干预只会矫枉过正。

在创新领域试图充当超前的"立法者"角色的，注定是要失败的。

最典型的莫过于20世纪90年代的欧盟，对数据隐私过早、过度干预，导致本土互联网个人业务寸步难行。

1995年的欧盟《计算机数据保护法》，以一部法律摧毁了一个产业发展的希望。最后，欧盟不得不把自家市场拱手让给大洋彼岸的互联网巨头，反而失去了产业发展、市场培育的主动权。

2018年欧盟出台了该法案的升级版《通用数据保护条例》，打响了这轮全球反互联网产业的第一枪。然而，为之欢呼的反科技人士是否注意到，这一年全球互联网公司30强的名单里没有一家欧盟企业。此前也没有，此后也不会有。欧盟有的只是经济发展停滞、社会问题丛生的20年。

抑制创新从来都不是解决问题的正确方法，本轮对互联网产业的打压从没有本土互联网产业的欧盟勃兴，也并非偶然。

新技术新产业会产生新问题，也孕育了问题解决的技术手段和市场方案。工业革命带来了环境污染问题，是通过更先进的工业技术进步得到解决的。计算机的普及应用极大地提高了人类社会的科技水平，与之伴生的计算机病毒曾让很多反科技人士寝食难安，但是随着相关产业链的发育成熟，病毒风险已经被消化于无形。

既然新技术带来的社会问题是一种需求，那么市场机制就会孕育出相应的供给，这是必然会发生的，只需要给市场反应的时间和技术发展的空间。抑制创新、试图以去技术化的倒退方式解决社会问题，过去从未获得过成功，将来也不会。

这是历史经验反复证明的规律，只不过对未来不确定性的恐惧总能成功制造和煽动恐慌的情绪。

互联网产业会不会带来新问题？当然会。但是和历史上的技术进步、产业革命一样，解决问题的方案总是在新产业中孕育。发展才是硬道理，这是反复实践得出的真理。

看不到互联网产业的发展为全球化铺平了道路，带来了当代最长的繁荣周期，是被恐慌的情绪一叶障目。至于今天全球经济发展遭遇的诸多问题，不能归咎于互联网产业。发达国家去工业化的思潮和政策"求仁得仁"，自有可检讨之处，却不是指责互联网产业的理由。

（作者　关不羽）

中国网民超 10 亿，做好这件事更迫切了

2022 年 1 月，河北邢台 17 岁男孩刘某州因不堪忍受网络上各种不友善评论而选择在海南三亚海边轻生。

时至今日，事件的波澜还在泛着涟漪，该事件留下的一个拷问还没有解决——面对网络铺天盖地的非理性言论，到底该怎么办？

01

很难想象，一代人不到的时间，互联网就会发展到今天这个地步。十几年前，人们还在兴奋、激动地接入互联网，寻找一切可以触达的远方；今天，网络生活几乎就是活着本身，网络足以让一个人变得透明，人们害怕被互联网宰制。

关于网络，人们常用"拥抱"来形容，但"拥抱"也意味着毫不设防、肉身接触，网络终究是个工具，不会总是善意。而网络一旦露出狠戾的一面，过于接近的距离，让人们很容易受伤。

最新的《中国互联网络发展状况统计报告》显示，截至 2021 年 6 月，我国网民规模达 10.11 亿，这也是首次突破 10 亿大关。

这个数字很壮观，但也是让人"后怕"的。这意味着几乎所有中国成年人都上网了，从概率学上说，无论哪个平台，人们都不太可能完全摆脱恶意评价，遭遇这种事几乎是必然的。

2021 年 10 月 15 日，短视频网红"罗小猫猫子"在直播时仅仅因为观众起哄，于是喝下农药自杀，之后甚至被爆出匪夷所思的"配冥婚"。

2020 年杭州一女子仅仅是取个快递，就被编造了一个"少妇出轨

快递小哥"的故事,在短视频平台上流传,最后只能诉诸法律解决。

2018 年 8 月,深圳一男子因在 QQ 滴滴交流群辱骂乐清被害女孩,被深圳警方拘留,而随后相似的事件在东莞也发生了。

网络恶意言论,越来越以一种难以预测、变化多端的方式出现。除了评论、私信、人肉搜索、网络侮辱、网络诽谤、微信群辱骂等,都可能是网络暴力的衍生形式。

这些个案,事实上造成了普遍的紧张,人们越来越感到,哪怕我是普通人,但也未必能幸免。一句话、一个截屏、一段录像,就可能引发"灭顶之灾"。

02

2022 年的全国两会上,全国人大代表李东生建议打击网络暴力,完善网络治理法律法规。消息一出,很快就备受关注。

他提的建议具有三点:

第一,完善网络暴力的司法解释,针对打击网络暴力进行专门立法;

第二,加大网暴事件中施暴者惩治力度,对情节严重的提起公诉;

第三,落实网络平台主体责任,提升网络暴力应对效率。

除了李东生代表,张雄等 40 位代表向大会提交联名议案,建议为反网络暴力专项立法。

他们之所以都强调专门立法,也是因为网络暴力在现有的法治格局里时常悬空。网络世界的匿名性,发言的随意性,侵权行为的不特定性,指数级地增加了追责难度。

一个显而易见的事实是,对于侮辱、诽谤这种基本属于自诉的案件,受害者想通过一个个账号,找到真实的侵权人,需要通过诉讼,这些都非常困难,而事后投诉和追诉效率往往太低。

另一个难点则是关于网络行为与现有法条的对应常常难以匹配。比如网络暴力如何界定确实是空白,恶意评价到底该怎么定性,现在并不清晰。尤其是心理创伤很多时候是主观的感受,有些人参与骂战不亦乐乎,而有些人对"高矮胖瘦"之类的评价都无法承受。

那么,恶意评价到何种程度可以算作"暴力",网络暴力究竟是一种民事责任,还是适用治安处罚甚至刑事处罚,如何对应侵权后果,这些都是目前法律的疑难之处。

这就是尴尬所在。网络暴力的司法解释不充分,而且执法难度巨大、有法难依;特殊群体比如未成年人,他们的心理健康状况又容易造成不可控的后果;网络平台应该承担反网络暴力义务尚不清晰;等等。这些共同造成了网络暴力立案困难、取证艰难、受害者陷入维权困境等难题。

比如杭州被造谣女子的官司,官司打了大半年时间,最后虽然胜诉,但也仅仅针对始作俑者,那些传播起哄的人,其实并没有受到惩罚与惩戒。

很悲哀的是,网络暴力事实上是法不责众的,谁也没见过那些施暴者挨个出来道歉。而更多的案件,甚至都没能进入司法视野,只不过是网络热点的转移,自然而然地冷却,受害者只能自我消化心理创伤。

网络文明,永远是一个多方协力的结果。好消息是,我们看到了这个问题由于引发了巨大的民意关注,因此进入了更显著的治理视野,受重视的规格越来越高,机制性的改变正在层层推进,人们有理由期待法治层面的回应。

至少从近段时间的社会舆论看,专项立法渐渐成为共识,网络暴力的法治解决被视为根本之策。

换句话说,网络暴力若无法控制,法治威严何在?

但现实也很冷峻:改变需要时间,考虑到具体情形的复杂,形成从立法到执法的治理链条,产生明显的社会效果,不会是一朝一夕的事。

03

我看到新浪微博一个通知：2022年3月11日正式上线"一键防护"功能，近期将面向部分用户进行测试，后续将面向更多用户逐步开放。开启后，用户能够在一定时间内，隔离未关注人的评论和私信攻击。

这个功能终于来了。说实话，我很支持这种办法。

面对无所不在、无孔不入的互联网，今天我们更需要一种消极自由：自主"断网"，有一块"风能进、雨能进、网民不能进"的地方。

一道屏障，让我们躲起来。这不是认输，而是另一种意义上的胜利：扑面而来的恶意，可以被一个按键轻松挥去。

我特地研究了下微博的"一键防护"功能：当用户收到大量非正常评论时，将在评论列表顶部、消息箱顶部位置提示用户是否开启隐私防护功能。这是一个很强的提醒，告诉用户"你有一个办法"。

这个功能默认是7天时长，但并不是只能用7天，用户可以手动选择继续开启。这是把选择权最大限度地还给了用户，人们可以自主选择接入互联网的时机，直到自己完全准备好。

此外，抖音也升级了网络暴力管理系统，上线国内首个"发文警示"功能，引导用户友善评论。同时，用户可以根据自身需求从"所有人""仅粉丝""仅互关朋友""仅自己"四个选项选取谁可以对自己发布的内容进行评论。

此外，抖音还新增了名为"心情暖宝宝"的平台助手，如果用户多次违规发布私信、评论，算法可以自动匹配触发"心情暖宝宝"，用消息对话尝试缓解用户的抑郁情绪，甚至引导用户去人工求助、线下就诊。

这应该成为今后各大网络平台的改进思路。网络世界需要给每个人一把锁，如何开启、何时开启交由用户自己决定。从个体层面来说，"自主"或许比"开放"更重要。

互联网是抽象的，人们进入互联网的实体只能是一个个网络平台。在这个语境下，平台就是互联网这种基础设施本身，也应当尽可能地实现"公共服务职能"。把用户接入互联网并不是全部使命，提供救济途径，是平台服务的题中应有之义。

对"带节奏"的造谣者进行跨平台信用联合惩戒，或许也该提上日程。网络暴力很有可能是跨平台的，比如在一个平台出现舆情，另一个平台发酵暴力。如何跨平台惩戒，这不能被忽略。

当然，解决网络暴力，仅靠网络平台来改变是不够的。用户可以屏蔽，但恶意不会消失；自己收不到私信，但阻挡不了不友善言论的蔓延。根本的治理办法，依然是形成从线上到线下完整的治理闭环，施暴者必须承担相应的代价。

但平台层面的机制改善，至少提供了一个窗口期，让人们可以获得一个并非治本但相对有效的办法。在这个时间差里，社会应当也必须抓紧，去找出更彻底的解决办法。

这当然还是要回归法治。"建议制定反网络暴力法""打击网络暴力刻不容缓""网暴入刑如何有效落地"等话题密集出现在热搜，都在反映解决方案的共识正在达成：唯有一整套完善的法治体系，网络暴力才能得到最根本的规制。

（作者　青　柳）

怀念那个没有智能手机的时代

今天,绝大多数的中国人哪怕带了钱包,带了身份证,如果没有携带智能手机,出门遛个弯,也是寸步难行。智能手机的重要性,在中国人的日常生活中,已经居于核心地位,如果丢了手机,人一定是失魂落魄,感觉半条命没了。

有史以来,人对一个工具的依附程度,大概没有超过智能手机的了。而且,你已经没有不使用这个工具的自由,你今天不使用它,不是你在行使自由的权利,而是在与所有人作对,可以认定你具有反社会人格。

这个翻天覆地的变化,也就 10 来年时间。

01

曾经,我们热烈欢呼智能手机时代的到来。乔布斯是这个时代当之无愧的超级英雄。

苹果的每次新品发布,粉丝们总是彻夜排着长队,时髦青年以手拿一部新款苹果手机为荣。

巴掌大的智能手机,的确给我们的生活带来前所未有的变化:

我们随时随地都可以与全世界任何人取得联系;我们可以便捷地取得任何想得到的资讯;随时随地购物,转账,炒股;写作,看书,看影视,玩游戏,看短视频;地图导航;签发文件;等等。越来越多的便捷扑面而来。

以前遥不可及的距离,忽然就在眼前。"咫尺天涯"这个成语,已经可以弃用。

全新的科技新生活就在眼前,变化是看得见,摸得着的。

在过去年代,科技改变生活是不经意间,浸润式的,而且中国人的所谓高新科技生活,不过是西方发达国家早在几十年或上百年前就已实现了的,我们在影视和新闻报道里早就见识过,没什么特别的新鲜感。

但从智能手机时代开始,以智能手机为代表,中国人的科技生活与西方发达国家是同步的,甚至是超前的。也就是说,以前有人在前面探路,你跟着就行了,现在是你自己往前走,人家在后面跟着,这真是值得高兴的先发优势吗?

02

由于界面狭小,手机上的绝大多数信息都是碎片化的,也必须是碎片化的,体系化的知识与文化,在手机上是没有生存空间的,这导致两个结果。

其一,碎片化带来轻巧化,使手机信息一方面高度浓缩、密集,导致那些需要反复进行复杂运思的信息,在手机上失去生存空间。

其二,信息的简单化导致武断倾向,不给受众留下任何思考空间,使受众的思维倾向于"不假思索"的懒惰,给人一种比看书阅读要来得轻松愉快的错觉,久而久之,人逐渐失去阅读的耐心和习惯。

而众所周知,文化的积累,不管是学术、文艺,还是器物制作,都是一个复杂运思的过程,没有一个复杂的大脑和相关训练,是无法完成文化积累的。

但是当越来越多的人在空余时间向手机屈服,被手机占据的时间越来越多的时候,复杂运思不再让人顶礼膜拜,而是人人厌弃。

这些年来,文化的肤浅化越来越明显。一个明显的现象是,越来越多苍白得让人尴尬的影视作品,一面再再而三地向手机低头认错,然后理直气壮地走向银幕/手机屏。

此外,大量不具备理性思维能力的人蜂拥而入舆论场,他们哪怕通过辱骂方式,也足以让所有他们不喜欢的著名专家彻底闭嘴。于是,这 10 来年间,民粹主义前所未有地泛滥起来,甚至连杜甫都未能逃脱他们的践踏与洗劫,更不要说民粹主义正在向其他领域快速蔓延。

而这一切,不能不说与智能手机在手,神挡杀神佛挡杀佛的威力有关。

03

理论上,随着劳动生产率的普遍提升,人会有越来越多的闲暇时间。闲暇时间可用于个性发展和思维的自由创造,但在智能手机时代,这可能是一种恰恰相反的结果。

由于逐渐习惯了短些再短些的信息模式,你会发现,人们阅读大部头专著的兴趣下降了,转为有专门的人帮助你摘出"精华"的章节,一本专著只要看个几百千把字,似乎就掌握了全部的内容,也就算"阅读"过了。

在各个短视频网站,有大量的影视剧被剪辑成只有几分钟长,看过故事梗概,也就算"观看"过了。

甚至孩子的作业,哪怕是数学作业,遇到难题,打开 App,拍下难题,立刻就给出解题步骤,反复的思考与练习被这种"捷径"取代。

越来越多的人乐于被动接受。以往需要反复翻查资料,花费很多精力和时间,才能得出研究结论,这同时是一种有益的训练,而现在只需动动手指,所有的资料就在眼前。过程的减省,训练的阙如,使问题探究失去刺激,科学的魅力下降了。

04

为了购物,通过关卡,办理各种手续等,我们已经交出了足够多的隐私。

有一段时间,我注意到某个视频 App 老是向我推送植发广告,而我对自己的脱发并不在意,也从未留下过类似的搜索痕迹。我意识到,原因应该是这个视频 App 偷偷地打开了镜头,偷窥我的形象。

其实,此前已经有很多人注意到,某些社交 App 可能一直在偷听人的谈话,它们会根据谈话内容,向机主推送与谈话内容相关的广告。譬如,你如果在说汽车,打开社交软件,一定会有汽车广告。

所以现在看,手机已经不再是手雷那么简单,而是一个随身携带的,吃里扒外的名副其实的双面间谍,它时刻监视着它的主人,然后向他人出卖主人的几乎一切信息。

虽然如今有这样那样的隐私保护法令,但技术是如此复杂,信息窃取是如此隐晦难懂,一万个人中又有几人搞得清楚其中的一二分?

中国绝大多数人的财产界限意识并不发达,并不在乎自己的隐私。而在可见世界,窃取者并没有把手伸进你的口袋,让你直接蒙受直接的损失。但隐私和财产权的逻辑链条,实在是太长了,以至于很多人理解不了,于是放任,甚而至于,乐意得匪夷所思。

我们交出了越来越多的个人信息和隐私,并没有因此获得庇护,反而是逐渐把自己送进了一个更先进的牢笼。

05

这个时候,我特别怀念没有智能手机的日子。

那时候,人是自由的,想去哪里,抬腿就走,没有这个那个的限制。

那时候,家长或老师布置给孩子看的书,他们大概率可以不经思想斗争——到底是看书还是玩手机,打开书愉快地阅读,而不是像现在这样,一边看书,一边惦记着社交软件上有没有人找从而不时地翻看手机,结果一不留神看到其他地方去,魂魄跟着跑得远远的了。

那时候,专家的言论都是可以被尊重的,是可以理性讨论其对错得失的。杜甫这样的古人上一次被无端吊打,是几十年前的事,大家都坚信,这种荒唐事不会再发生。

那时候，买卖东西一手交钱一手交货，成交完成，你不认识我我不认识你，没有人会尾随你一年半载，纠缠不休。

那时候，信息是有"把关人"的，信息网站的信息是可靠的，没有现在这么多似是而非，不可信又不可全信的信息。

这真是人类自从有互联网以来的至暗时刻。然而技术带来的问题，最终还是要技术来解决。下一代互联网技术能解决这些问题吗？抑或是制造出更多的问题？

（作者　任大刚）

附录

我们要挑战的，是新媒体的肤浅与偏激
——冰川思想库发刊词

很多传统媒体，差不多到埋葬的时刻了。只差一个告别仪式，或者说，告别仪式已经确定了，只是时间还没有确定下来。

对于我们这些出身传统媒体的人来说，这似乎该是个悲情时刻。传统媒体曾经寄寓了我们最美好的青春，最灿烂的理想，最困顿的挣扎与最辉煌的记忆。

在人届中年之际，我们突然发现所熟悉、掌握和擅长的这一切轰然崩塌，并且来得如此之快，几乎没有给我们一点点心理准备和转圜的时间。

在中国语境中，这一切应该始自 2012 年。那年冬天，财政年度结束的时候，很多传统媒体的收入全面出现断崖式下滑，这个行业里的从业者们，突然发现预警很久的"狼来了"刹那之间出现在面前。

当然，人们可以用"颟顸""迟钝""守旧"等词语来形容传统媒体人，而我们似乎也无从辩驳。可惜，这些习惯性地用于其他行业的词语，很难准确地用来指责传统媒体人。因为迥异于其他以营利为本质诉求的传统行业，媒体是聚集精英、理想、舆论、转型、监督、教化、思想……多种承担整体社会健康性与心灵性的特殊行业。这个产业的衰弱与崩塌，往往带来整个社会心灵质量的下降与无序。

我们在历史中不止一次看到这样的例子。例如我国台湾地区，严肃、思考和进步的产业总体崩溃，泛娱乐化的侵袭，使媒体产业迄今为

止仍然挣扎在边缘之中,以至于社会缺乏一个强大的纠错机制,这对弥合社会分裂是个巨大损失。

很多传统媒体的逐渐崩溃毫不意外地、严格地证明了这个担忧并非无本之木。替代传统媒体而起的新媒体时代迅速滑向了无序、媚俗、泛娱乐化和败坏文字的方向。在此起彼伏的网红文化中,许多人狂欢在缺乏思考、娱乐至上、肤浅鄙俗和无是无非的各类文字之中,罔顾总体社会的健康和上进,比下限似乎成为一种社会心理竞赛。

令人恐惧的地方恰恰在于,很多新媒体平台在不遗余力地推进媒体低俗化和媚俗化。包括当前人们常用的几个新媒体平台,同样在鼓励和推进大量缺乏严肃思考、缺乏审美情趣、缺乏精神营养的自媒体产品。

所谓商人重利轻义,也最充分地表现在目前十分疯狂的"内容投资"领域。网红们以最快速的粉丝增长速度获得资本的青睐,更加鼓励新一代新媒体和自媒体,以暧昧文化、低俗玩笑、偏激情感等快速聚拢粉丝为目的生产内容。

多数以严肃内容为生产目标的自媒体,挣扎在新媒体、自媒体领域的边缘,粉丝增长缓慢,收入几乎乌有。

当传统媒体人告别体制,踏出那些他们曾经为之奋战的战壕时,拔剑四顾心茫然。他们无法进入低俗与媚俗的新媒体之中,但是他们也知道,他们曾经所熟悉的那套严肃、理想和新闻监督的套路,已经无法为他们谋得生路。

他们将何去何从?

我们,是一群传统媒体人,但是我们是一群不甘于媒体思想随着传统媒体转型而消散的人。我们坚决地认同,严肃、思考和逻辑,仍然能够为这个世界上许多人所接受。

传统媒体不仅仅是信息的载体。在过去的时代里,它们也承载了知识、思考,对社会的反思,对政府的监督,对现象的解析,对未来的理解。我们很难相信,在新媒体时代开始之际,我们必须抛弃这一切传统媒体的本质内涵,而唯有低俗与媚俗的内容,才是新时代的方向。

对于我们而言,这是一场思想实验。我们并不是寻找悲壮,我们也并不是缅怀逝去,毋宁说,我们看到了一种可能性,这种可能性是:当新媒体的渠道模式,取代了旧有的垄断、精英和管制的传统媒体渠道模式之后,我们能够以更加自由、更加主动和更加先进的方式,去尝试一种新的表达,使我们的思考、使我们的认识、使我们的分析,能够更加快速和准确地传达给这个社会的中坚力量,并且获得他们的认同和反馈。

我们并不敢自矜说,我们是一群最优秀的思想者,但是,真诚、原创和思考,将是我们这场思想实验的内在本质。我们想要对抗和挑战新媒体时代所普遍流传的肤浅和偏激的气质,我们想要在新媒体时代,重塑一种严肃、健康和思考的媒体气质。

我们不是守旧者,我们也许用了旧有的一些思想模式,但是,我们试图在新媒体时代,告诉人们:思想,才是媒体最可珍贵的品质,才是内容最为核心的本质。

2016 年 3 月 21 日

编后记

波罗的海边的陈季冰和自己
跳出来的古钱币

李天扬

认识陈季冰，是为了去波罗的海边。

那是 2004 年春天，快 20 年前了。现在已经不存在的单位——文汇新民联合报业集团，选了 12 个"青年骨干"，送到瑞典去培训，其中有我和季冰。我在新民晚报，他在东方早报。那时候，报纸的日子还很好过。

集团为我们选的培训基地，在波罗的海边的一栋老房子里，据说，那是诺贝尔哥哥的故居，他当然也姓诺贝尔。兄因弟贵，那幢房子，成了保护建筑。

我们 12 人，年纪相仿，除了一名最年轻且在英文媒体工作的姑娘外，其余 11 人外文都不灵，这也是时代特征。好心的集团专门为我们配备了翻译。凡事如硬币，皆有两面。有了翻译，当然可以准确理解老师的授课，亦便于交流，却令我们极少开口说英语。季冰是唯一的例外，他一直结结巴巴地逮着老外就聊天，不管是老师、管家，还是司机。跟老外聊完了，季冰马上会来分享成果。告诉我们"理查德的祖上是德国贵族""安娜丽喜欢去尼泊尔看喜马拉雅山""扬和他的太太夫妻恩爱"云云。将信将疑间，大家都表示佩服他的执着。培训过半，集团希望我们提交一份报告。毕竟花了这么多钱，也不知道你们这帮人在外国干了些啥。谁来写呢？季冰自告奋勇。集团要求大概写个千把字意思意思就行了，季冰花了几个晚上，洋洋洒洒，写了20 000多字。这回，大家是真的很佩服了。

2008年初，不知为何，报社领导把我这个版面匠，调去评论部。当时，新京报、南方都市报、东方早报三驾马车领跑，中国都市报时评风生水起。东早的评论，由季冰负责。我向他求助，希望他介绍些评论作者。过了两天，季冰在MSN上扔给我魏英杰的电话，说："你找他吧。"

已经离开东早评论部的英杰，给了我一个长长的名单，几乎把在全国都市报版面上活跃着的评论高手一网打尽了。由此，我算混进了评论圈。

不久以后，我开出了新民晚报80年历史上第一个评论版。陈季冰、魏英杰、任大刚等，都成了我的作者。

这，就是我和冰川的渊源。

创办冰川时，纸媒已经不行了。那是2016年。到了现在，更加不行。冰川诸君，如今没有一个人在做报纸。其实，文章开头说的那12个人，一直在做报纸采编的，也只有我一人。我算是标准的"报纸遗老"。

因为与冰川诸君的友谊，他们在杭州筹备时，我虽然没有与会，但参与了吃喝。这些年来，一直如此：不用干活，只管吃喝。连清川大婚，还让我上台证婚。他的喜酒，也吃了好几顿。冰川制作了礼品，总会给我一份。"吃人嘴软，拿人手短"，这回冰川想要编一本文集，我便把这个活揽了下来。揽下来，基于"两个自信"：一是我了解冰川；二是我了解编书。

自信归自信，真的接手开始干，还是怔了几分钟。从2016年起，冰川的文章有近3 000篇，总字数多达千万。时间紧，篇篇细看，是完全不可能的。怎么办？

我想起了一件往事：

在去瑞典之前几年，我加入了一个组织，叫"上博之友"。成为上博之友,有两个福利,一是到全国各地看博物馆;二是从上博库房拿文物让我们上手,并有专家讲解。隔着玻璃看文物,已是福份,上手,就更幸福了。可惜,这两个福利后来都无疾而终了。

有一次,上手古钱币。讲解的专家,是周祥先生。他说,以前常有一箩筐一箩筐的古钱币送过来让上海博物馆挑。这么多,不可能一个一个细看,就往桌上一倒,好的古钱币自己会跳出来。上博钱币馆的好几枚镇馆之宝,就是这样跳出来的。前不久,跟上博的几位专家在洪长兴聚餐,见到久违的周祥先生。席间,他又说起同样的故事。文物自己会说话,信然。

同理,好文章,也会自己跳出来。我用非常快的速度浏览,自己跳出来的文章,共 260 多篇。

如此这般,会不会有遗珠之憾呢? 当然会有。但即使没机会进上博的古钱币,也是古董。同样,没机会编进本书的文章,也是佳作。

当选家,是一件危险的事。书好,归功于文章作者;书不好,怪选的人没眼光。《儒林外史》第四十九回里,高翰林讽刺选家马二先生说:"那马纯上讲的举业,只算得些门面话,其实,此中的奥妙,他全然不知。他就做三百年的秀才,考二百个案首,进了大场总是没用的。"是的,我没写过一篇微信公众号文章,"此中的奥妙,全然不知"。我凭着"两个自信",最终从跳出来的文章里,选了近 80 篇。

编书,为方便阅读,通常要分类,即分章节。但分类,又是一件困难的事。有些门类,是有交叉的。绝不像生物学分类那样,界、门、纲、目、科、属、种,条理明晰。"社会"包罗万象,"房产"属"经济","教育""艺文"都是"生活"的一部分……前六章就不再费口舌解释了。要说一说的,是后三章:"国际"和"异域",说的都是外国的事,前者宏观,偏政治化;后者微观,偏生活化。冰川的诞生,是因为网络冲击了传统报业。故此特设"网络"一章,以记时代之变。网络的发展、变化之速,令人瞠目。短短几年,微信公众号也属"传统媒体"了,现在一统江湖的,是视频。冰川诸君,也纷纷下水,直面惨淡的镜头。作为"报纸遗老",

我不看视频。所以，他们讲得好不好，我不知道。

　　说到这里，要交代一下我选文章的标准及自定的编辑规则。在作者层面，当然以冰川诸君为主，兼顾其他，以示冰川朋友圈广大，每一章，一名作者只选一篇。在文章层面，注重"二化"：一是观念多元化，不人云亦云；一是内容个人化，不高举高打。冰川诸君和在下，原来都是做报纸评论的，报纸是公器，因此文章鲜涉私事，但时评类文章读多了，也不免觉得重复、乏味。而带有鲜明个人印迹的文章，不仅鲜活，而且更有说服力。每章的文章先后，按发表时间为序。每篇文章的作者，在文末注明。虽然作者众多，因为价值观一致，表达方式皆崇尚温和、持平，所以，有浑然天成的质感，可当作整体观。

　　最后，说一说书名。《不服软的时代》，是出版社和冰川商定的。英杰跟我说起这个书名，呵呵笑出声，说明满意。我自然也表示同意。偏偏，从思想到行动，我是倾向于服软的。至今赖在报社里抱残守缺，就很能说明我的服软性格。放手让一个服软的人来编这本不服软的书，正是体现了冰川的开放和包容。于此，要说一声：谢谢！

癸卯中秋于文新报业大厦